地方政府
购买公共服务研究

Research on the Purchase of
Public Service by Local Government

吴 月 著

人 民 出 版 社

前　言

　　随着我国进入治理转型时期，国家意识到社会建设的重要性，强调应该创新地方政府管理方式，加强与社会的合作共治，变革传统的由地方政府主导的公共服务供给模式。在这一背景下，社会组织被吸纳加入公共服务过程承担地方政府购买服务。在这一改革实践中，我们也可以观察到一个现象：地方政府①购买公共服务在实际运行过程中存在诸多与章程、既定的运作程序不相一致的地方，表现出"应然状态"与"实然图景"之间的偏离。虽然已有政策对地方政府购买公共服务的操作规程进行了严格的规定与约束，但是，在地方政府购买公共服务的名义之下，契约外包或合作治理的精神并未得到真正落实。很多开展公共服务购买实践的地方政府部门利用既有路径或新建相关组织充当中介，地方政府实际上仍对外包服务进行经营管理，将地方政府购买公共服务的相关环节"内部化"，甚或将购买服务以外的行政事务加诸社会组织，以便实现维护或延伸地方政府组织边界的目的。地方政府购买公共服务中发生的"应然状态"与"实然图景"之间的偏离（以下简称"偏离现象"），使得地方政府购买契约化合作的外皮之下包裹着地方政府管理下行政化供给的实质。目前的地方政府购买公共服务，虽然在形式上具备了契约化合作的特征，然而

---

① 本书主要指的是市、县（区）以及镇街一级的地方政府，并将县（区）以及镇街一级的政府界定为基层政府。

其实质仍然是地方政府管理下的行政化供给，即依赖行政管理机制，吸纳并利用行政化的社会组织，通过命令、执行、检查、监督等手段来保证地方政府对公共服务供给方式的管理。

为什么在地方政府购买公共服务中会出现这些偏离现象？换言之，为什么地方政府大力推行契约化合作供给公共服务，最终却又被吸纳回归到行政化供给的轨道呢？其背后的行动逻辑是什么呢？要想探究并解释这些偏离现象，需要我们深入地方政府与社会组织的交界面分析其中的互动过程。现有文献更多是对偏离现象的某一方面进行了描述，也有研究开始关注地方政府与社会组织在合作购买公共服务的过程中表现出来的经济与政治层面的双重逻辑。然而，现有研究并未对上述偏离现象及其背后的逻辑和运行机制进行全面深入的剖析与解释，对于地方政府与社会组织合作状态的影响因素、以及这些因素影响双方关系的内在逻辑，缺乏清晰、一致的说明。为了回应上述问题，本书选择了A机构承接的地方政府购买社区矫正服务开展田野调查。调查方法包括观察法、深度访谈法与文献法。

在田野调查的基础上，本书运用吸纳和管理概念研究地方政府购买公共服务背后的逻辑。研究指出，地方政府购买公共服务，其初始目标是给予社会组织一定的自主空间并与之达成契约化合作模式，然而，惯于对社会实行管理的地方政府并不愿放弃对公共服务事务的实际领导，因此，地方政府开展各种策略化行动，将生长中的社会力量——社会组织吸纳进可供监管的行政轨道之中，在此基础上，地方政府实现了管理手段的柔性化和隐性化。在吸纳和管理双重逻辑的影响下，地方政府购买公共服务具备了契约化合作的形式，实质上却被赋予了行政化供给的本质。可以说，契约化合作在一定程度上容易沦为形式化的口号，与其平等协作的内在意涵相去甚远。

在交易主体上，由于自身发育并不健全，社会组织必须依赖外界环境给予强势的扶持介入。地方政府作为掌握社会资源的强势力量，也希望借助相关制度构建介入社会机体，进而提高对社会的管理能力。地方政府开展的嵌入式监管行动对社会组织的结构、功能、形式产生了极强的形塑效应。地方政府通过各种方式嵌入到社会组织的管理中，社会组织运转中应有的自主性逻辑以妥协的方式被吸纳进地方政府的治理逻辑中。社会组织为获得其所必需的资源及合法性，也逐渐加深了对地方政府的依赖程度。这使得社会组织难以有效规避政府管理及其运行方式的影响，并在与地方政府的频繁互动中被要求主动汲取行政化、形式化等，进而在组织结构、基本功能以及运行模式等方面与地方政府实现趋同化发展，表现出行政化的典型特征。

在交易方式上，表现出地方政府购买内部化与合同形式化两个特征。一方面，任务复杂性、市场竞争程度与专用型投资造成在地方政府购买公共服务中存在大量的交易费用，为了减少交易费用，规避承包方的机会主义行为，并为自身机会主义行为提供便利条件，地方政府会更加倾向于实施强调监管的关系协调策略，即以内部生成、内部购买的方式来实现社区矫正服务的供给。另一方面，由于双方签订的是关系型合同，相关条款并不完备，对于合作双方的行为并没有给予详细规定与约束，这导致合同形式化问题的出现。

在交易执行上，表现出合同约束软化的特征。为了维持长期合作关系，地方政府与社会组织双方都会在合作执行的严格性上作出一些让步。首先是表现出服务内卷化趋势，这一方面是由于外部资源环境的约束所导致的，另一方面也与社会组织目前仍处于起步阶段、能力建设欠发达紧密相关。此外，社区矫正服务本身的非标准化特点，加上社区矫正服务属于地方政府的新兴事务范畴，在选择合作对象时，地方政府通常无法明确、详细地界定服务需求，只能列举概述性的服务领域和服务说明，这导致地方政府很难准确地对社区矫正服务的实际效果作出评价，只能重点对服务量化形式的产出指标进行监督管理。不同层级地方政府对于社会组织管理态度的差异，也引发基层政府采取与承接方进行"共谋"的策略来应付市级政府的考核与检查。

目 录

前　言 …………………………………………………………………………… 1

导　论 …………………………………………………………………………… 1

　第一节　研究问题的提出 ……………………………………………………… 1

　第二节　核心概念的界定 …………………………………………………… 27

　第三节　研究方法 ………………………………………………………… 34

第一章　理论基础及解释框架 ……………………………………………… 42

　第一节　文献述评 ………………………………………………………… 43

　第二节　解释框架 ………………………………………………………… 68

第二章　吸纳与管理逻辑下交易主体的行政化 …………………………… 79

　第一节　嵌入式管理与交易主体的行政化 ……………………………… 79

　第二节　资源依赖：对交易主体行政化的解释 ………………………… 88

第三章　吸纳与管理逻辑下的交易方式：合作内部化与合同形式化 ………… 122

　第一节　地方政府购买内部化策略与合同形式化 ……………………… 122

　第二节　交易费用与关系型合同：对交易方式的解释 ………………… 136

第四章　吸纳与管理逻辑下的交易执行：合同约束软化⋯⋯⋯⋯⋯ 161

　第一节　交易执行中的合同约束软化⋯⋯⋯⋯⋯⋯⋯⋯⋯⋯⋯ 161

　第二节　资源约束与交易费用：对交易执行的解释⋯⋯⋯⋯⋯ 177

第五章　研究启示⋯⋯⋯⋯⋯⋯⋯⋯⋯⋯⋯⋯⋯⋯⋯⋯⋯⋯⋯⋯ 201

　第一节　基本结论与进一步讨论⋯⋯⋯⋯⋯⋯⋯⋯⋯⋯⋯⋯⋯ 201

　第二节　政策启示及建议⋯⋯⋯⋯⋯⋯⋯⋯⋯⋯⋯⋯⋯⋯⋯⋯ 208

　第三节　研究的不足与展望⋯⋯⋯⋯⋯⋯⋯⋯⋯⋯⋯⋯⋯⋯⋯ 236

参考文献⋯⋯⋯⋯⋯⋯⋯⋯⋯⋯⋯⋯⋯⋯⋯⋯⋯⋯⋯⋯⋯⋯⋯⋯ 239

导 论

第一节　研究问题的提出

20世纪80年代以来，一场针对传统公共行政模式缺陷进行变革的新的管理方式在全球席卷开来，通常被称为"新公共管理"或"管理主义"，其主要表现为：管理而非行政、市场化而非官僚制、竞争而非垄断、结果而非过程等，核心内容主要包括提高效率、市场化、服务导向和对政策效果负责等。该理念聚焦于现实地方政府管理和公共服务领域，在世界范围内出现了从权力走向合同的运动，地方政府被建议精简、放松管制，从命令控制型运作转向谈判驱动型运作，强调激励导向的过程和绩效评估。从通过权力的治理走向合同式治理，不仅是产品和服务，甚至像强制性管制这种传统上以权威为基础的活动，也越来越多地通过协议完成。总的趋势是地方政府日益从使用权威机制走向协商治理，包括与被管制的企业的谈判、与社会组织的服务合同、与其他地方政府机构的跨权限安排、与公民的服务协议和地方政府组织内成员间的绩效协议等。90年代以后，不管是保守派政府还是温和派政府，不管是发达国家还是发展中国家，这种趋势都得到加强，共同点是从通过地方政府机构行使权力转向通过合同来治理。换言之，即鼓励社会力量涉足以往由地方政府机构直接掌控的行动界域，社会组织取代扮演公共服务的直接提供者，加强国家领域和社会领域合作，用谈判和其他解决争论的方式来取代强制和专断①。

随着经济建设的强力推进，我国也进入了治理转型的新时期。国家意识到社会建设的重要性，强调应该创新地方政府管理方式，加强与社会的合作共治，变革传统的由地方政府主导的公共服务供给模式。从这个角度来看，公共服务购买是在地方政府管理方式不断创新的大背景下发展起来的，它主要是指地方政府将原来直接提供的公共服务事项，通过直接拨款或公开招标的方式，交给有资质的社会服务机构来完成，最后根据择定者或者中标者所提供的公共服务的数量和质量，依照合同规定来支付服务费用②。截至2010年，我国共有各类社会组织③44.6万个，比上年增长3.5%。其中社会团体24.5万个，比上年增长2.5%；民办非企业单位19.8万个，比上年增长4.2%，基金会2200个，比上年增长19.4%④。尽管我国发展社会组织的社会、法律和资金条件还存在严重不足，但仍然可以说，社会组织正在成为中国社会经济生活中不可或缺的新角色。这些组织作为地方政府的合作伙伴，在援助贫困地区建设、扶助弱势群体、关注下岗就业、进行慈善捐助以及推动环境保护、发展民办教育、利益协调、促进社会融合等方面做出了贡献。一方面，社会组织需要向地方政府谋求生存的空间，并借助地方政府权威和经济力量来发展自身；另一方面，地方政府在社会治理上存在失灵现象，需要社会组织发挥拾遗补缺的重要作用，这意味着社会组织和地方政府形成了一种"共生态"关系⑤。从这个角度来说，

---

① ［美］菲利普·库珀：《合同制治理：公共管理者面临的挑战与机遇》，复旦大学出版社2007年版，第49—51页。

② 王浦劬：《政府向社会组织购买公共服务研究：中国与全球经验分析》，北京大学出版社2010年版，第1—2页。

③ 本书中的社会组织采取宽泛的定义，即专注于社会价值创造，是具有自治性、非营利性、非政府性和志愿性等特征的组织，与通常所说的社团、非营利组织、社工机构（组织）、NGO、NPO、非政府组织或民间组织是可以互换的概念。

④ 该数据来源于2012年5月21日中国社会科学院发布的《2012年民间组织蓝皮书》。

⑤ 李铠铦：《市民社会与第三部门现代化》，《社会主义研究》2003年第6期。

地方政府与社会组织正在努力构建相互协作的关系，地方政府为社会组织的发展提供制度保障，而社会组织协助地方政府解决改革深入阶段面临的各种经济与社会问题，二者关系在契约化合作模式下的协同治理中不断得到加强。

一、问题缘起

QH 市是最早开展地方政府购买公共服务实践的区域。早在 1995 年，QH 市 DP 区社会发展局就将 SL 市民休闲中心的运营工作外包给社会组织——QH 市基督教青年会完成，其目的是希望引入第三方力量提高休闲中心的管理效率。经过三年的试点与磨合，1998 年，QH 市基督教青年会与 DP 区社会发展局签订政府购买养老服务合同，双方进入制度化、常规化合作轨道，这意味着依靠街道办事处和居委会管理基层政府事务、提供公共服务的传统方式已被打破，地方政府购买正式进入我国实践领域。随着实践范围的不断延伸和扩展，我国一些大中城市也开始加入地方政府购买中来，这导致地方政府购买公共服务的内容与范围不断延伸和扩张开来。从最早的社区养老服务项目开始，地方政府购买公共服务逐渐推广到教育、医疗、培训、就业等多个领域。比较有代表性的地区实践包括：2000 年，QH 市 WL 区等 6 个区的 12 个街道开始了地方政府购买居家养老服务的试点工作。2003 年，N 市 GL 区开始尝试委托社会组织运作"居家养老服务网"工程。QH 市政法委通过地方政府购买方式，将社区青少年事务、社区矫正、禁毒等地方政府职能转交由"GY 社区青少年事务中心"、"HX 社区服务总站"、"QZ 社会服务总社"三家社会组织承担。2004 年 3 月，B 市 SH 区政府拿出经费，委托社会组织——GX 敬老协会为高龄、独居的困难老人提供居家养老服务。经过半年试点之后，2004 年 9 月，这一政策在全区 65 个社区中全面推行。2005 年，JZ 省 X 市开始地方政府购买公共服务的实践，该市先后将养老等十余项公共事务委托给社会组织完成。2007 年，S 市政府利用体制内培育的三家社会组织开展购买社工服务的试点，范围涉及婚姻、家庭服务等领域。到 2012 年，中央政府安排 2 亿元的专项财政资金支持社会组织承接社会服务。可以说，从地方到中央，在政府购买公共服务方面推行的实践，不管是服务范围还是服务深度都取得了较大突破。

地方政府购买公共服务有其优势，一方面，它帮助地方政府部门实现职能优化，这使得有限政府变成可能，社会权力的回归和地方政府职能的调整与定位也得以实现。另一方面，地方政府购买代表着公共服务的市场化供给方式的兴起，这一创新改变了地方政府作为唯一主体提供公共服务的模式，传统单一的行政化供给模式被打破，地方政府、市场和社会组织合作提供公共服务成为一种趋势，这也有利于拓展社会组织成长的社会空间，提高公共服务供给的质量。然而，值得注意的是，在我国，地方政府购买公共服务属于"朝阳"事业，从地方政府提供公共服务的供给模式转向委托第三方承接公共服务的模式，不论是地方政府还是社会组织，都有很多不适应之处。根据调查，我国很多地区已经开始践行地方政府购买公共服务并涌现出许多典型案例。而这些地方层面的实践，已经暴露出了该领域的种种问题。

（一）QH市地方政府购买公共服务的实践

在资金支持方面，QH市市级机关各部门和各区县政府投入很大，涉及经费从几百万至数亿元不等①。其涉及领域有：行业性服务与管理类服务，主要包括项目评估、行业调查等；社区服务与管理类服务，主要包括外来人口管理、矛盾调解等；行政事务与管理类服务，主要包括市政管理、年检预审、民办学校的委托管理、现场勘察、再就业教育培训、日常管理、退伍军人就业安置、社会组织特定咨询、婚介机构的监管、家庭收养的评估等②。如前所述，早在1996年，受QH市DP区社会发展局的委托，QH市基督教青年会和DP

---

① 曾永和：《城市政府购买公共服务与新型政社关系的构建》，《上海城市管理职业技术学院学报》2008年第1期。
② 王浦劬：《政府向社会组织购买公共服务研究：中国与全球经验分析》，北京大学出版社2010年版，第4页。

社会发展基金会共同投资建成了 SL 市民会馆。1997 年增加了市民求助中心功能，1998 年又开办了养老院，实现了地方政府提供场地，地方政府基金会提供部分资金，QH 市基督教青年会进行运作管理的模式 ①。2004 年以后，逐渐出现地方政府为解决具体的社会问题而向社会组织购买服务的案例。例如 2004 年 QH 市 SJ 路街道办事处向"QL 工作室"购买民事调解服务，2005 年 QH 市 CD 区司法局向"ZH 人"购买社区心理矫正服务。2007 年，QH 市 DP 区依托 QH 市 ZH 社区服务社，采取"政府支持、民间运作"的模式，在戒毒、社区矫正、社区青少年事务管理等领域积极开展专业社会工作服务。2009 年，QH 市开始率先在国内实施大规模的社区公益服务竞争性购买，每年公益金投放额度不断增加并被赋予常态化运行机制。

　　20 世纪末 21 世纪初，在"小政府、大社会"的改革目标及行政机构职能转变的背景之下，在社会福利社会化政策的强力推进下，QH 市的社会组织有了跨越式的发展，开始逐步进入平稳发展的阶段，涌现出一批具有代表性的社会组织 ②。随着社会组织数量逐渐增多，QH 市政府购买公共服务的范围和力度也在逐年扩大。从 2009 年年中到 2010 年 5 月，QH 市完成了首次社区公益服务的招投标工作。QH 市民政局从福利彩票公益金中划出 3500 万元用于此项事业。这一年共有 116 个组织获得了 127 个项目的合同 ③。QH 市社区公益服务购买模式是以具体的项目为标的向社会组织购买服务，由此形成项目制社区公益服务供给模式。这一体制的主要特点是每一个地方政府购买服务项目都是具体明确的，有特定的服务时间段、特定的服务对象、特定的要求，时间结束后进行考核，项目就终止了。2010 年，QH 市各级政府通过购买服务、补助

---

① 李妍焱：《关于促进 NPO 与政府建立合作关系的有效条件之探讨——以案例分析为中心》，《中国非营利评论》2010 年第 1 期。

② 根据 QH 市民政部门的统计，截至 2010 年，经市民政部门核准登记的民间组织共 9892 家。其中，社会团体 3559 家，民办非企业单位 6218 家（含涉外民办非企业单位 30 家），基金会 115 家。此外，民政部委托 QH 市日常管理的全国性社团 23 家，社团分支（代表）机构 432 家，民办非企业单位 1 家，基金会 1 家，基金会分支（代表）机构 2 家。

③ 敬乂嘉：《政府与社会组织公共服务合作机制研究》，《江西社会科学》2013 年第 4 期。

等形式为社会组织提供资金 37.89 亿元；2011 年金额达到了 41.02 亿元[①]。截至 2014 年，QH 市在全市 19 个区都开展了地方政府购买服务活动，其中 DP 区开展的地方政府购买服务最多，达到 167 项，占到 17.73%。PH 区和 PY 区列第二名和第三名，分别有 73 项和 69 项。较少的区（县）是 QP、SJ、MCX，从 2009 年到目前分别仅有 31 项、26 项、12 项（不计 WL 区）。在购买项目内容方面，主要有养老、助困、疾病救助、助残、青少年、社区发展、外来人口等不同的类别（如表 0.1 所示）[②]。

表 0.1　QH 市政府购买公共服务的分布领域和代表组织（图表来源：自制）

购买领域	社会组织代表
养老服务	QH 市康乐家社区服务发展中心 /QH 市祥光老年事业发展服务中心
专业调处	QL 人民调解办公室 /QH 市 NC 区企业联合会 /QH 市蔡祥云社工事务所
妇女儿童服务	QH 市百特公益发展中心 /QH 市乐成书院心理咨询服务中心 /QH 市青聪泉儿童智能训练中心 /QH 市春晖婚姻家庭事务服务中心
文体活动	QH 市 PH 区 LW 桥社区文化活动中心 /QH 市 PH 区 LW 桥街道文体团队联合会 /QH 市 CYH 乒乓培训学校 /QH 市 DP 塘桥社会组织服务中心
扶贫济困	QH 市康乐家社区服务发展中心 /QH 市 PH 区公益慈善联合会
社区服务	QH 市白玉兰开心家园家庭服务社 /QH 市阳光善行公益事务中心
司法矫正	QH 市自强社会服务总社 /QH 市新航社区服务总站 /QH 市 AJ 区社会帮教志愿者协会
防灾减灾	QH 市 JS 区安全生产协会
医疗卫生	QH 市 PY 区龙之春医疗咨询服务中心 /QH 市泰福健康管理专修学院

QH 市政府购买公共服务的基本特点有如下四个方面：一是基本建立了比较完整的地方政府购买公共服务制度体系。部分区县、镇街政府制定了地方政府购买公共服务的实施办法或指导意见，市级政府已经酝酿并出台了全市统一的地方政府购买公共服务项目目录及预算管理办法。二是在总结地方政府购买公共服务实践经验的基础上不断探索多样化的购买服务方式，包括定向委托、

---

① 具体数据来源于 QH 市民政局的《QH 市政府向社会组织购买公共服务调研报告（2012 年）》。
② 管兵、夏瑛：《政府购买服务的制度选择及治理效果：项目制、单位制、混合制》，《管理世界》2016 年第 8 期。

公益创投、公开招标等。三是进一步加大扶持力度，拓宽资金来源渠道，主要包括设置专项资金，如 AJ 区出台的《社会组织发展专项资金管理办法》，对符合条件的社会组织予以奖励和资助，年度支持经费总额达 1500 万元。部分镇街也设立地方政府购买公共服务专项资金，有些专项资金还通过政府出资、企业捐赠、基金会认购的方式，广泛发动和整合社会资源。资金来源还包括财政预算资金，如 QH 市 HM 区 2012 年非区本级预算就安排了政府购买公共服务资金共约 2.3 亿元。QH 市政法系统每年用于购买公共服务的经费达 6700 万元。DP 区的 QT 街道 2011 年用于购买公共服务的经费就达到 1200 万元。此外，还有福利彩票公益金作为购买资金的重要来源。2012 年，QH 市、区两级民政部门的福彩公益金投入共计 1 亿元，全部用于购买公益服务项目。四是拓展新的公共服务领域。在实践中，QH 市积极回应现代社会的多样性需求，建立了双向互动的服务项目确定方式，既可由 QH 市政府部门发布"需求项目"，也可由社会组织自主设计"创新项目"，争取纳入地方政府购买的范围。如 QH 市开展的"公益创投大赛"，即将社会组织作为项目设计的主体，项目评审通过后直接纳入购买服务项目列表。作为最早推行地方政府购买实践的区域，无论是购买服务的范围还是力度方面，QH 市无疑都走在了前列。可以说，通过购买公共服务与社会组织达成契约化合作已然成为 QH 市政府创新公共服务提供模式的重要目标。因此，选择 QH 市作为本书的样本来源具有一定的代表性。

（二）地方政府购买公共服务中"应然"与"实然"间的偏离

随着中国进入社会治理转型时期，中央政府和地方政府大力倡导创新社会管理并建设服务型政府。大批研究者也对此进行回应，提倡开展经济建设的同时推进社会建设。可以说，地方政府向社会组织购买服务是最具代表性的一项体制创新。在治道变革的宏观背景下，地方政府与社会组织开展合作既代表了地方政府对于转变公共服务供给方式的要求，也意味着国家与社会关系正在发生着变迁和调整。政治高层也从顶层设计上对公共服务供给体制的变革进行了一系列规划，《民政部、财政部关于政府购买社会工作服务的指导意见》就指出：政府购买公共服务是政府利用财政资金，采取市场化、契约化方式，面向具有专业资质的社会组织和企事业单位购买公共服务的一项重要制度安排。

从地方政府购买公共服务的"应然状态"①来看，它主要强调的是将原来由地方政府直接举办的，为经济、社会发展和人民日常生活提供服务的公共事项交由有资质的社会组织来完成，同时，以社会组织提供服务的数量和质量为依据，制定若干绩效评估指标，在评估合格的基础上支付一定服务费用。其理想目标是引入市场化的公共服务供给机制，改善原有行政体制的运转效率，降低服务成本，提高服务质量并增加服务数量，建立地方政府主导、社会参与、公开公正、透明有效的新型契约化治理模式。其最终目标是推动国家与社会之间能够实现良性互动，从而推动我国从一个"总体性社会"走向一个更为开放、多元、民主的社会。

在地方政府购买公共服务的应然状态下，地方政府购买的具体操作遵循的是公开透明的运作流程②。公开透明的公共购买流程是地方政府购买公共服务的必然要求。经过多年的发展，西方发达国家大多已安排专项预算，通过一定的政府采购程序对社会组织提供的公共服务进行购买，以提高地方政府工作效率。西方国家地方政府购买公共服务的流程是：首先，地方政府对购买服务进行可行性和必要性研究，按照一定的程序选定公共服务购买的范围、项目，并确定相应的预算；其次，向社会公布地方政府购买的项目、购买价格、预算安

---

① 地方政府购买公共服务的应然状态，一方面指的是地方政府制定和出台的各项政策对于地方政府购买的约束与规定；另一方面是指现有理论研究对地方政府购买的界定与分析，受新公共管理理论的影响，目前主流理论在分析地方政府购买公共服务的应然状态时，也认为购买服务应以效率层面的考虑作为主要标准，强调竞争机制和合同管理的作用，代表性研究可见第一章第一节的文献述评部分。

② 本部分资料主要来源于 2009 年世界银行与民政部合作完成的研究报告《政府向社会组织购买公共服务的国际经验》，该研究报告分析并总结了西方国家在推行政府购买公共服务时遵循的基本操作流程。

排以及质量要求和各项服务指标等；再次，对投标进行资质认定，并运用招投标和委托等方式选定供应商、签订合同并实施相应的过程管理和监督；最后，对这些组织进行绩效考核并按照绩效进行结算。

当然，具体到每个国家，其流程可能会有所不同。比如在美国，地方政府购买公共服务至少由 6 个环节构成：制定统一的单据格式、招标公告以及表述格式，对招标工作人员统一定位，详细制定招标采购操作规程，确定合格供应商名单，招投标，交货追查，进行采购审计和管理审计。英国的地方政府采购程序则包括 8 个阶段：制订采购计划，确定采购总负责人和配备律师、会计师或审计师，律师起草和在指定刊物上公布信息，接受咨询，按标准确定合格供应商名单，招标或直接采购，按照合同监督供应商完成服务，独立审计。但不管怎么变化，实现地方政府对社会组织和社会服务组织公共服务的购买，按照"选定服务项目——社会公布——资质认定、招标管理——过程管理、监督——绩效考核——结算"都是最基本的流程。

我国地方政府在推行政府购买公共服务时也出台了一系列相关政策文件，针对地方政府购买公共服务的基本操作流程均做出了严格的规定，力求实现与社会组织公开透明的契约化合作模式。如《QH 市 HM 区关于规范政府购买社会组织公共服务的实施意见（试行）》中就明确规定：

在实施原则方面：政府购买公共服务应遵循公开透明、强化监督的基本实施原则，即应该坚持公正、公平、公开，向社会公众公开购买公共服务项目、经费使用以及服务效果等情况。建立健全服务对象参与购买公共服务的监管机制，保证服务对象的知情权和监督权。

在项目的提出阶段：政府购买公共服务应采取公开申报、择优立项的方式进行。区社团管理局对社会组织申请项目的合理性、公益性和必要性开展初审，并在当年 9 月底之前编制完成并公示下一年度的《购买项目目录》。凡属定向委托的项目，应该按照要求纳入政府部门预算管理中并对外进行公示。

在项目申报阶段：社会组织提供服务项目的申报主体为在民政局注册登记的社团组织，应该具备独立担负法律责任的能力，具备健全的财务会计制度，具备必要的办公设备和专业技术能力，社会信誉良好。

在项目评审阶段：为保证评审工作的公正性与公平性，成立项目评审委员会。评审工作需要严格遵守公平公正、财力平衡的基本原则，严格遵循保密规定，评审委员不得以任何理由透露与项目评审相关的信息和结果。

在项目管理阶段：主要包括项目合同签订、项目分级管理与过程监管三方面内容。（1）项目合同签订。项目承包方与服务供给方应该在项目实施前的一个月内签订合同，合同应该对合作双方的权利义务、项目金额、服务内容、付款方式、考核办法、评估标准、协议期限、协议变更和解除、双方违约责任予以明确规定，合同订立完成之后应及时交由评审委员会办公室做好备案。（2）项目分级管理。项目管理实行项目承包方和服务供应方负责制，评审委员会办公室应该根据情况对项目承包方与服务供给方开展督促、检查和指导。服务供应方应该根据质量要求和计划进度完成项目任务。项目承包方应督促服务供应方按时保质地完成项目，并进一步强化立项督导、中期评估、结项管理等。（3）项目过程监管。服务供应方应建立项目实施专门簿册，用于记录项目的受益情况和经费开支事务等。与项目相关的阶段性成果应及时报送评审委员会办公室以及项目承包方。

在项目的绩效评估阶段：评审委员会起主导作用，应设立项目评估的专业指标，形成完善的绩效评估指标体系。运用内外部评估相结合的方式进行项目绩效评估。外部评估应由评审委员会引入社会各界人士或中介评估机构对项目的实施情况开展绩效评估。内部评估则由评审委员会依据合同文本的具体要求，根据评估标准对项目实施情况开展绩效评估。

但是，在购买服务的政策实践中，我们也会发现一个悖论，地方政府购买公共服务在实际运行过程中存在诸多与办法章程、既定的运作程序不相一致的地方，表现出"应然状态"与"实然图景"之间的偏离：虽然已有政策对地方政府购买公共服务的相关规程予以严格的规定与约束，但契约外包或合作治理的精神并未得到真正落实，很多开展公共服务购买实践的地方政府部门利用既有路径或新建相关组织充当中介，地方政府实际上仍对外包服务进行经营管理，将地方政府购买公共服务的相关环节"内部化"，甚或将购买服务以外的行政事务加诸社会组织完成，以便实现维护或拓展地方政府组织边界的目的。地方政府购买公共服务中发生的"应然状态"与"实然图景"之间的偏离，使得地方政府购买契约化合作的外皮之下包裹着地方政府管理下行政化供给的实质。目前的地方政府购买公共服务，虽然在形式上具备了契约化合作的特征，但其实质仍然是地方政府管理下的行政化供给，即依赖行政管理机制，吸纳并利用行政化的社会组织，通过命令、执行、检查、监督等手段来保证地方政府对公共服务供给方式的管理。

之所以观察到上述偏离现象，源于笔者对 QH 市"A 机构"承接的社区矫正服务的田野观察。作为一个从体制内建立和发展起来的新兴组织，A 机构是 QH 市"预防和减少犯罪工作体系"[①]的一部分，是运作社区矫正工作的组织实体，A 机构在成立时是以民办非企业单位的身份登记注册的，属于公益性的社会组织，从法律上看是拥有独立法人资格的组织机构。QH 市矫正办是 A 机构的业务主管单位，QH 市民政局是其登记管理机关。从 A 机构的主要职能来看，它需要完成的主要工作包括对社区矫正开展宣传、教育工作，派遣专业社工队伍进驻社区，协助社区矫正人员重塑信心、实现自主就业并能顺利回归到正常社会之中。从组织基本架构上看，A 机构采取的是"一级社团、三级管理"的运行模式。为了加强对 A 机构的管理，市、区县到镇街各级地方政府部门都成立或指定了对 A 机构开展专门监督管理的机构。A 机构每一层面的运作大体上涉及以下三个方面的机构或组织，即：负责主导推动的预防办及综治办；负责主管和监督的 QH 市矫正办及司法部门；参与到社区矫正具体事务中的地方政府职能部门（见图 0.1）。

---

① 为转变和完善地方政府职能、推进社会化治理、维护社会稳定，QH 市委、政法委、综治委按照"政府主导推动、社团自主运作、社会多方参与"的总体思路，提出了构建预防和减少犯罪工作体系，组建预防办（预防和减少犯罪工作协调办公室），该体系将社区矫正、禁毒以及青少年事务以政府购买公共服务的方式外包给社团完成，A 机构就是为了购买社区矫正等司法服务而成立的。

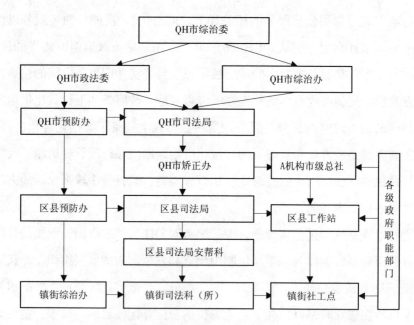

图 0.1　A 机构与相关政府职能部门之间的关系（图表来源：自制）

　　A 机构市级总社的基本构成情况如下：负责机构重要决策的董事会、负责监督工作的监事会、负责执行的（副）总干事以及其他工作人员。市级总社主要的职能是负责对下级机构的业务指导、定期开展工作调研、招募社工、对社工开展职业培训与资格认证、人员日常管理等管理工作（见图 0.2）。在区（县）工作站的设置上，作为一个实体运作型的社会组织，A 机构下设在各个区（县）的工作站并不具备组织上的独立性特征，仅仅是市级总社的派出性机构。从人员设置上看，A 机构各区（县）的工作站一般设置站长、副站长各 1 名，外加工作人员数名。各区（县）的工作站主要负责对全市的社工开展日常管理、职业技能培训与考核、业务指导等。A 机构最基层的组织设置是镇街社工点，其规模大小取决于社工点所在镇街的规模以及非监禁刑人员①数量的多少，这些社工点的社工主要负责开展具体的社区矫正服务工作。

---

①　非监禁刑人员即为社区矫正人员。即社工的"服务对象"或"案主"。在 QH 市的政府购买实践中，并没有将"社区矫正人员"、"服务对象"和"案主"进行严格区分，在本书中，这三个词的意指一致。

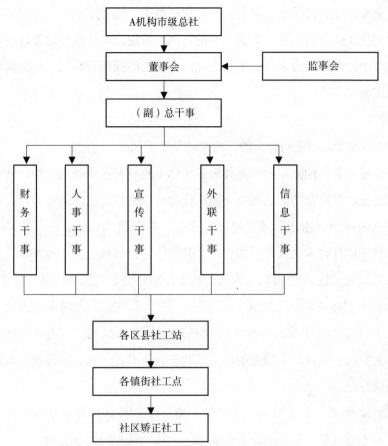

图 0.2　A 机构基本组织结构示意图（图表来源：自制）

　　2004 年开始，A 机构就与 QH 市矫正办、司法局等政府部门开展地方政府购买公共服务方面的合作试点，2006 年，合作全面铺开延伸至全市范围。以 2009 年为时间节点，双方合作分为两个阶段，2009 年前，QH 市矫正办通过购买劳动力的方式与 A 机构市级总社签订合作协议，2009 年以后，QH 市矫正办、部分区县、镇街政府开始进行合同化、项目化管理的试点，与以往购买劳动力岗位不同的是，相关政府部门需要在了解服务对象基本需求的基础上设计政府购买服务项目，并采取招投标方式选择合作对象。尽管 A 机构对外公开宣称自己是自主运作的非政府部门，是非营利性的、从事专业社会服务的民办非企业单位，相关地方政府部门也宣称是通过公开择优的合同竞标与 A

机构达成契约化合作关系。但是，经过田野调查，笔者发现，该组织并没有保持机构的独立性与自主性。更为重要的是，A 机构在具体执行地方政府购买项目的过程中，出现了诸多与相关制度规范、既定的操作程序与运行逻辑相违背的偏离现象。

偏离现象之一：定向合作的"内部化"① 购买

在投标环节，地方政府在选择服务承包方时具有很强的偏好性，即倾向于挑选与地方政府有密切关系的社会组织作为合作搭档，这导致地方政府购买公共服务往往成为"指定"或"定向"购买。具体到 A 机构，它是在 QH 市矫正办的积极培育和大力扶持下成立的，其成立的目的就是承接地方政府指定的购买服务。为了使 A 机构顺利入选，地方政府还会在购买招标环节设置条件，制定类似于"萝卜招聘"式的资格要求，甚至干脆采取定向招标方式。2012年 3 月 16 日，QH 市政府采购中心发布公告，将 A 机构作为 QH 市社区矫正工作办公室购买社区矫正服务的单一采购来源。对此，相关政府部门负责人在接受访谈时说：

我们之所以成立 A 机构，就是为了有一个承接社区矫正服务的主体，我们希望入选的服务方是体制内的社会组织，他们跟我们关系密切，而且非常好管理。如果是比较独立的社会组织承接了，在合作中出现意见不一致的情况，怎么处理？（访谈记录：LWP20130722）

A 机构总社的一位工作人员也认为：

我们的使命是什么？就是把矫正办交代的事情办好，这个购买服务，就是矫正办指派的任务，竞标是文件要求，实际上这种形式上的意义多于内容，最后还不是上头说了算，而且，这个事情，除了我们，还有谁能干？矫正办也只

---

① 王浦劬等通过调查认为购买行为"内部化"，官办社会组织成为政府部门的延伸，在实际运行中缺乏对双方都有约束力的契约关系，社会组织随时接受政府下派的任务。参见王浦劬、莱斯特·M.萨拉蒙等《政府向社会组织购买公共服务研究》，北京大学出版社 2010 年版，第 27 页。

相信我们能做好它。（访谈记录：QZT20130108）

特别要指出的是，从组织经费构成来看，A 机构的经费来源渠道具体包括：机构组建时 QH 市市委、政法委的资金注入；机构正式运作后市矫正办、各区县司法局、各镇街司法所给予的拨款、A 机构开展日常业务工作的收入；社会各界的捐赠收入；其他合法性收入。由于目前我国的社会捐助体系并不健全，A 机构以捐款形式获取的社会收入很少，因而 QH 市政府投入的资金与购买经费实际上成为 A 机构主要的资金来源。这导致地方政府基本上掌握着 A 机构的经济来源。因此，A 机构也力图加强与 QH 市各级政府主管部门的联系，获取对方的信任，以便汲取物质资源，维系组织生存。

偏离现象之二：合同的形式化

地方政府购买公共服务口头协议居多，正式的文本合同少，即使有正式合同，内容也十分简单，对于地方政府购买的产品细目与技术标准，基本上没有提及。从 2004 年起，A 机构每年都在承接地方政府购买社区矫正服务。在合作的早期阶段，QH 市矫正办通过签订合作协议的方式与 A 机构达成购买公共服务的共识。随着 QH 市相关制度的规范化程度日益提升，从 2009 年起，QH 市矫正办与 A 机构开始签订正式合同文本来约束对方的合作行为，但是文本内容很简单，无法对双方起到实质约束作用，更多地像一个应付上级政府检查的文件材料：

合同这个东西，我们以前都是没有的，只签过合作协议，对，没有正式合同文本，遇到要开展活动，上面口头通知，打个电话，我们就知道要做什么事情了，最近几年开始签合同了，不过合同规定的条款也很简单，这个（签订合同）主要是为了上级检查，（评审委员会办公室）备案要用的。（访谈记录：QZT20130730）

偏离现象之三：购买目标的错位与偏离

地方政府购买公共服务的一个核心目的是为了精简地方政府职能，更好地满足民众对于公共服务的迫切需求，进而提高公共服务的供给效率。但是，在具体实践中，A机构承接的地方政府购买公共服务，表面上是为了追求经济上的有效，其实质却是为了满足少数地方政府在政治上如维稳的需要。因此，A机构承接的购买项目也表现出目标上的错位与偏离现象：

过去这个工作归政府管，出了事情也归政府负责，特别是社区矫正服务，它针对的服务对象也很特殊，管得好，那就是很好的事情，管得不好，就要承担很多不利的后果，包括影响社会稳定、社会治安等。这些以前是矫正办承担的，但是现在挪到我们这儿，这些矛盾不也就转移到我们这里了么。所以，我们最重要的目标是不出事情，不对维稳工作造成负面影响。（访谈记录：QZT20130108）

由于在购买公共服务中社会组织倾向于优先满足地方政府的需求，与地方政府的联系也更加紧密，与公众和服务对象的联系较为松散，因此也很难满足公众和服务对象的真实需求。

偏离现象之四：A机构对合同之外行政事务的承担

根据与地方政府部门签订的合同，A机构只要完成合同规定的要求即可。然而，地方政府总会自觉不自觉地将社会组织当做自己的附属机构或下属部门，这种惯性管理思维导致地方政府部门认为既然已经给予社会组织经费支持，社工就应该听从地方政府部门的领导，直接服从地方政府部门的工作指挥与任务安排。在这里，地方政府遵循的是"我出了钱，你就要办事"的行为逻辑。因此，除了政府购买项目的内容之外，一些地方政府部门往往会通过"下发红头文件"或者其他直接、间接形式介入社会组织内部事务，让A机构承担了很多合同之外的行政工作。例如，地方政府会直接介入A机构内部事务，包括区县司法局指示A机构参加清理统计社区矫正人员，镇街司法所还要求A机构在创卫、举办大型活动等重要时期积极配合地方政府做好宣传工作，一些镇街政府还三不五时地指使社工去帮他们处理文书工作、出黑板报、布置会议场所、节假日顶班等。一些社工也被戏称为"治安协管员"、"准警察"。在这里，社会组织被培养成为地方政府的"一只脚"或者是"准政府"。由于需要额外承担行政机构所指派的一些"份外"事务，这导致社工大量的本职工作时间被挤占，还经常使他们疲于奔命，苦不堪言。A机构下属P区社工站的一位工作人员谈道：

尤其到年终，街（镇）政府各个部门都要考核，社工更是经常被各个部门揪来揪去。……其中一方还对社工说，你们归我部门直管，不要听其他人的。可是，我们哪敢啊？得罪了其中的任何一个部门，我们以后的工作怎么做？肯定很难顺利开展（工作）啊。也有一些研究机构在我们这里做过调研，用问卷的形式做调查，一共有100多位社工参与进来了，有将近80%的人都认为我们现在和上级政府之间更多是领导和被领导关系，这和组织章程里规定的指导和被指导关系实际上是互相矛盾的。（访谈记录：JW20130729）

A机构接受上级或同级地方政府部门的指令和考核，并代替地方政府承担了许多职能，这导致A机构在组织结构和功能上逐渐向行政机构靠拢。这一问题也影响了社工的自我定位，调研中，有很多社工都对自己的身份质疑，认为自己本质上是"准警察"。

偏离现象之五：对违约行为的处理

在合同执行过程中，由于地方政府在资源分配领域的权威性地位，A机构对地方政府的依赖性很强，在政府购买公共服务中也没有足够的能力与地方政府处于平等的谈判和协商地位。因此针对合同执行过程中出现的违约行为，包括地方政府让A机构承接了一些购买服务之外的工作、延期支付项目的配套资金等，A机构也不会使用法律手段追究。同时，如果A机构延期完成合同规定的相关事项，地方政府一般也不会采取惩罚措施，双方都倾向于通过非正式机制解决纠纷：

矛盾什么的肯定是有的，（矫正办）经常让我们做些分外的事情，有时候也会出现经费没有按时拨付的情况，但是，这些都是小问题，矫正办肯定不会拖欠（经费），这些还用不上（打官司）那么严重，没必要。再说，我们也不敢啊，很多工作的开展都离不开矫正办，我们还是需要和它们保持一个良好的关系，真有矛盾，通过开会、打书面报告这些方法来协商会更好一些。（访谈记录：QZT20130108）

偏离现象之六："走过场"的绩效评估

如前所述，根据地方政府购买公共服务的相关政策文件规定，应运用内外部评估相结合的方式进行项目绩效评估。外部评估一般是引入社会各界人士或中介评估机构对项目的实施情况开展绩效评估。内部评估则由服务委托方依据合同文本的具体要求，根据评估标准对项目实施情况开展绩效评估。然而，"走过场"式的绩效评估甚至跳过评估，直接结项的并不少见。笔者进行的田野调查也证明了这一观点，A 机构的副总干事一针见血地说：

评估？基本上是走走过场，我们跟市矫正办合作这么多年来，从来没有绩效评估不过的时候，第三方评估是最近几年才提出来的，他们也要给我们打分，地方政府的确对这一块也越来越重视了，第三方评估所占比重也越来越大了，不过我们到底做得怎么样，主要还是矫正办说了算。（访谈记录：SJF20130107）

在这里，外部（第三方）绩效评估基本处于失语状态，社会组织承接的购买项目绩效如何，仍然是由地方政府判定。在这里，绩效评估已然成为地方政府管理社会组织的一种手段。值得注意的是，不仅仅在 QH 市，全国其他地区地方政府购买公共服务的实践中也存在类似的偏离现象①。

1. F 市 HN 区 CL 街道办购买社区服务

2007 年 9 月，F 市 HN 区 CL 街道办出资 15 万元，向 ZG 市 AR 社会服务中心购买社区服务。从 2008 年 7 月起，CL 街道办开始扩大地方政府购买社区服务的范围，一方面出资 7.92 万元，向 HN 区福利中心购买居家养老服

---

① 本书所列举的 F 市、N 市、ZS 市等地的案例材料主要来源于王浦劬：《政府向社会组织购买公共服务研究：中国与全球经验分析》，北京大学出版社 2010 年版，第 76—88、128—164 页。

务；另一方面出资 0.65 万元，向 F 市 LH 科技有限公司购买社区网站管理服务。有研究表明，F 市 HN 区 CL 街道办购买社区服务存在如下问题：第一，购买方未能提供所购买的产品细目与技术标准。CL 街道办只是向承接方提出需要社区服务，然而，如何界定社区服务？成本几何？要求达到什么服务技术标准？诸如此类问题，CL 街道办缺乏清晰的认识，这使得双方签订的合作合同十分模糊，缺乏约束力。第二，双方合作主要是基于熟人关系的非制度化程序。CL 街道办选择 ZG 市 AR 社会服务中心承接社区服务，没有引入竞争招标程序，而是依靠传统社会的熟人关系进行的。第三，购买方对承接方的服务支出缺乏有力监管。相关经验表明，在外包的公共服务中，地方政府应该有严格的措施监管社会组织购买项目的相关支出。但是，在 CL 街道办与 ZG 市 AR 社会服务中心的合作过程中，作为购买方，CL 街道办对 ZG 市 AR 的各项支出没有设置制度化的监督机制，而是基于彼此之间的信任关系。第四，承接方遭到挤压，难以较好地提供专业化服务。ZG 市 AR 作为社区服务的供给方，成为了社区居委会的竞争对手，并受到居委会的排挤，居委会相当不配合 AR 开展社区服务活动，这使得 AR 举步维艰。基于传统的制度与文化依赖，社区居民往往倾向于找居委会协助解决实质问题，非实质性的困扰则找朋友或信任的人解决，通常不会找专业人士。在 ZG 市 AR 为社区提供服务期间，主动向 AR 寻找个案辅导的居民非常少。

2. N 市 GL 区购买居家养老服务

2003 年 11 月，N 市 GL 区以项目委托的方式向 XTX 老年人服务中心购买居家养老服务。该购买项目的推进，创新了社会化养老服务模式，在一定程度上减轻了地方政府的财政压力，提高了服务效率，增加了社会福利总量，但是也存在一些问题：从地方政府部门的角度来看，一是地方政府购买居家养老服务的程序存在制度化不足的问题，GL 区没有通过公开招投标的方式选择承接者；二是专门用于居家养老服务的经费投入不多，而且缺少固定且制度化的预算安排；三是绩效评估机制不完善，缺少服务标准和管理规范。从社会组织的角度来看，一是承接服务的社会组织数量很少，没有竞争性的优胜劣汰机制。这导致地方政府与社会组织的合作对象单一化，易于衍生双边垄断性问题，进而导致合作双方都没有改进服务的动力。二是社会组织在开展服务的过程中，社区居委会相关部门和人员的配合度不高，社区居民对社工机构的信任度比较低。基于传统的制度和文化依赖，服务对象更加倾向于找社区居委会协助解决实质问题，这导致社工人员在为老人提供服务的过程中，服务对象对社工的信任度不足，社工上门服务经常遭到拒绝，主动寻求帮助的老人就更少了。另外，社区工作人员认为服务中心是自己的竞争者，在工作上不予配合。

3. ZS 市 XG 街道办购买城市管理服务

2007 年起，ZS 市 XG 街道办开始向 ZS 市的 XZR 物业管理有限公司等企业购买公共服务。主要涉及街区综合巡查管理、市政市容养护、"四害"消灭、国有土地管理等内容。ZS 市 XG 街道办以地方政府购买的方式提供城市管理服务，使 ZS 市市政环境得以明显改善。然而，服务过程中也存在一些问题：一方面，购买服务中存在追求政绩而忽视民众需要的缺陷。ZS 市 XG 街道办在购买服务的过程中，为获得上级政府的支持，XG 街道办将政绩作为政府购买的主要目标，也就是希望通过地方政府购买公共服务，维护基层城市管理的稳定和秩序，而非公民的基本需求。另一方面，项目招标程序并不规范。一般而言，地方政府在选择公共服务的承接方时，应有多个备选对象，这样既有利于扩大地方政府的选择范围，在更换服务承接方时也留有余地。在本案例中，虽然地方政府部门提出应签订合同的要求，但是，在项目的招投标过程中，XG 街道办与服务承接方还是采取"非公开的竞争性谈判"的形式。

根据对上述经验事实的总结与分析，可以发现目前的地方政府购买公共服务领域存在一个明显悖论，即：尽管相关政策文件以及有关政府部门①都致力于发展地方政府购买公共服务，以竞争性的市场机制作为提高公共资源配置效率的基本手段，推进地方政府与社会组织在公共服务供给领域发展合作关系，力

---

① 为缓解来自于中央政府及外部社会的压力，QH 市一级的政府部门积极推进政府购买公共服务这一政策实践，具体执行这一政策的政府机构以 QH 市区县、街道一级政府机构为主。

图达成以下目标：一方面增强地方政府的"掌舵"职能，使其从公共服务的"直接提供者"、"直接生产者"转为"购买者"、"监督者"，从而降低服务成本、提高服务质量；另一方面培育社会力量，培育民主自治，进而构建多元化的公共服务供给主体。然而，地方政府购买公共服务中却存在着种种偏离现象，在地方政府与社会组织契约化合作的外皮之下包裹着政府管理下行政化供给的实质。

当然，也有学者已经注意到了地方政府购买中存在的各种偏离现象，这些学者在对偏离现象的表述上莫衷一是。敬义嘉、Chen 指出在地方政府购买公共服务的政策执行中存在很严重的"形同质异"现象，尽管地方政府购买公共服务在形式上符合竞争性投标的要求，但是实际情况却并非如此[①]。敬义嘉、Savas 在一项国际比较研究中提出，中国"国家依附型"服务合作提供策略区别于美国"竞争导向型"策略，更为重要的是，由于置身于不同的社会经济与政治体制环境，这决定了政府购买公共服务供给管理的有效性[②]。有学者提出目前我国最为普遍的政府购买模式是"非独立非竞争性"型的购买，认为在这种形式下的参与政府购买的主体并不是独立运作，购买程序上是指定而不是公开招标竞争的[③]。王浦劬在全国范围内开展深入调查的基础上，指出很多社会组织实际上并非是独立成长的，而是作为购买者的地方政府主动发起或建立的[④]。从组织结构、工作人员、资金等方面看，这些组织都与政府保持着极

---

① Jing, Yijia.Bin Chen. (2011). "Is competitive contracting really competitive?A case study of re-structuring government-Nonprofit relations in Shanghai". 台湾地区公共行政与公共事务系所联合会年会暨国际学术研讨会论文。

② Jing, Yijia. E.S. Savas. (2009). "Managing collaborative service delivery: Comparing China and the United States". *Public Administration Review,* pp.101-107.

③ 韩俊魁：《当前我国非政府组织参与政府购买公共服务的模式比较》，《经济社会体制比较》2009 年第 6 期；苏明、贾西津、孙洁、韩俊魁：《中国政府购买公共服务研究》，《财政研究》2010 年第 1 期；周俊：《政府购买公共服务的风险及其防范》，《中国行政管理》2010 年第 6 期；周俊、沈永东：《政府购买行业协会服务中的非竞争性及其管理》2012 年第 12 期；杨宝：《政府购买公共服务模式的比较及解释——一项制度转型研究》，《中国行政管理》2011 年第 3 期。

④ 王浦劬：《政府向社会组织购买公共服务研究：中国与全球经验分析》，北京大学出版社 2010 年版，第 28 页。

为紧密的联系[①]，这一情况造成政府与社会组织的双方合作或者是基于熟人关系的非制度化程序，或者是实质上内部化合作。有研究也指出，我国的地方政府购买公共服务有一个十分重要的特点，就是表现出内部化和形式化购买趋势，服务发包方通常情况下是服务承包方的业务主管单位，作为发包方的地方政府在合作过程中占据绝对优势和地位[②]。邓金霞提出在地方政府购买公共服务中存在"纵向一体化"倾向[③]。王志华使用"体制嵌入"来分析地方政府购买公共服务中存在的一些问题，主要强调的是地方政府对于社会组织管得过多，这导致社会组织的社会属性逐渐退化，进而表现出政府化的基本特征，其独立性和自主性均受到侵蚀，社会组织的发展更加依附于地方政府[④]。李春霞运用"内卷化"概念来形容地方政府购买公共服务的重要趋势：社会组织虽然承接了越来越多的公共服务项目，但所提供服务的质量不高，是一种低水平的重复发展；社会组织所提供的公共服务没有惠及公众，而是停留在地方政府内部[⑤]。对于偏离现象的类似阐述，足见这种现象的典型性[⑥]。然而遗憾的是，

---

① 尹海洁、游伟婧（2008）对哈尔滨市的社会组织进行的随机抽样调查显示，在我国"强政府、弱社会"的状况下，社团组织都或多或少地带有政府的特征，这种现象可称为社团组织的政府化。社团中的大部分都是由政府部门的工作需要组建起来的，绝大部分社团领导人都是在岗或退休的政府官员，90%以上的社团的专职工作人员是公务员或事业单位编制，大部分社团的办公场所、办公用品和经费都来源于政府。参见尹海洁、游伟：《非政府组织的政府化及对组织绩效的影响》，《公共管理学报》2008 年第 3 期。

② 许小玲：《政府购买公共服务：现状、问题与前景——基于内地社会组织的实证研究》，《思想战线》2012 年第 2 期。

③ 邓金霞：《地方政府购买公共服务"纵向一体化"倾向的逻辑———权力关系的视角》，《行政论坛》2012 年第 5 期。

④ 王志华：《论政府向社会组织购买公共服务的体制嵌入》，《求索》2012 年第 2 期。

⑤ 李春霞、巩在暖、吴长青：《体制嵌入、组织回应与公共服务的内卷化——对北京市政府购买社会组织服务的经验研究》，《贵州社会科学》2012 年第 12 期。

⑥ 诚然，政府购买公共服务呈现出来的偏离现象具有其普遍性，但是，在实践中，也有相当数量的政府购买公共服务遵循着市场性生产及供应公共服务的基本规律，参与购买的双方主体相互独立，不存在依附关系；作为购买者的政府采取公开竞争招投标的方式挑选服务的承接者。因此，本书分析和解释的偏离现象作为政府购买公共服务运作过程中存在的突出问题，具有其典型性及普遍性，但并不意味着这是唯一存在于政府购买中的现象。

上述研究更多地是针对地方政府购买公共服务偏离现象的某一方面进行描述，而并未对这一现象进行全面深入的剖析与解释。

二、研究问题与研究意义

（一）研究问题

如前所述，在我国各地政府购买公共服务的实践方兴未艾之时，现有的经验事实也显示，我国地方政府购买公共服务存在大家都能观察到的种种偏离现象。多数社会组织已经具备法律规范的形式要求，但是在实际运作过程中却具有行政化的特点，在资源汲取以及人事安排等重要事项上依附于地方政府部门，很大程度上相当于行政职能的外部延伸。根据王信贤的观点，支配着很多社会组织的甚至还不是抽象意义上的国家，而是具体的部门利益，社会组织依附于行政部门，沦为职能部门争夺市场资源以及行政权力的工具。具体问题包括：地方政府购买行为存在"内部化"现象，社会组织像传统事业单位一样成为地方政府部门行政职能的延伸，甚至是地方政府随时可以动员的一支体制外力量；地方政府购买标准不够清晰，地方政府责任比较模糊；社会组织缺乏足够的谈判能力；购买程序规范程度较低；服务绩效评估体系欠缺，服务成本很难实现精细核算及控制；公众对于社会组织信任度不高，购买过程存在额外成本①。纵然政策设计者在购买公共服务的程序上设置了很多限制，可是，作为政策执行者的基层政府仍然会通过各种方式规避相关规定，将服务交给事先确定的社会组织来承接。就算是以合同的方式承接了地方政府购买公共服务的项目，很多社会组织也未必就能够像具备自主权的合作伙伴一样从事专业的社会服务，而是更多地像地方政府的合同制雇员一样忙于协助行政机构应付上级政府交办的各项行政任务。上述存在于地方政府购买公共服务中的种种困境，

---

① 王浦劬：《政府向社会组织购买公共服务研究：中国与全球经验分析》，北京大学出版社 2010年版，第 28—31 页。

其共同点在于地方政府和社会组织之间没能在相互独立自主的基础上建立起良性的合作关系，行政机构依然延续着支配和管理的行为方式，并且在合作的实施过程中习惯以行政任务目标排挤和替代社会组织为民众提供服务的基本目标。从这个角度来说，地方政府购买公共服务这一旨在转变政府职能、创新社会管理方式的制度创新行为，并未真正推动行政机构实现从全能型政府向有限职能政府的转变，甚至在某种意义上导致行政机构社会管理能力和部门利益的进一步强大，"政府在场"[①]的范围更加广阔了。

为什么地方政府购买公共服务的政策实践效果并不理想？种种偏离现象背后隐藏着哪些深层次的原因呢？具体来说，为什么处于全国最早开展地方政府购买公共服务的创新实践，而且有着丰富经验累积的区域，在发展地方政府购买公共服务近十年后，A机构仍未形成真正意义上的地方政府购买公共服务，而是呈现出地方政府购买公共服务的偏离现象呢？这是否意味着地方政府与社会组织的契约化合作模式的失败呢？本书选择一个地方政府购买公共服务出现偏离现象的典型个案——QH市A机构承接的社会矫正服务，将其作为研究我国地方政府与社会组织合作关系的窗口，探究在各地政府大力推行政府与社会组织契约化合作模式的今天，为什么在地方政府购买公共服务中会出现这些偏离现象？其背后隐藏着什么逻辑？地方政府部门与社会组织在其中扮演的角色是什么？基于此，本书的核心研究问题是：

为什么在地方政府购买公共服务中会出现偏离现象？其背后的逻辑是什么呢？即为什么地方政府大力推行契约化合作供给公共服务，最终却又被吸纳回归到政府管理下的行政化供给的轨道呢？为深入揭示这一现象形成的原因，本书拟进一步探讨：在地方政府购买公共服务的实际运行过程中，地方政府与社会组织分别扮演了什么角色呢？双方是怎样开展合作的？

对于上述研究问题特别需要作出的几点说明：第一，本书选取的典型个案

---

① 张钟汝、范明林：《政府与非政府组织合作机制建设——对两个非政府组织的个案研究》，上海大学出版社 2010 年版，第 117—122 页。

限定于社会服务领域，除了社会服务领域开展的地方政府购买公共服务实践，其他如环保领域等地方政府与社会组织的合作不在本书之列。第二，典型个案按照国家法律的规定予以选取，即都是正式注册登记有挂靠单位的社会组织，没有注册的"非法组织"暂不在本次研究之中。

（二）研究意义

1. 理论意义

首先，地方政府购买公共服务在本质上为公共服务市场化供给的重要形式之一，因此，在推广和实践的过程中，应按照公共服务市场化基本内涵的要求来发展这一新兴事物，以契约化的合同管理为指向，提高公共服务的供给效率，构建形成地方政府与社会组织的伙伴关系。然而，推广现状与目标模式却存在较大差异，为什么在西方国家运行顺畅的公共服务市场化行为到了中国就变得水土不服，呈现出各种偏离现象呢？其背后的逻辑是什么？现有理论对这一问题的解释并不完善，本书将针对这一问题进行深入探究，以期借助我国的本土化经验对现有理论解释予以补充。更为重要的是，地方政府购买公共服务本身属于一种自上而下强力推进的政府行为，要深入理解这些偏离现象的发生机制，必须深入探究政策执行主体的具体行为轨迹。然而，正如有学者所提到的，即使有关中国转型和制度变迁的研究文献浩如烟海，有关中国地方政府运作过程和运作机制的研究却存在明显空白，甚至放眼关于中国研究的英文文献也是如此①。本书通过分析和解释地方政府购买公共服务中存在的偏离现象，希望对其背后隐藏的地方政府运作机制进行深入解读。

其次，本书对地方政府购买公共服务过程中的偏离现象给予较为深入的分析。虽然在经验层面，地方政府购买公共服务在各地不断地被推广和发展，但

---

① 周雪光、赵伟：《英文文献中的中国组织现象研究》，《社会学研究》2009 年第 6 期；周雪光、练宏：《政府内部上下级部门间谈判的一个分析模型——以环境政策实施为例》，《中国社会科学》2011 年第 5 期；周雪光、练宏：《中国政府的治理模式：一个控制权理论》，《社会学研究》2012 年第 5 期。

是学术界对地方政府购买公共服务中出现的偏离现象还没有给予应有的关注，针对地方政府购买公共服务过程中的偏离现象的经验研究还比较少。本书采用个案研究的方法，生动而细致地展示了一个机构承接并运作地方政府购买公共服务的全过程，特别是地方政府与社会组织在其中采取的各种行动策略以及背后的逻辑，从而为该领域的进一步研究提供了基础。

再次，已有文献在分析地方政府购买公共服务时，受新公共管理思潮的影响，以效率层面的考虑作为主要衡量标准，强调竞争机制的作用。但是，不同于西方，我国地方政府购买公共服务制度并不是在成熟的市场经济环境与公民社会基础上自然内生的结果，而是一个由地方政府主导、外部推动的产物。运用新公共管理的理论去阐释中国特殊情境下的地方政府购买公共服务，属于用应然逻辑取代实然逻辑，更像是理想而非事实。本书通过描述及解释地方政府购买中的偏离现象及其背后的逻辑，试图拨开掩藏地方政府购买公共服务"真相"的重重迷雾，进而对地方政府与社会组织的关系给予深入解读。

第四，本书进一步拓展和丰富"吸纳"和"管理"概念的内涵，将它们用于分析地方政府购买公共服务背后的逻辑，并对"吸纳"和"管理"的基本内涵及其发生机制进行理论上的阐述。地方政府购买公共服务中出现的外在形式和实际运作的不一致，在契约化合作的表象下呈现出地方政府管理下的行政化供给的本质，这一现象涉及非常丰富的理论层面的问题。通过对已有文献的梳理发现，现有研究并不能对本书所关注的现象做出令人信服的解释。本书运用组织研究中的资源依赖理论、嵌入性理论、交易成本理论、关系型合同理论，试图在经验现象和理论之间建立起逻辑联系，并将这一现象理论化，进而弥补公共服务市场化理论在研究上的不足，为这两大领域研究提供一种新的理论解释和研究思路。

2.现实意义

公共服务市场化改革不仅是学术界研究的焦点问题，相当一部分地方政府也明确意识到，随着社会问题的不断堆积，仅仅依赖行政渠道汲取资源并予以解决是不够的。因此，利用社会力量，动员和集结社会组织力量，已经成为地方政府需要首要考量的重要替代性策略。但是，社会组织的资源究竟怎样才能更好地加以利用？地方政府购买公共服务应该怎样运作才更有效率？等等重要问题仍然有待更好地回答，本书可以为地方政府部门的购买服务决策给予参考与借鉴。

第二节　核心概念的界定

一、地方政府购买公共服务

地方政府购买公共服务，指的是以公开招投标或直接拨款的方式，将原本由行政机构提供的公共服务直接交由有资质的社会服务机构来完成，最后根据择定者或者中标者所提供的公共服务的数量和质量，依照合同规定来支付服务费用，其目的是实现地方政府与社会组织提供公共服务的契约化协作模式[①]。换言之，地方政府从公共服务的生产过程中摆脱出来，主要承担起服务规划、资金筹集、服务监管等职能，社会组织则是将地方政府的部分公共职能转接过来。一般情况下，这一概念通常与民营化、公私合作、公共服务合同外包等联系在一起，它意味着在公共服务的供给上更多地依靠社会组织，更少地依赖地方政府来满足民众的需要。这一公共服务提供模式最为重要的特征是将公共服务的提供步骤和生产过程分离开来[②]。公共服务的提供是在消费者之间分担服务成本、安排生产、管制使用者、确定公共服务的具体使用途径以及相关配置。公共服务的生产则是指适应提供方的要求，直接生产公共服务，并根据数

① 王浦劬：《政府向社会组织购买公共服务研究：中国与全球经验分析》，北京大学出版社 2010年版，第 4 页。

② Ostrom Vincent, Charles M.Tiebout, Robert Warren. (1961). "The Organization of Government in Metropolitan Areas: A Theoretical Inquiry". *American Political Science Review*. No.4, pp.831-842.

量和质量要求将公共服务输送给消费者。

　　地方政府购买公共服务可使用的政策工具包括合同外包、特许经营、生产者补助、消费者补贴（凭单）四种类型。在这四种政策工具中，应用得最为广泛的是合同外包[①]。正如萨瓦斯在《民营化与公司部门的伙伴关系》一书中提到，在最普遍的 64 项市政服务中，平均有四分之一的合同外包给私营部门，根据596 个城市的可比数据,1982—1992 年间，合同外包增长了 121%[②]。地方政府购买公共服务的实践不仅局限于美国，在英国等欧美发达国家也同样盛行，在对澳大利亚、英国、新西兰和荷兰四国进行考察后，Considine & Lewis 指出企业—市场模式以及网络模式已经是组织公共项目一线工作的重要模式。21 世纪初期，不断有发展中国家开始加入地方政府购买公共服务的实践中，该领域已然发展形成一种世界性现象[③]。

　　通过审视地方政府购买的发展历程，可以发现这项制度创新行为一方面代表了古老实践的不断延伸；另一方面它又是在新理论和新形势的推动下不断发展的成果。从现实角度看来，由于地方政府的机构不断扩张，财政压力与日俱增，然而，随着经济和社会的不断进步与发展，公共服务自我供给的途径不断增多，这都推促地方政府与社会以协同合作的方式来实现公共服务的有效供应。从理论角度看来，在推行地方政府购买公共服务的原因方面，主流解释重点关注第二次世界大战之后经济学领域对于政府失灵的批判，并根据这一点提出应该积极寻找新的公共服务体制，即运用市场机制来代替行政监管行为，以便利用竞争机制，达到优胜劣汰、提高效率、降低服务成本的目的。这一点也得到了实证研究的验证，莱斯特·萨拉蒙通过研究 20 世纪 80 年代的美国联邦

---

① Martin, L. L. Contracting for Service Delivery. (1999). "Local Government Choices. Washington DC.: International City/County". *Management Association*（*ICMC*）.

② ［美］E.S. 萨瓦斯：《民营化与公私部门的伙伴关系》，中国人民大学出版社 2002 年版，第 139 页。

③ Considine, M, & Lewis, J. Bureaucracy, (2003). "Network, or enterprise? Comparing models of governance in Australia, Britain, the Netherlands, and New Zealand". *Public Administration Review*. Vol.63, No.2, pp.131-140.

政府，发现这一时期的美国联邦政府责任不断增加，然而公共财政预算却一直保持稳定，政府机构和工作人员不断精简，该现象出现的直接原因是很多公共职能由政府直接管理转向间接管理或第三方治理模式①。也有学者强调，与地方政府机构相比，非营利机构在公共服务供给中更加具有优势②。对于地方政府购买公共服务中非营利机构的肯定大多是因为与政府相比，它们能够以更低成本获得更加优质的服务，而这主要是基于它们"在公共服务递送中引入竞争及市场力量"③。正如Ferris & Graddy的研究所强调的，相较于地方行政机构直接生产与提供公共服务，社会组织作为公共服务承包方，其在节约成本方面最为关键的原因在于劳动实践的部门差异、供应商之间的竞争性以及规模经济④。

　　不过，针对在地方政府购买公共服务领域适用市场—效率逻辑这一观点，并非所有研究者都同意。有研究提出对于地方政府购买的功效不应抱有太大期望，地方政府购买能节省的成本是有限的，这一点通过各国政府机构的不断膨胀、财政赤字的不断上涨可以反映出来⑤。凯特尔也认为，地方政府购买公共服务中的困境之一在于寻找符合要求的服务供应商，尤其是合格的社会组织并不是一件很容易的事情，因此，购买服务不见得能够很好地发展或促进竞争，特别是这往往会大幅增加地方政府部门的行政成本⑥。此外，即便竞争能够降低成本，提高效率，这也可能是以低劣的服务质量以及刮脂行为为

---

① Lester M.Salamon, S.Wojciech Sokolowski & Regina List. (2003). "Global Civil Society: An Overview", *The Johns Hopkins Comparative Nonprofit Sector Project*.

② Donahue, J.D. (1989). *The Privatization Decision*. New York, NY: Basic Books.

③ Savas, E.S. (2000). *Privatization: The Key to Better Government.Chatham*, NJ: Chatham House, p.122.

④ Ferris, J. (1986). "The decision to contract out: An empirical analysis". *Urban Affairs Quarterly*, No.22, pp.289–311.

⑤ Graeme A. Hodge. (2000). *Privatization: An International Review of Performance*. Oxford: West view Press.

⑥ ［美］唐纳德·凯特尔：《权力共享：公共治理与私人市场》，北京大学出版社2009年版，第87页。

代价①。澳大利亚产业委员会曾于1996年审阅了203份关于地方政府外包的国际研究，发现合同外包实现的成本节约程度变动很大，而且在个别情况下还存在合同外包后成本不降反升的情形—项针对伊拉克战争中将士兵执行的安全任务外包给私人安全公司的失败案例的相关研究表明，通过合同外包实现的成本节约只是暂时现象，费用的节省主要来自于所供给的服务质量的下降。有文献指出，虽然地方政府购买公共服务这一制度安排被迅速推广开来，但是在具体实践中并没有将市场竞争作为必不可少的条件，很多时候甚至会表现出效率低下、机会主义行为和承包方垄断等问题。各国地方政府对于购买公共服务这一行为的青睐，换个角度进行审视，可能是地方政府购买公共服务具有显著的意识形态优越性。也许就像 Slyke 所强调的，政府购买公共服务可能是一种带有象征性意味的政治行为，而非是出于对经济理性的信仰。更多时候，它只是被用来说明政府不再直接生产和提供公共服务，它与市场之间有着明确的界限，而且逐渐在缩小规模，提高效率②。

需要指出的是，正如 Slyke 所提到的，地方政府购买公共服务的合同与企业合同也存在很多迥异之处。当地方政府与社会组织搭建伙伴关系，签订合同合作供给公共服务时，往往会面临四方面的特殊挑战③。第一，在一定地理范围内和特定的服务类型中经常缺乏竞争，这意味着市场上参与竞标的供应商过少，使得公共管理者很难去矫正供给方的缺陷，并且会制约他们运用中止合同以及重新投标作为管理策略。第二，在很多情况下，地方政府购买公共服务行为的驱动力是意识形态，这导致地方政府机构缺乏必要的合同管理能力。第三，政策指令、政策目标以及相应的项目要求通常界定得很模糊，很少受到监控，这种合同执行情境下公共管理者很难评价社会组织的服务质量。第四，地

---

① Fernandez, Sergio. (2009). "Understanding Contracting Performance: An Empirical Analysis." *Administration and Society*, No.41, pp. 67–100.

② Van Slyke, David M. (2003). "The Mythology of Privatization in Contracting for Social Services". *Public Administration Review*. No.3, pp. 296-315.

③ Ibid.

方政府和社会组织之间的合同关系有可能会导致某些附加效果，导致社会组织的使命偏离、专业化程度降低以及对公共资金的过度依赖。针对上述问题，有研究认为地方政府部门需要不断提高自身的监管能力，特别是合同管理能力。唯此，公共管理者才可能成为"精明买主"，才能够对该买什么、从哪里买，以及接受的是否正是要采购的服务做出正确的决策与评估①。库珀也提出，地方政府要想为广大公众做个好交易，除了要重视招标与合同订立环节，更为重要的是要对合同执行的全过程进行有效的监督与管理。库珀还进一步强调，地方政府为此需要做很多工作，包括在合同订立时为项目配置专业人员和专项预算，以便开展市场分析和预测，并就合同内容进行规划；在合同条款的协商过程中需要与服务供应方就承包权、购买资金、考核激励和罚款内容等相关内容达成一致；在合同的具体执行过程中应着重于为公众提供优质的公共服务，而并非扮演强盗和警察的负面角色，因此最为重要的是建构和维持一种正面且积极的合作关系②。就如何培养地方政府的合同管理能力，库珀也提出了自己的看法，他认为主要包括四个方面的内容：一是规范的合同管理需要制定严格的财政预算；二是破除"合同运作过程中的大部分成本可以转嫁给服务供应商"这种不实假设；三是应该对负责合同管理的地方政府部门工作人员开展培训；四是要招聘和保留部分地方政府部门中的高素质管理人员。

二、吸纳与管理

吸纳主要是指国家权威吸收和引导社会力量进入公共权力系统③。国内学

---

① Kettl.（1993）."Sharing power: Public governance and private markets". Washington, D.C.: The Brookings Institution.

② ［美］菲利普·库珀：《合同制治理：公共管理者面临的挑战与机遇》，复旦大学出版社 2007 年版，第 110 页。

③ 陶建钟：《风险与转型语境下社会秩序的路径选择——控制、吸纳与协作》，《浙江社会科学》2013 年第 8 期。

者对该概念的运用，多数来源于时任香港中文大学教授的金耀基在20世纪80年代提出来用以描述港英政制特征的一个命题——行政吸纳政治。在金耀基看来，该概念强调的是将社会中的精英人士或精英集团代表的政治力量，吸收进行政决策机构，建立一个以精英共识为骨干的政治体①。此后，这种描述和概括逐渐获得了广泛的认同，成为描述港英政制特征的一种普遍性的观点。金耀基认为，行政吸纳政治可以提升行政管理的效能，使港英政府发展成为一个由政治精英构成的共识性政府②。康晓光指出，行政吸纳这种政治框架可以为社会提供很大的发展空间，它既能满足精英的需要，又能够关照大众的基本需要③。由此，吸纳被广泛视作国家权威增强其合法性基础的一种政治治理模式，并衍生出不同的解释方法，如行政吸纳、政治吸纳、体制吸纳、行政吸纳社会等④。当然，强世功也指出，用行政吸纳政治来解读香港地区特殊的政治情景，有其特定的意蕴内含其中，如果将该概念用于解读中国的政治和社会运作，无疑会是一场美丽的误会⑤。但这并不妨碍我们运用吸纳概念来解释政府购买公共服务背后的逻辑。如前所述，吸纳强调的是国家权威对社会力量r吸收和引导，具体到本书中，吸纳强调的是：在政府购买公共服务呈现偏离现象的背景下，政府将社会组织这一原本属于社会的力量吸收进可供监管的行政轨道，在不对称的资源依赖结构下，社会组织为了汲取资源，则是主动被吸附到行政体系之上，并表现出行政化的特征。

　　吸纳本质上属于一种管理或者说是对管理模式的一种延续⑥，它在一定程

---

① 金耀基：《行政吸纳政治：香港的政治模式》，见邢慕寰、金耀基编：《香港之发展经验》，香港中文大学出版社1985年版，第86页。

② 同上。

③ 康晓光：《再论行政吸纳政治——90年代中国大陆政治发展与政治稳定研究》，《二十一世纪》（香港）2002年第5期。

④ 陶建钟：《风险与转型语境下社会秩序的路径选择——控制、吸纳与协作》，《浙江社会科学》2013年第8期。

⑤ 强世功：《"行政吸纳政治"的反思——香江边上的思考之一》，《读书》2007年第9期。

⑥ 朗友兴：《政治吸纳与先富群体的政治参与——基于浙江省的调查与思考》，《浙江社会科学》2009年第7期。

度上表现出地方政府权威对于社会力量的管理。具体到本书中，吸纳逻辑与管理逻辑原本就是互相交缠、密不可分的。管理逻辑强调的是：在吸纳社团为己所用的基础之上，地方政府对购买公共服务的交易过程施加影响力，通过采取各种策略性行为，甚至与社会组织展开共谋，进而在既定的运行程序下体现自身的意志。但是，这种管理逻辑在地方政府购买公共服务的过程中并没有明显而强势地表现出来，而是表现出柔性化和隐性化的趋势。

综上所述，本书引入吸纳和管理这两大概念作为理解地方政府购买公共服务背后逻辑的核心特质，其核心要义强调的是地方政府吸纳社会力量进入可供监管的行政轨道，以便在获取治理资源的同时满足对社会进行管理的需要。当然，要理解这一点，就必须把握我国地方政府一直以来的"行政主导"这一大前提。当下的"行政主导"不同于改革前的"行政主导"。中国的经济、政治、意识形态、外部环境都发生了变化，地方政府必须在一个新的环境里探寻一套新的"行政主导"模式。传统公共服务供给方式的转型带来了对"社会组织"的大量需求。在当前以及可以预见的未来的大环境下，这种需求是无法消除的。这意味着，长期来看，这种需求只能满足而不能压制。地方政府不可能将所有的公共服务职能包揽上身，还需要地方政府之外的社会组织。当地方政府意识到简单的压制已经行不通的时候，意识到社会领域中的"非政府方式"是整体发展所必需的时候，它就要探索一套能够使"非政府方式"为我所用的模式。换言之，通过在行政体系内部生长和培育可控的社会组织体系，并利用这些社会组织满足地方政府转变公共服务供给方式的需求，防止社会组织挑战地方政府权威，继续保障其行政权力[①]。这是一种更为精巧的隐性管理手段，通过主动回应来自社会的需求，从而达到在社会自治增加的过程中重建行政管理秩序的目的。

将吸纳和管理应用于解释地方政府购买公共服务背后的逻辑，本书认为其体现的基本内涵是：地方政府购买公共服务，其初始目标是给予社会组织一定

---

① 王名：《中国民间组织30年：走向公民社会》，社会科学文献出版社2008年版，第332—333页。

的自主空间并与之达成契约化合作模式，然而，惯于对社会实行管理的地方政府并不愿放弃对公共服务事务的实际领导，因此，地方政府开展各种策略化的行动，将生长中的社会力量——社会组织吸纳进可供监管的行政轨道之中，在此基础上，地方政府实现了管理手段的柔性化和隐性化。在吸纳和管理双重逻辑的影响下，地方政府购买公共服务具备了契约化合作的形式，实质上却被赋予了行政化供给的本质。

需要进一步指出的是，地方政府与社会组织合作开展公共服务购买可以被划分为两个基本阶段：合作缔结阶段以及合作履行阶段。合作缔结阶段主要是由地方政府选择合作对象并明确合作方式，合作履行阶段主要是合作双方实施合作的具体过程。前者主要涉及的是交易主体及对交易方式的选择，后者主要涉及的是交易具体执行过程。更为重要的是，根据本书对地方政府购买公共服务中偏离现象的界定，交易主体、交易方式、交易执行三大维度能够较好地涵盖和反映偏离现象涉及的内容。据此，本书拟从交易主体、交易方式、交易执行三个维度来深入剖析吸纳和管理逻辑的内涵，以便深入、全面地分析地方政府购买公共服务发生偏离现象的内在原因，进一步对地方政府与社会组织的行动策略及其内在逻辑予以阐释与说明。

第三节　研究方法

一、研究方法选择——定性研究

就社会科学领域而言，因为基于不同的方法论背景，其具体的研究方法至少有定量研究方法和定性研究方法之分。西方方法论专家 J. Lofland & L. Lofland 曾经指出有 10 个主题非常适合于运用定性研究，它们分别是：实务、事件、互动、角色、关系、组织、团体、居住地区、社会世界、生活形态或者次文化①。本书探讨的是公共服务购买中地方政府与社会组织之间的关系，尤其是探讨在一个具体的实践过程中互动双方对双方关系及其状态的态度和看法，以及互动双方的关系状态对这一类事物存在和发展的深层意义。因此，这样的研究主题与定性研究的内涵十分契合。关于定性研究这一研究工具，Strauss指出，定性研究的真实目的在于描述和探索真实的经验世界。因此，定性研究重视研究的经验主义成分，强调以调查资料为基础，寻找资料内含的意义解释或理论依据，进而对研究对象展开深入诠释②。定性研究特别强调综合运用"多角化"（Triangulation）技术来解释社会现象和社会事件，即运用多个理论，借助多名研究人员的帮助，采用多种数据收集方法和研究方法来对事实做最真实的描述③。与定量研究相比，定性研究具有如下优势，而本书可以借助定性研究的这些强项进行相关研究问题的探讨。

第一，从研究目的上看，定性研究的主要目的就是对被研究对象建构"解释性理解"。它更加强调对研究问题和背景之间的关系进行阐释，更加着重对于现实问题的产生、发展和现象对行为主体所具有的意义进行深入探讨，这种研究方法的主要目标就是深入地理解社会现象。本书旨在理解地方政府购买公共服务背后的逻辑，试图解释地方政府与社会组织在其中扮演的角色及其行动策略，并非要进行大规模的预测。所以，定性研究更能满足本书目的要求。

第二，从研究对象的特点来看，目前地方政府购买公共服务还处在起步和探索阶段，现有的改革实践无法满足进行大量定量分析的要求，并且在探索问题的过程中，不仅需要研究社会组织的行动，还需要研究地方政府、社会组织成员以及服务对象的行动策略及其带来的影响，定量研究是无法达到这些要求的。只有通过定性研究的"深描"，挖掘研究对象的独特性，研究者才可以更

---

① Lofland, J. Lofland, L.（1984）. *Analyzing Social Settings: a Guide to Qualitatative Observation and Analysis*. Be lmont, Calif.: Wadsworth Pub.Co.

② A. 斯特劳斯：《质性研究概论》，台湾巨流图书公司 2000 年版，第 52 页。

③ Burce L. Berg, Chapter 1 Introduction.（2001）. *Qualitative research methods for the social sciences*. Allyn & Bacon.

加直接地深入理解研究对象行为的真实意义和原因。

第三，从研究的思路来看，定性研究本质上遵循归纳法，即从特殊情景中归纳出一般性的研究结论，"从资料的阅读中产生理论假设，然后通过假设检验和不断比较逐步对研究问题作出充实和系统化的理解。"[①] 本人以熟人关系作为中介，深入研究对象内部，长期观察 A 机构参与地方政府购买公共服务的实践过程；寻找并确定与研究相关的分析概念；扩大和修正对研究假设的理解以及对研究问题的认识；继而对地方政府与社会组织的关系以及地方政府购买公共服务背后的逻辑作出解释。所以，本书主要遵循了归纳推理的研究路径，更符合定性研究的逻辑思路。

第四，从研究过程来看，本书将沿着地方政府购买公共服务的时间顺序先勾勒故事的框架或线索，注重在时间的流动中追踪事件的变化过程，研究中将通过细致生动的案例描述来丰富这个故事的内容，进而回答疑问。换言之，本书以解释对象事件，建构解释理论为目标。这种讲述故事的方式需要收集大量的定性数据，用厚重的"语言"进行描述，这正是定性研究的特长。

二、研究工具选择——案例研究

（一）选择案例研究的缘由

本书以案例研究作为研究工具。案例研究是指对发生在自然场景中的某种现象进行探索、描述或解释，并试图从中推导出新的假说或结论[②]。本书之所以选择案例研究，主要原因有：

首先，案例研究能够较好回答"怎么样"和"为什么"的研究问题，而本书拟探究地方政府购买公共服务的运行现状、偏离现象及其背后的原因，主要想解决地方政府购买公共服务中的偏离现象是如何生成的？在地方政府购买公

---

① 陈向明：《质的研究方法与社会科学研究》，教育科学出版社 2000 年版，第 13 页。
② 吴建南：《公共管理研究方法导论》，科学出版社 2006 年版，第 147 页。

共服务发生应然与实然的偏离过程中，地方政府与社会组织分别扮演了什么角色呢？等等，以上问题都是围绕着"怎么样"和"为什么"展开的。

其次，案例研究的研究对象通常是当代的事件，而非历史事件，其所获得的资料来源渠道比传统的历史研究法更多、更广泛，包括文件档案、物证、访谈、观察等。A机构承接的地方政府购买公共服务是正在进行中的经验事实，通过参与观察、访谈等方式可以积累比较丰富的实证材料。

再次，案例研究使用综合的资料收集技术，其证据来源的渠道多样化，包括观察、收集实物、录音、访谈、文献档案等。而本书拟采用个别深度访谈法、小组访谈法、非参与式观察法以及文献研究法开展资料收集，多元化的资料来源以及不同资料的交互印证可以较好地提高本书的建构效度。

案例研究实质上是通过单个或多个案例的研究来达到对某一类现象的认识，而不是达到对一个总体的认知和理解。案例研究的逻辑不是统计性的扩大化推理（从样本推论到总体），而是分析性的扩大推理（从案例上升到理论）。因此，本书在案例的选择上，主要考虑的因素有：案例的代表性以及研究的可行性与便利性。第一，本书选择A机构承接的社区矫正服务作为研究个案，这主要是出于案例代表性的考虑，A机构是我国最早一批由地方政府专门成立r用于承接政府购买公共服务的社会组织，在QH市乃至全国都有一定影响力。自2004年起，A机构就开始与QH市司法部门开展地方政府购买公共服务的合作，然而在十余年的合作中，A机构承接的社区矫正服务发生了种种典型的偏离现象，呈现出十分典型的"吸纳"和"管理"特征。在笔者进行实地调查时，很多对该组织及其承接的地方政府购买项目有所了解的人士说："这个社区矫正工作表面上是A机构完成的，实际上还是政府在管理和把握的。"在进入A机构进行参与观察式之后，不少A机构的工作人员也对笔者说："我们这里更像是一个准政府部门，要服从于矫正办的安排。"这从一个侧面说明了A机构承接的社区矫正服务的具体运作形式与实际运作逻辑的不一致性，而这正是本书所要探讨的问题。从这一点上看来，A机构具有很好的代表性。第二，通过联系QH市民政局的熟人关系，笔者已于2012—2013年不间断地进入QH市社会团体管理局等相关地方政府部门及 A 机构进行调研，在实地调研阶段笔者已经获取了 A 机构承接社区矫正服务的相关信息，这些丰富的第一手材料将成为本书的参考和依据。

（二）案例研究的类型

本书拟采用嵌入式单案例分析，它是指具有多个次级分析单位的案例研究模式。本书旨在选择典型案例，然后通过对案例的深挖和数据分析，提出一般性的研究结论。经过早期的观察和对既有文献的阅读和理解，本书把 A 机构承接的社区矫正服务作为一个典型案例，以其中地方政府与社会组织间合作关系为基本分析单位，从方法论的角度来看，这项改革基本上可以满足研究型案例的选择标准。而对 A 机构承接的社区矫正服务进行分析时，不可避免地涉及与社区矫正服务有关联的各个单位。嵌入式案例研究方法有助于探究在复杂的环境中不同参与者的实际利益、行为动机和决策行为。

（三）案例资料的收集

个案研究的资料来源主要有六种，它们分别是：直接观察、参与性观察、访谈、文献、档案记录和实物证据[①]。在本项研究中，笔者主要采取了以下方法收集研究资料：

1. 观察法

这其中包括参与式观察和直接观察法。例如，笔者以"旁观者"的角色参与了 A 机构召开的"关于联合开展社区矫正人员清理整顿统计工作"会议，还数次旁听了 A 机构及其下辖工作站（点）的经验总结会、任务安排会、员工培训会；还通过"志愿者"的身份、参与式观察的方式跟踪 A 机构承接的社会矫正服务，洞察 A 机构与 QH 市司法局、公安局、街道办等政府部门工作人员之间盘根错节的互动关系。

---

① 吴建南：《公共管理研究方法导论》，科学出版社 2006 年版，第 147 页。

2. 深度访谈法

作为一种定性研究方法，深度访谈在资料收集方面发挥着极为重要的作用。它在访谈过程中通过对被访者话语以及访谈场景的探究来发现和分析问题，进而归纳和总结个案的普遍性意义。笔者在实施深度访谈的过程中，首先根据问题意识的指引设计出针对不同访谈对象的开放式访谈提纲，进行试验性访谈，然后根据反馈情况不断修正和调整访谈的内容，再进入深度交流的状态。

需要进一步指出的是，如果仅仅选择从地方政府购买公共服务的合作双方（如仅仅从 A 机构及 QH 市矫正办的角度）来获寻分析资料，会难以如实有效地反馈及揭示出"社会事实"的全部面貌，因此本书还选择了与 QH 市、区县、镇街司法部门及 A 机构关系非常密切的其他地方政府部门及其工作人员（例如街道办、居委会及其干部）开展深度访谈，以便进一步弥补单一访谈对象的缺陷与不足，进而能够从多元化的视野来分析与研究问题。在具体访谈方式的选择上，研究者采取了面对面的结构化访谈方式，但是如果发现值得关注的信息，研究者也会采用追问的方式。同时，研究者还采取电话访谈的辅助方式来做补充，这样一来，既可以提高访谈的效率，也可以节省访谈的时间与成本。

本书的访谈对象：从市级层面看，主要包括相关地方政府职能部门的官员和工作人员、A 机构的董事、（副）总干事、干事及其他工作人员；从区县层面看，主要包括各个工作站的正（副）站长及工作人员、相关地方政府职能部门的主管领导及工作人员；从镇街层面看，主要包括社工点大、小组长，还有提供社区矫正服务的一线社工，另外还包括街道办工作人员、居委会治保主任等。

3. 文献法

通过联系相关地方政府职能部门收集与本书相关的各种文献资料，包括地方政府文件、预算与决算报告、会议记录、社会组织的宣传资料、各种工作报告与总结材料、QH 政府购买公共服务的招投标文件、评标文件、合同文本、新闻报道等。

(四）研究效度和信度

质的研究所遵循的是与量的研究不同的范式，它关注的是社会事实的建构过程以及人们在特定社会文化情境中的经验与解释这种过程性、发生在人际互动之中的对意义的探索，因此很难用"信度"、"效度"这类规则进行判断[①]。尽管如此，基于学术的严谨，亦须对此问题作出回应。

在数据收集阶段，本书将通过采用多种数据收集技术，例如文献研究法、参与式观察法和访谈法等，并对各种证据进行相互交叉印证，来提高研究的效度。为了提高案例研究的信度，在案例研究过程中进行完整详细的案例研究记录以及使用案例研究草案。详细记录案例研究过程的每一个步骤、程序，确保案例研究程序记录的全面性与完整性，以提高案例研究的信度。此外，本书还采取以下策略来增强案例研究的可靠性与有效性：第一，针对研究情境和研究过程采取扩大参与以及持续观察；第二，采用多角化的技术，包括研究数据、研究方法、研究者以及研究理论等的多角化；第三，注重参与者的反馈；第四，同行的审视，请相关专家和从业人员阅读原稿；第五，自我反省。

(五）研究中道德问题的考虑

道德问题是社会研究不可避免的一个重要问题，尤其是在案例研究中，由于研究者与研究对象直接而亲密的接触，特别容易产生道德问题。针对具体的案例、具体的研究对象，如何既保障他们的权益，又能保障研究的顺利进行和研究报告的完整，是案例研究不可避免的两难选择。地方政府购买公共服务涉及各方面的利益，各方对于这一改革实践有不同的态度，尤其是对地方政府而言是比较敏感的问题。因此，在访谈中一些访问对象可能从某种角度出发，说出一些与改革趋势相悖的言论，遇到诸如此类的情况，应当注意保密，以免造成对研究对象的潜在伤害。据此，在研究中，本人将以保护研究对象的权益为基本原则，在访谈前，先获得研究对象（如社会组织及有关地方政府部门的工

---

① 陈向明：《质的研究方法与社会科学研究》，教育科学出版社 2000 年版，第 58 页。

作人员）的口头同意，不对其造成任何现实或者潜在的伤害，在必要时采用匿名的方式。匿名问题在两个层次上存在：整个案例（或案例群）的匿名以及案例（或案例群）中个人的匿名。① 本书将重点集中在地方政府购买公共服务中行政机构与社会组织的实际作为，当涉及制度变革的障碍、部门利益纠葛、地方政府和社会组织之间利益冲突等敏感问题时，要更加清醒研究道德的约束。在本书完成后，适当地把研究结论交给研究对象过目，如果有不恰当之处，则可根据研究对象提出的意见作出适当的修改。

---

① ［美］罗伯特·K.殷:《案例研究：设计与方法》，重庆大学出版社 2004 年版，第 166 页。

第一章　理论基础及解释框架

20 世纪 80 年代，在世界范围内掀起了一场重新界定地方政府与市场关系的改革浪潮。在财政上的压力、政府职能转变等因素的影响与制约之下，欧美国家开始了公共服务市场化的实践[①]。具体到中国的地方政府购买公共服务，其很大程度上是向西方学习的结果，但是实际运行却置身于特殊的体制环境，这就造成了制度模仿与本土环境之间的碰撞与冲突，进而引发应然与实然间的偏离现象。换言之，在地方政府购买公共服务的名义之下，契约外包或合作治理的精神并未得到真正落实，很多开展购买项目的地方政府部门利用既有路径或新建相关组织充当中介，地方政府实际上仍对外包项目进行经营管理，将地方政府购买公共服务的相关环节"内部化"，甚或将购买项目以外的行政事务加诸于社会组织，以便实现维护或延伸政府组织边界的目的。可以说，现行的地方政府购买公共服务并未构建形成地方政府与社会组织之间的平等协作关系，而是在很大程度上表现出地方政府对社会组织进行"吸纳"和"管理"的本质。结合相关理论观点，本书从交易主体、交易方式、交易执行三个维度出发论述地方政府购买的"吸纳"和"管理"特征。以此作为基本思路，本书将从嵌入性、资源依赖、交易费用、关系型合同等多个角度出发，分析地方政府购买公共服务背后的逻辑。

---

① 　句华：《美国地方政府公共服务合同外包的发展趋势及其启示》，《中国行政管理》2008 年第 7 期。

第一节 文献述评

一、地方政府购买公共服务的兴起

在市场化改革的巨大浪潮中,采取资金资助的方式将公共服务的生产和供应环节交由社会组织完成无疑是一种重要的制度安排[①]。随着地方政府与社会组织在公共服务供给领域结成伙伴或同盟,二者的合作关系正朝着财务和技术上相互依赖的方向发展,公私边界日益模糊[②]。一方面,地方政府引入社会组织的力量提供公共服务,有超过50%的联邦社会服务经费流向社会组织。另一方面,大多数社会组织超过一半的收入依赖于地方政府,对于很多小型的社会组织而言,地方政府资助甚至成为他们运作经费的唯一来源渠道。据统计,每五个社会组织中,就有三个是以地方政府资金作为最大的单项收入来源,地方政府资金占到社会组织总体收入的65%[③]。虽然不同类型的社会组织对地方政府资金的依赖程度有高低之分,但多数社会组织都接受了地方政府购买公共服务项目所提供的资金资助,即便是宗教组织也接受地方政府资助开展公共服务活动。截至1992年,美国地方政府在日托设施运营、戒酒与戒毒项目、流浪者收容所三个公共服务项目上,分别有35%、34%和54%的地方政府和社会组织签订了合作提供公共服务的合同,依靠地方政府自行生产的比例则下降到了6%、7%和0。20世纪末21世纪初,许多发展中国家的地方政府也纷

① Brudney, Jeffrey L, Sergio Fernandez, Jay Eungha Ryu, and Deil S.Wright. (2005). "Exploring and Explaining Contracting Out: Patterns among the American States". *Journal of Public Administration and theory*. Vol.15. No.3, pp.393–420.

② Lipsky, M., S.R.Smith. (1989). "Nonprofit Organizations, Government, and the Welfare State". *Political Science Quarterly*.Vol.90.No4, pp.625-648.

③ Boris, E.T., E.D.Leon, K.L.Roeger, & Nikolova, M. (2010). *Human service Nonprofits and government collaboration*. Washington, DC: Urban Institute, pp.1-17.

纷将公共服务的供给过程交由社会组织完成。

对我国的地方政府购买公共服务进行研究的文献也很多[①]。从这些文献中，我们可以探寻地方政府购买公共服务的基本发展思路：早在 1995 年，QH 市 DP 区社会发展局就采取定向委托的方式，将 SL 会馆交由社会组织代为管理。进入 21 世纪以后，全国各地的政府都开始了向社会组织购买公共服务的创新实践，其领域分布十分广泛，出资金额也呈现出不断上升的趋势[②]。这反映出一个重要的事实：中国公共服务的供给已经不再是一个仅有地方政府承担的封闭自持的独立系统，它已经发展成为一个对外依赖程度相当高的开放式系统。

在针对地方政府购买公共服务划分具体类型时，国外学者比较关注的是社会组织在服务提供过程中的竞争水平。Dehoog 提出了地方政府购买公共服务的三种模式，包括竞争购买、谈判购买与合作购买，他还详细阐述了各种模式的特征及使用情境[③]。Gidron 等学者认为在所有的福利服务中，有两个要素至为关键：服务的资金筹集和授权；服务的实际提供。他们以这两个要素为标准，将地方政府与社会组织的关系总结为四种基本模式，即政府支配模式、社会组织支配模式、双重模式和合作模式[④]（表 1.1）。Feiock & Andrew 将公共服务提供中的社会组织角色分为七种类型：独立的服务提供者；合作的服务同盟；接受补贴的服务提供者；合同商 / 代理商；合作伙伴；战略竞争

[①] 李慷：《关于上海市政府购买公共服务的调查与思考》，《中国民政》2001 年第 6 期；杨蓓蕾、孙荣：《城市社区网络治理：内涵、建构与实证》，《中国行政管理》2008 年第 9 期；温俊萍：《政府购买公共就业服务机制研究》，《中国行政管理》2010 年第 10 期；周俊：《政府购买公共服务的风险及其防范》，《中国行政管理》2010 年第 6 期；俞晓波：《地方政府公共服务购买的实践与发展趋势》，《天府新论》2012 年第 3 期。

[②] 敬义嘉：《中国公共服务外部购买水平的实证分析——一个治理转型的视角》，《管理世界》2007 年第 2 期。

[③] DeHoog.（1990）."Competition, negotiation or cooperation: Three models for service contracting". *Administration and Society*. No.22, pp.317–340.

[④] Gidron, B., P.M.Kramer, L.M.Salamon.（1992）. *Government and the Third Sector: Emerging Relationship in Welfare States*. San Francisco. CA: Jossey-Bass Publishers.

者；倡导者 / 游说者 ①。

表 1.1　"四模式"理论 ②

功能	模　式			
	政府支配模式	双重模式	合作模式	社会组织支配模式
资金筹措	政府	政府 / 社会组织	政府	社会组织
服务提供	政府	政府 / 社会组织	社会组织	社会组织

　　如果说国外学界在对地方政府购买公共服务进行研究时重视的是"竞争"，那与之形成鲜明对比的则是国内研究多聚焦于"竞争"与"主体间关系"，而这种对比在地方政府购买公共服务流程及模式的研究中也同样适用 ③。王名、乐园根据上海等地政府购买公共服务实践，将社会组织独立性及购买过程是否存在竞争性为衡量指标，对案例进行模式化分析并总结出三种模式 ④（见图 1.1）。这一模式在目前国内学界得到了较为广泛的认可，当然也有研究对此模型提出了修正与补充。杨宝与王兵认为"竞争程度"与"购买主体间关系"虽然对地方政府购买公共服务分类起到了重要作用，但却忽视了制度化的因素，因此他们将制度化程度、竞争程度、主体间关系作为描述地方政府购买公共服务模式的核心指标体系 ⑤（见表1.2）。张国平则将衡量指标设定为：购买方式属于竞争性还是非竞争性，地方政府与社会组织之间属于依附性还是独立性等四个方面 ⑥。

①　Feiock, R., & Andrew, S. (2006)."Introduction: Understanding the Relationships between Non-profit organizations and local governments", *International Journal of Public Administration*.Vol.29, No.11, pp.759-767.

②　Gidron, B., P.M.Kramer, L.M.Salamon. (1992). *Government and the Third Sector: Emerging Relationship in Welfare States*. San Francisco.CA: Jossey-Bass Publishers.

③　杨宝：《政府购买公共服务模式的比较及解释——一项制度转型研究》，《中国行政管理》2011 年第 3 期。

④　王名、乐园：《中国社会组织参与公共服务购买的模式分析》，《中共浙江省委党校学报》2008 年第 4 期。

⑤　杨宝、王兵：《政府购买公共服务模式的中外比较及启示》，《甘肃理论学刊》2011 年第 1 期。

⑥　张国平：《地方政府购买居家养老服务的模式研究：基于三个典型案例的比较》，《西北人口》2012 年第 6 期。

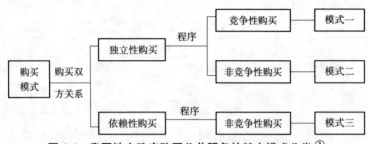

图 1.1 我国地方政府购买公共服务的基本模式分类①

表 1.2 中外政府购买公共服务的模式比较②

模式＼指标	制度化程度	竞争程度	购买主体间的关系	状态
海外模式	制度化	独立性	竞争性	参照系
国内模式	制度化	竞争性	独立性	可能存在模式
			依附性	
		非竞争性	独立性	
			依附性	
	非制度化	竞争性	独立性	
			依附性	
		非竞争性	独立性	
			依附性	

随着地方政府购买公共服务的不断发展，学术界也涌现出很多有关这一领域的研究成果。聚焦于本书的研究问题：为什么在地方政府购买公共服务中会出现偏离现象？其背后的逻辑是什么？即为什么地方政府大力推行契约化合作供给公共服务，最终却又被吸纳回归到地方政府供给的轨道呢？要回答上述问题，首先必须要回到地方政府购买公共服务的发生原点，分析如下议题：（1）地方政府会如何选择合作对象（交易主体）？（2）地方政府会采取什么方式构建合作关系（交易方式）？（3）地方政府和社会组织又会如何处理与对方的关

---

① 杨宝：《政府购买公共服务模式的比较及解释———一项制度转型研究》，《中国行政管理》2011 年第 3 期。

② 杨宝、王兵：《政府购买公共服务模式的中外比较及启示》，《甘肃理论学刊》2011 年第 1 期。

系呢（交易执行过程）？本书将围绕这些问题进一步梳理现有的研究文献。

二、合作对象的选择与合作关系的构建方式

在购买公共服务的过程中，地方政府会采取什么方式选择合作对象，进而构建合作关系？对这一问题的研究，现有文献着重关注的是在选择合作对象的过程中是否运用了竞争性的市场机制。主流的理论观点比较认可公共服务购买中应利用市场化的竞争机制来选择承接者，例如凯特尔就指出在不放弃地方政府"掌舵"作用的前提条件之下，可以借助市场机制的调节手段，将社会上的资源聚集起来并加以利用，这导致的直接后果是传统的由地方政府决策并生产的公共服务提供模式发生转变，更多地是地方政府通过市场调节，将社会资源和私人资本吸纳进来，并促进包括社会组织在内的多种组织以竞争的方式完成公共服务生产环节的复合模式[1]。有研究指出，在公共服务的供给过程中，应该将决策和执行分开处理，地方政府主要负责决策制定，依据重要性标准将公共服务目标进行排序，公共服务的生产环节则不需要由地方政府部门亲自完成，非政府力量可以被充分利用起来[2]。

在实现公共目标的过程中，市场机制可以作为一种中介机制，将地方政府和非政府部门连接起来，正如萨瓦斯所强调的，公共服务的供给者应该呈现打破垄断、多元竞争、均衡发展的态势[3]。而竞争的充分实现需要具备一个重要条件：公共服务的供应对象——普通民众应该拥有选择权。换言之，消费者应该拥有在多个公共服务供应方之间开展选择的权力及用于选择的资源。一旦消费者没有选择的余地，市场机制的作用也就无从发挥了，公共服务供应方的竞

---

① ［美］唐纳德·凯特尔：《权力共享：公共治理与私人市场》，北京大学出版社 2009 年版，第 122 页。

② ［美］菲利普·库珀：《合同制治理：公共管理者面临的挑战与机遇》，复旦大学出版社 2007 年版，第 103 页。

③ ［美］E.S.萨瓦斯：《民营化与公私部门的伙伴关系》，中国人民大学出版社 2002 年版，第 79 页。

争性很难被激发出来，作为公共服务的购买方也就难以保证供应方对消费者负责并创新。

此外，消费者没有选择供应方的权力，其对服务的多元偏好也就很难被满足。从这个意义上讲，在地方政府购买公共服务过程中，市场机制能够发挥作用的基石就是消费者的选择权。强调运用竞争机制选择合作对象的观点指出了合同管理的重要性，认为通过合同的大量运用特别是签约外包的引入能够进一步调整地方政府组织结构和权力运行机制。库珀认为，合同治理模式的兴起无疑意味着传统权威型治理模式的式微，这两种治理模式在治理理念、治理主体、治理方式、治理目标、治理过程、治理机制、治理结构、治理的激励基础等方面均存在显著的差异①（参见表1.3）。

表1.3　权威治理与合同治理模式的比较②

	权威治理	合同治理
治理理念	强调权威	倡导平等、自由、合作、互惠等合同理念
治理主体	政府机构和公共企业	政府机构、私营部门和非营利组织等
治理方式	配置与管制的分离	配置与管制的结合
治理目标	强调政治目标的实现	强调经济、效率、效益等
治理过程	公共的和私人的赛局参与者的分离	营造公平的、多元主体参与的市场竞争环境
治理机制	使用公法机制，通过政府机构来实施项目：①官僚机构，②公共企业	使用私法机制，通过私营部门和非营利组织实现
治理结构	官僚组织以机构内自上而下的权威和对委托人的控制或管制为特点	分权化的公共组织
治理的激励基础	行政本位主义	企业家精神

---

① ［美］菲利普·库珀：《合同制治理：公共管理者面临的挑战与机遇》，复旦大学出版社2007年版，第103页。
② 同上。

　　上述观点的理论预设在于运用竞争机制，地方政府可以挑选出合适的服务承接方，在提升合同管理能力的基础上，地方政府可以更好地调节自身和服务承接者之间关系。据此，地方政府应该营造公平竞争的市场环境，提高合同管理能力，引导并监督服务承接方按照合同条款履行合作的相关义务，协调彼此关系，保证合作中的各项承诺得以实现。据此，将竞争性引入并分析地方政府与社会组织关系时，尤为重要的一点就是需要关注市场的竞争性程度以及地方政府的合同管理能力。

　　但是，上述观点在理论和实证层面都面临着一些挑战。竞争性的选择机制主要来源于对效率因素的考量，但实践表明，除了效率因素，有一系列影响因素推动地方政府购买公共服务成为公共服务内部生产的替代形式，包括公共财政的拮据、科层制的惯性、政治上的压力以及市场条件的成熟。为此，很多文献将地方政府购买公共服务看做是利用市场化手段解决公共服务供给方式的政治性决定，在这一语境之下，地方政府购买公共服务被认为是一种管理上的创新性手段[1]。在多个城市进行的实证研究也证明了上述结论，推动政府官员在不同区域、不同类型的公共服务领域发展地方政府购买公共服务的关键在于政治及经济上的双重推动力[2]。但需要指出的是，经济拮据仍被认为是地方政府推动公共服务购买最直接的源动力，根据 ICMA 的调查，1988 年，有 36.5％的城市将财政压力作为地方政府购买公共服务决策的重要

①　Brown, T.L., Potoski, M. (2003). "Contract-Management Capacity in Municipal and County Governments". *Public Administration Review,* Vol.63, No.2, pp.153-163.

②　DeHoog, R. (1984). *Contracting out for human services: Economic, political, and organizational perspectives.* Albany: State University of New York Press; Ferris, J. (1986). "The decision to contract out: An empirical analysis". *Urban Affairs Quarterly.* No.22, pp.289–311; Morgan, D., Hirlinger, M., England, R. (1987). The decision to contract out city services: A further explanation." *Western Political Quarterly,* pp.363–372; Johnson, G., Heilman, J. (1987). "Metapolic transition and policy implementation". *Public Administration Review.* No.47, pp.468–478; Osborne, D, Gaebler, T. (1992). *Reinventing government. Reading*, MA: Addison -Wesley; Kettl, Donald F. (1993). *Sharing power: Public governance and private markets.*Washington, DC: The Brookings Institution.

因素 [①] 。

　　相关研究还显示，涉入地方政府购买公共服务之中的不同行动者，其推动地方政府购买公共服务的动因也会有所区别。包括民选官员在内的政客支持外包的出发点多在于政治性因素，包括垄断地方政府提供的公共服务将降低对公民需求的回应力、公众对于"庞然大物式"的地方政府提供有效公共服务已然丧失信心、更少的地方政府将更有利于民主等 [②] 。在政治家看来，地方政府购买公共服务并非出于经济理性的信仰，而更像一种象征性的政治行为。地方政府购买公共服务更多地是表明地方政府已经从直接的公共服务中摆脱出来，它并不侵占私人市场，变得越来越小、越来越有效。因此，在地方政府购买公共服务的过程中，民选官员往往致力于创造一个良好规范的政治环境来保障外包的规范性 [③] 。而行政官员支持地方政府购买公共服务的出发点则主要体现为经济性因素，他们更加关心成本的减少、服务供给效率的提升。特别是在预算大幅削减时，行政官员开展地方政府购买公共服务的驱动力将愈发强大。因此，行政官员往往致力于考虑如何与私人供应商更好地开展合作、承包合同如何拟

---

① 美国国际市县管理协会（ICMA）的相关调查始于 1982 年，每 5 年在全国范围内进行一次有关公共服务提供方式的大规模专项调查，其调查对象涵盖了人口为 25000 以上所有的县和人口超过 10000 的所有城市，主要调查内容为公共工程和交通、公用事业、公共安全、保健和人力服务、公园和休闲、文化艺术，以及辅助服务等七大领域中 64 项服务的公共直接提供方式和六项可选择性方式，即外包给营利组织、外包给社会组织、政府间合作、特许经营、补贴和志愿服务。该调查设计的连贯性及其对服务和可选择性提供机制涵盖的广泛性，使之成为追踪地方政府在不同阶段选择与利用可选择性服务提供方式的最为可靠的资料来源。

② Savas, E.S. (1977). *Alternatives for delivering public services: Toward improved performance*. Boulder, CO: Westview Press; Bowman, G., Hakim, S., Seidenstat, P. (1993). *Privatizing correctional institutions*. New Brunswick, NJ: Transaction; Daley, D. (1996). "The politics and administration of privatization". *Policy Studies Journal*, No.24, pp.629–631; Korosec, R., Mead, T. (1996). "Lessons from privatization task forces". *Policy Studies Journal*, No.24, pp.641–648; Avery, G. (2000). "Outsourcing public health laboratory services". *Public Administration Review*. No.60, pp.330–337.

③ Van Slyke, David M. (2003). "The Mythology of Privatization in Contracting for Social Services". *Public Administration Review*. No.3, pp.296-315.

定等技术性细节①。一项针对美国密歇根州的教育外包项目的研究对上述观点进行了佐证，尽管有强大的政治压力，但是地方行政官员只有在供应方能满足严格的教育标准，并提供更有效的服务时才会考虑地方政府购买公共服务。公众支持地方政府购买公共服务的推动力主要是政治上的平民主义的要求：即公众认为他们应被赋予确认及满足共同需求的权力、减少对高高在上的行政机构的依赖，因此地方政府应缩减规模、增强责任感②。涉入地方政府购买公共服务之中的行动者还有市场力量，市场力量主要考虑的是商业上的利益，通过合同外包，私人团体能从中牟利③。

由于地方政府购买公共服务既有经济因素的考虑，也有政治因素的制约，这就使得地方政府在选择承接服务的合作对象以及合作方式时，政治层面的考虑也会影响地方政府对合作对象的选择。Marwell 指出，某些基于社区的社会组织会在社区建设和公共服务提供的传统职能之外积极参与选举政治。这些组织能够为地方的选任官员带来坚定的选民，作为回报，选任官员则会想方设法将地方政府购买公共服务的合同授予这些社会组织④。基于对美国纽约州的考察，Slyke 指出由于社会组织各自有专门的活动领域，并且和地方政府机构以及选任官员大都存在政治联系，加上地方政府在可供调度的人手和资源方面比较匮乏，因此地方政府外包公共服务时，很少运用竞争性手段选择服务承接方⑤。

---

① U.S.General Accounting Office. (1997). *Privatization: Lessons learned by state and local governments*. Washington, DC: Author.

② Percy, S., Maier, P. (1996). "School choice in Milwaukee". *Policy Studies Journal*. No.24, pp.649–655.

③ Durant, R., Legge, J. (2000). "Politics, public opinion, and privatization in France: Assessing the calcu-lus of consent for market reforms". *Public Administration Review*. No.62, pp.307–319; Thompson, L, Elling, R. (2000). "Mapping patterns of support for privatization in the mass public". *Public Administration Review*. No.60, pp.338–348; Savas, E.S. (2000). *Privatization: The Key to Better Government*. Chatham, NJ: Chatham House.

④ Marwell, N.P. (2004). "Privatizing the welfare state: Nonprofit community-based organizations as political actors". *American Sociological Review*. No.2, pp.265-291.

⑤ David M. Van Slyke. (2003). "The Mythology of Privatization in Contracting for Social Services". *Public Administration Review*. No.63, p.3.

Dehoog 提出地方政府在以合同的形式外包公共服务时，除了竞争性招投标，还可以采取协商和合作两种模式①。而要在公共服务外包过程中引入竞争性购买，需要具备几个条件：可以被完全定义的服务、对于潜在的竞标者开展广泛的宣传与邀标、客观的成本和绩效监控过程、可以做出比较客观的奖励决定。如果以上条件无法具备的话，地方政府就会倾向于采取谈判或合作的方式购买公共服务。换言之，开展非竞争性购买的基本前提是不充分的竞争水平、服务难以被清晰界定和衡量。这也就是凯特尔指出的需求方缺陷和供给方缺陷。Slyke 也指出建立在信任、声誉、共同目标以及参与基础上的管家关系是更为恰当的合作模式②。

此外，需要进一步指出的是，以效率准则为衡量指标的竞争性环境并不必然提高地方政府购买公共服务的绩效，有研究表明培育及管理竞争性的市场将耗费更多的交易成本③；由于承包方为获取合同，在竞标的过程中有可能采取冒险性的行贿行为，因此还可能滋生严重的腐败问题④；此外，竞争虽然能使公共服务购买项目的成本更低，但是，这有可能给服务质量与延续性带来负面影响⑤。因此，竞争与合同产出之间的关系是很复杂的，它涉及在不同绩效衡量标准之间的权衡。

近年来，已有研究已经注意到"非竞争性"是我国地方政府购买中的典型现象。这些典型现象也反映出了偏离现象之外的一些重要特征。敬义

① DeHoog, R. (1990). "Competition, negotiation, or cooperation: Three models for service contracting". *Administration and Society*. No.22, pp.317–340.

② Van Slyke, D.M. (2007). "Agents or Stewards: Using Theory to Understand the government-Nonprofit Social Service Contracting Relationship". *Journal of Public Administration Research & Theory*. No.17, pp.157-187.

③ Donahue, J.D. (1989). *The privatization decision: Public ends, private means*. New York: Basic Books.

④ Smith, S.R., Smyth, J. (1996). "Contracting for services in a decentralized system". *Journal of Public Administration Research&Theory*. No.6, pp.277-296.

⑤ Kamerman, S.B., Kahn, A.J. (eds.) (1989). *Privatization and the welfare state*. Princeton, NJ: Princeton University Press.

嘉、Chen 指出在地方政府购买公共服务的政策执行中存在很严重的"形同质异"现象 ①。敬义嘉、Savas 在一项国际比较研究中提出，中国"国家依附型"服务合作提供策略区别于美国"竞争导向型"策略，更为重要的是，由于置身于不同的社会经济与政治体制环境，地方政府购买公共服务供给管理的有效性会有所不同 ②。王名则指出非竞争性购买已经成为我国地方政府购买公共服务的显学，在这种形式下参与地方政府购买的主体并不是独立运作，购买程序上是指定而不是公开招标竞争的 ③。王浦劬在全国范围内开展深入调查的基础上，指出很多社会组织实际上并非是独立成长的，而是作为购买者的地方政府主动发起或建立的 ④。从组织结构、工作人员、资金等方面看，这些组织都与地方政府保持着极为紧密的联系 ⑤。这一情况造成地方政府与社会组织的双方合作或者是基于熟人关系的非制度化程序，或者是实质上"内部化"合作。许小玲也指出，我国的地方政府购买公共服务有一个十分重要的特点，就是表现出内部化和形式化购买趋势 ⑥。邓金霞提出在地方政府购买公共服务的具体执行过程中存在着"纵向一体化"的倾向，即为了维护并巩固自身在资源、组织、制度以及价值观上的优势地位，确保领导力与管理权，政府通过人事、资

---

① Jing, Yijia.Bin Chen.（2011）."Is competitive contracting really competitive?A case study of restructuring government-Nonprofit relations in Shanghai".台湾公共行政与公共事务系所联合会年会暨国际学术研讨会论文。

② Jing, Yijia.E.S.Savas.（2009）."Managing collaborative service delivery: Comparing China and the United States". *Public Administration Review,* pp.101-S107.

③ 王名：《中国民间组织 30 年：走向公民社会》，社会科学文献出版社 2008 年版，第 77 页。

④ 王浦劬：《政府向社会组织购买公共服务研究：中国与全球经验分析》，北京大学出版社 2010 年版，第 28 页。

⑤ 尹海洁、游伟婧（2008）对哈尔滨市的社会组织进行的随机抽样调查显示，在我国"强政府、弱社会"的状况下，社团组织都或多或少地带有政府的特征，这种现象可称为社团组织的政府化。社团中的大部分都是由于政府部门的工作需要组建起来的，绝大部分社团领导人都是在岗或退休的政府官员，90%以上的社团的专职工作人员是公务员或事业单位编制，大部分社团的办公场所、办公用品和经费都来源于政府。参见尹海洁、游伟婧：《非政府组织的政府化及对组织绩效的影响》，《公共管理学报》2008 年第 3 期。

⑥ 许小玲：《政府购买公共服务：现状、问题与前景——基于内地社会组织的实证研究》，《思想战线》2012 年第 2 期。

金、业务管理等方式，使承接并生产服务的主体行政化或者在减少成本的情况下使相关的业务内部化①。王志华使用"体制嵌入"来分析地方政府购买公共服务中存在的一些问题。主要强调的是地方政府对于社会组织管理过多，这导致社会组织的社会属性逐渐退化，进而表现出政府化的基本特征，其独立性和自主性均受到侵蚀，社会组织的发展更加依附于地方政府②。李春霞运用"内卷化"概念来形容地方政府购买公共服务表现出的重要特征：虽然社会组织承接的公共服务项目不断增多，但所提供服务的质量不高，是一种低水平的重复发展；另一方面，社会组织所提供的公共服务没有惠及公众，而是停留在地方政府内部③。

三、地方政府与社会组织的互动机制

在购买公共服务的过程中，地方政府与社会组织会如何处理与对方的关系呢？地方政府与社会组织是以一种平等的姿态开展合作？还是保持一种上下级间的不对等姿态？地方政府的态度对于社会组织会造成哪些影响呢？由于地方政府通过购买公共服务的方式与社会组织开展合作在我国是一个相对新兴的领域，现有研究多数关注的是地方政府购买的基本分类、操作过程，特别是隐含其中的地方政府与社会组织间的关系。这部分文献主要包括四种理论研究视角：市民社会理论视角、法团主义理论视角、国家与社会相融合的理论视角、分类控制的理论视角。市民社会理论视角认为在国家与社会分化过程中，社会组织完全独立出来，社会组织在与地方政府合作中能积极发挥其能动性；法团主义理论视角强调地方政府会通过各种正式和非正式的手段管理作为合作对象

---

① 邓金霞：《地方政府购买公共服务"纵向一体化"倾向的逻辑——权力关系的视角》，《行政论坛》2012年第5期。
② 王志华：《论政府向社会组织购买公共服务的体制嵌入》，《求索》2012年第1期。
③ 李春霞、巩在暖、吴长青：《体制嵌入、组织回应与公共服务的内卷化——对北京市政府购买社会组织服务的经验研究》，《贵州社会科学》2012年第12期。

的社会组织，将外部关系内部化；国家与社会相融合的理论视角认为地方政府和社会组织能够以一种更为平等的地位进行合作；分类控制的理论视角强调地方政府会依据社会组织的基本属性，以及社会组织所提供服务的类型选择不同的管理策略。这些研究为我们观察地方政府购买公共服务中地方政府与社会组织间互动关系提供了十分重要的理论基础。

（一）市民社会理论视角

Da-hua 认为国家—社会分析范式在 20 世纪最后 25 年占据主导地位，公民社会成为海外中国研究话语中的一项发展型事业[①]。关于这一主题的研究成果层出不穷，该理论认为，国家与社会的分化，以及准市民社会和半市民社会的成分正在生成[②]。英国学者怀特认为，在对市民社会进行界定时，需要考虑到该概念蕴含的令人迷惑的多重含义：首先，市民社会是对国家与社会的关系模式进行界定的一种尝试，通过将国家和社会划分为界限分明的两大领域，大致上相当于"公域"和"私域"相互对应；其次，市民社会强调在国家与社会之间蕴含着一种互相牵制的权力关系，这种权力关系可以限制国家对社会的渗透，作为社会个体成员也可以享有这种权力，以这种权力为依托，社会成员可以避免遭受国家权力的伤害，甚至对国家权力施加影响力；再次，在具备自主性权力的社会领域，市民社会是一种结社领域[③]。

在怀特的影响下，有研究以市民社会理论为基础，分析并解释社会力量的成长态势会对国家社会关系产生哪些影响[④]。Nevitt 以市民社会为理论依据，

① Da-hua, David Y. (2001). "Civil Society as a Analytic Lens for Contemporary China". *China: An International Journal*, No.1.

② 张紧跟：《从结构论争到行动分析：海外中国 NGO 研究述评》，《社会》2012 年第 3 期。

③ 同上。

④ 相关研究可参见 Teets, J. C, (2009). "Post-Earthquake Relief and Reconstruction Efforts: The Emergence of Civil Society in China"? *The China Quarterly*, p.198. Chen. (2010), "Transnational Environmental Movement: Impacts on the Green Civil Society in China". *Journal of Contemporary China*, p.19。

在对天津工商联、私营经济协会、个体劳动者协会等组织进行实地调研的基础上，研究认为官员如何选择职业发展策略会决定商会的发展方向：第一种职业发展策略遵循传统的阶梯式晋升路径；第二种职业发展策略是延续"小池里的大鱼"方式，选择该策略的官员具有一定独立性①。他指出，如果该体制保持不变，天津市工商联极有可能转变为更加具备自治精神的组织。在 Nevitt 看来，工商联可以被当做形成中的市民社会的一部分，该组织是独立于国家的，还可以用于表达和维护有组织的支持者的利益。然而，在中国管理型政府的语境之下，市民社会并非独立于国家的"私域"。对于中国的市民社会，更为精准的表述是它产生于国家所遗漏的空隙之中，而且需要倚靠国家给予的机会来发展。这种市民社会既限制国家的某些行为，也会支持和鼓励国家在其他方面的行为。因而，在这种新的经济条件下，中国的市民社会与政党和国家可能会发展出一种相互节制与支持的共生性关系。Dickson 通过分析和研究私营经济政策的变迁，提出在中国的浙江温州等地已经出现了由企业自发成立的自组织商会，这些商会并非法团主义模式下的产物，无论是在资金筹措还是在领导职位选择上，这些商会组织都较少依赖国家，商会也没有以纵向科层制来设计组织结构，而是表现出公民社会的若干特征②。Schwartz & Shieh 的研究认为社会组织积极参与"非典"和艾滋病等危机事件的防治工作，这使得危机事件本身也成为了社会组织扩展中国公民社会空间的重要桥梁③。

从上述分析可以发现，市民社会理论强调社会的中心位置，认为社会的发展会限制地方政府的权力，这表明在国家权力与社会之间存在很多模糊、不稳定的交叉互动，这种互动导致国家与社会无法完全摆脱相关制度明确规定的关系形态，也意味着社会领域有一定独立化的发展趋向。刘安则指出，仅仅依靠

---

① Christopher E. Nevitt. (1996). "Private Business Associations in China: Evidence of Civil Society or Local State Power"? *The China Journal*, p.36.

② Dickson, Bruce J. (2008). *Wealth into Power: The communist Party's Embrace of China's Private Sector*. New York: Cambridge University, p.116.

③ Schwartz, Jonathan and Shawn Shieh (eds.). (2009). *State and Society Responses to Social Welfare Needs in China: severing the people*. London: Routledge.

市民社会理论作为解释国家与社会关系的理论基础，很难准确分析中国在社会转型时期发生的新情况，研究方法过于宏大和西化，研究路径倾向于静态结构分析，然而，国家权力与社会力量之间的互动关系却是一种不断改变、包含着冲突与妥协的动态过程[①]。落实到本书，市民主义理论的问题或许是：中国地方政府与社会组织并非处于同一对话平台，地方政府对于各种资源的掌控，以及社会组织本身的弱小，使得地方政府购买公共服务中呈现出地方政府强势主导与社会组织相对弱势的鲜明对比。

（二）法团主义理论视角

法团主义理论视角认为国家与社会之间没有清晰的界限，二者之间存在制度化联结。目前比较有代表性的研究文献有：Unger & Chan 分析并将法团式的社会组织进行分类，不同类别的法团组织也在在国家化法团主义的模式下运行，但是也会受到当初组建他们的中央或地方政府的管理和管辖[②]。Oi 指出在经济利益的驱动下，地方政府会积极协调本区域各种经济、事业单位的运行，地方政府官员的行为遵循的是企业领导者的思维方式。地方政府与经济发展紧密结合的态势表现出了"地方性国家法团主义"的典型特征。需要指出的是，由于地方政府与中央政府各有其利益追求，因此双方存在一定的利益冲突，这对于央地政府关系是一种十分严重的威胁[③]。Lin 对 Oi 的研究进行了拓展，提出了"地方性市场社会主义"的概念。Lin 认为，从空间意涵上看，"地方的"意指一个确定的地域，绝大多数情况下指村庄，从社会意涵上看，法团主义主要通过存在于亲友、家庭和社会关系之间的网络发挥作用，此外，这种"地

---

①　刘安：《市民社会？ 法团主义？ 海外中国学关于改革后中国国家与社会关系研究述评》，《文史哲》2009 年第 5 期。

②　Unger, Jonathan and Anita Chan. (1995). China, "Corporatism, and the East Asian Model". *The Australian Journal of Chinese Affairs*, No.33.

③　Oi, J. C. (1989). *State and Peasant in Contemporary China: The Political Economy of Village Government*, University of California Press.

方性"还表现在中国农村所特有的组织的内在—外在的双重依赖的特点上 ①。Lin 的论述，进一步拓展了"地方性国家法团主义"的内涵，将该概念从一种简单的经济学描述拓展到社会文化范畴。Lin 强调，地方政府协调的基础是关系性网络，该论点也进一步整合了村庄集体、地方政府之间的关系。在 Lin 看来，这种整合是一种地方法团主义的整合，在实践上这种整合可以被界定为一套"利益表达体系"的整合。马秋莎指出法团主义在中国出现的背景与其他国家明显不同，因此在发展模式上带有自己的鲜明特点。在现阶段，自上而下的经济组织并没有真正成为其成员在市场经济中的利益代言人，这一点与其在法团主义关系中的定位不符 ②。

国内学者也积极利用法团主义理论来解释地方政府与社会组织间的关系。顾昕、王旭认为我国大多数社会组织存在"组织外形化"问题，这实质上揭示了地方政府在寻求资源汲取与社会管理之间的持久张力 ③。张钟汝、范明林、王拓涵在研究地方政府购买公共服务两个案例的基础上，提出"庇护性国家法团主义"与"层级性国家法团主义"的概念。他认为"庇护性国家法团主义"指的是社会组织为了获取各种授权、保护和垄断身份，积极主动或者自愿向地方政府靠拢。为吸引社会组织帮助地方政府履行某些公共职能，地方政府也愿意为其提供帮助。这样一来，地方政府与社会组织就结成了利益联盟，甚至构建形成了保护与被保护的关系，然而，二者之间并不存在行政上的相互隶属关系 ④。"层级性国家法团主义"强调的是地方政府与社会组织构建形成了一个松散的利益协同体，这种协同关系是借助半官方的中间机构达成的。地方政府

---

① Lin, Nan. (1995). "Local market socialism: local corporatism in action in rural China". *Theory and Society*. No.3.

② Chan, Anta. (1993). "Revolution or Corporatism? Workers and Trade Union in Post-Mao China". *The Australian of Chinese Affairs*, No. 29.

③ 田凯：《组织外形化：非协调约束下的组织运作——一个研究中国慈善组织与政府关系的理论框架》，《社会学研究》2004 年第 4 期。

④ 张钟汝、范明林、王拓涵：《国家法团主义视域下政府与非政府组织的互动关系研究》，《社会》2009 年第 4 期。

以中介组织作为依托，向社会组织提供活动资金、服务项目和服务拓展的宝贵机会，虽然社会组织不参与相关决策。但是，社会组织在服务项目的具体实施过程中具有很大的自主发挥空间。为了回应地方政府部门对社会组织的支持，社会组织承认地方政府的权威地位，这主要体现为两个方面，一是社会组织十分认可中介机构对自己的主导权，二是社会组织也接受地方政府在董事会的名义下对其委派的领导人。何卫卫通过对一个典型的带有政府色彩的慈善组织进行调查后发现，慈善组织采取的是"准行政化"的实际运作机制[1]。顾昕、王旭、严洁则指出，一直以来，我国地方政府都处于核心主导的位置，社会组织并不具备独立自主性，也很难依靠一己之力独立自主地开辟自我发展的生存空间，社会组织基本上还是一个"拾遗补缺"的位置，仅仅承担着填补地方政府职能转变而遗留下来的剩余空间。从这个角度看来，中国的地方政府与社会组织是一种合作而非对抗关系[2]。

从上述分析可以发现，法团主义理论视角强调国家与社会之间没有清晰的界限，二者之间存在制度化联结。对于本书而言，法团主义理论视角具有一定的启示意义。法团主义指出地方政府采取各种手段管理社会组织，使其演变成为自身功能的外部延伸。地方政府购买公共服务也蕴含着国家权力与社会组织间的交缠与互动，而法团主义或至少是法团式组织在国内是确实存在的一种社会现象。本书中的 A 机构正是在国家体制内成长起来的社会组织，它必然会受到制度和社会结构层面的影响。

（三）国家与社会相融合的理论视角

由于国家与社会的关系形态并非单一化的国家中心或者社会中心，而是国家镶嵌在社会中。在这一思路的指引之下，国家开始将社会领域作为放权的对象，逐步赋予社会行动者更大的力量，也就是所谓的"社会增权"，这并不意

---

[1]　何卫卫：《准行政化——我国慈善组织运作的策略选择》，《学习与实践》2010 年第 4 期。

[2]　徐永光：《社会组织改革正当其时》，《瞭望新闻周刊》2001 年第 6 期。

味着国家控制社会的能力被削弱了，在很多时候，国家可以依托运转良好的社会组织构建形成"社会性基础设施"的一部分①。借助这些社会性基础设施，国家可以将权力运行和社会需求进行沟通和整合②。由于国家的权力与社会力量内含若干不同因素，它们在不同方向上相互交缠并发挥作用，这是一个国家与社会关系不断进行动态调整的过程③。

20世纪晚期以来，强调国家与社会可以相互协作、联合发展的理论和思潮不断涌现出来。普特南指出通过社会资本的发生和滋养，社会组织会不断活跃成长，这将推动公共部门的良性运转④。Foster指出除了官办社团之外，一些具有很强自治性质的社会组织也开始积极寻求行政体系的接收与吸纳⑤，这表明国家与社会是相互交缠渗透的，而非单向式的国家管理社会或者社会傍依于国家。Foster的论证很好地阐释了中国国家与社会关系的真实状态，作为研究对象的半官半民社团，它本身就是具备双重性质的组织，反映了国家与社会的交叉和融合的复杂关系。菱田雅晴借助生物学领域的两个概念"共生"和"两栖"，用于剖析和阐释中国在改革开放后国家与社会存在的模糊关系。菱田雅晴认为，一方面，中国在经济领域的全面改革，导致市场领域的迅速扩张，国家对社会领域的逐步放权也使得非国家领域不断发生变化；另一方面，中国特殊的体制仍然具有无可动摇的主导作用，这导致国家行政权威与社会力量的结合⑥。郁建

---

① "社会性基础设施"的概念同经济学中常见的物质性的"基础设施"概念相对照，现在已经成为社会政策研究中所谓"社会投资"理论的基石。

② Migdal, Joel S., Atul Kohli and Vivienne Shue（eds）.（1994）. *State Power and Social Forces: Domination and Transformation in the Third World*. New York: Cambridge University Press.

③ Oi, J. C.（1989）. *State and Peasant in Contemporary China: The Political Economy of Village Government*, University of California Press.

④ [美] 罗伯特·D. 普特南：《使民主运转起来：现代意大利的公民传统》，江西人民出版社2001年版，第94页。

⑤ Foster, Kenneth W.（2001）. "Associations in the Embrace of an Authoritarian State：State Domination of Society?" *Studies in Comparative International Development*, Winter.35, No.4, pp.84-109.

⑥ [日] 菱田雅晴：《现代中国の构造変动〈5〉社会—国家との共栖関系》，东京大学出版会2000年版，第28页。

兴、吴宇指出，可以运用"国家在社会中"理论探讨和阐述地方政府与社会组织之间的关系。他们认为，目前中国的社会组织正在历经一场变革，逐渐由地方政府的助手转变为地方政府的联盟成员，他们在社会领域的开放空间中生根发芽，虽然从国家领域中分离出来，却仍然以新的联结方式与之建立起关系。从这个角度看来，中国社会组织的发展并非第三域的扩张，而是地方政府部门的扩张，而且，这种扩张并非行政指令式的行为，而是在利益表达基础上的一种组织化、体系化的服务[①]。陶庆对社会组织与地方政府之间的协作共治行为进行了进一步的分析，该研究以福街草根民间商会为研究对象，探讨了社会组织和地方政府的行动策略。在悬置相关法律法规的基础上，地方政府与社会组织在互动的过程中补充自身合法性，这导致非法身份与合法语境能在法治的框架体系中有效自如地开展时空变换，地方政府的权威和社会领域的权利关系在重新构建的社会秩序中能够相互契合、和谐相处[②]。

很多学者将国家与社会相融合看做是一种合作治理的过程，其目的在于制定、执行公共政策，管理公共项目或者公共资产[③]。而要实现稳定、有效地合作治理，地方政府除了要与社会组织签订正式契约或合同之外，还必须通过社会性机制建立和维持自身与合作伙伴的信任关系。这与公共服务市场化运作中强调的地方政府应提升合同管理能力，做一个"精明买家"存在很大差异。目前，在我国已经出现了一些地方政府与社会组织开展合作治理的案例。茅于轼等发起的旨在为农民工提供培训和就业服务的富平学校，学员结业后，北京市政府为他们提供了就业协助。在这一过程中，地方政府和社会组织的优势得以

① 郁建兴、石德金：《超越发展型国家与中国的国家转型》，《学术月刊》2008 年第 4 期。

② 陶庆：《合法性的时空转换：以南方市福街草根民间商会为例》，《社会》2008 年第 4 期。

③ Ansell, Chris, Alison Gash. (2008). "Gollaborative governance in theory and practice". *Journal of Public Administration Research and Theory*. No.4, pp.543-571；Linden, Russell M. (2010). Leading across boundaries: creating collaborative agencies in a networked world.San Francisco: Jossey-Bass；Emerson, Kirk, Tina Nabatchi, Stephen Balogh. (2012). "An integrative framework for collaborative governance". *Journal of Public Administration Research and Theory*. No.1, pp.1-29.

互补，二者协力促进农民工就业①。唐皇凤通过研究我国社会治安综合治理的组织网络，认为这种以执政党为核心，吸纳行政机构、社会组织等参加的组织网络构成了转型期社会秩序调控的主要机制②。岳经伦、李甜妹则总结了香港地区应急治理机制的两个基本特点：一是地方政府机构召集和训练志愿者以整合社会力量应对危机；二是社会组织在保持独立性的同时，与地方政府建立合作伙伴关系，这两个特征都带有明显的合作治理色彩③。

从上述分析可以发现，国家与社会相融合的理论视角认为地方政府在管理自身和社会组织的关系时，外部关系内部化并不是唯一的策略。国家与社会相融合的理论视角强调国家与社会之间可以达到协作共赢、相互增权的良好局面，这也是中央和地方政府创新社会管理、推进地方政府购买公共服务的重要愿景。然而，仅仅关注国家与社会相融合，就难以解释为什么地方政府购买公共服务会产生种种偏离现象。此外，国家与社会相融合的理论视角认为地方政府会以协商的方式与社会组织进行沟通与协调，地方政府采取的是一种更加平等的姿态。这与政府购买公共服务背后隐含的政府与社会组织之间的非对等关系相左。

（四）分类控制的理论视角

与上述理论视角不同的是，康晓光、韩恒意识到我国地方政府和社会组织的关系整体上呈现出多样化的特点，地方政府会根据具体情境以及对象的不同选择不同的关系协调策略。通过观察中国特殊情境下地方政府对于社团组织的管理状态后，康晓光、韩恒认为，在历经经济领域的市场化改革后，市场已经成为配置资源的主导性手段，国家逐渐退出经济活动领域，但对于政治和公共

---

① 成丽英：《"富平模式"——就业与扶贫的创新探索》，《调研世界》2003年第10期。

② 唐皇凤：《社会转型与组织化调控：中国社会治安综合治理组织网络研究》，武汉大学出版社2008年版，第178页。

③ 岳经伦、李甜妹：《合作式应急治理机制的构建：香港模式的启示》，《公共行政评论》2009年第6期。

领域的管理权，国家并没有放弃，而是采取了一种新型的分类控制体系，作为实施管理的基本手段和组织系统①。在分类控制体系中，国家按照社团组织具备的能力对其实施差异化的管理策略。一方面，国家认为公民拥有一定程度的结社自由，某些社团也可以获得自由活动的权力，但是，这些社团组织不能完全脱离于国家之外。另一方面，国家也希望借助并发挥社团组织提供公共服务的能力，使其能够成为一股体制外的重要能量②。在上述分析框架的基础之上，康晓光提出了关于当前中国大陆国家与社会关系的一种解释模式——"行政吸纳社会"，这一模式与以往的公民社会或法团主义存在很大差别，它是一种新型的国家与社会关系模式，"行政"强调的是国家或政府，也可以被认为是国家或政府的行为；"社会"与一般意义上的社会并不相同，它强调的是市民社会、公共领域、法团主义所指向的社会；"吸纳"则表示的是政府采取一系列行为，构建了有别于市民社会、法团主义所指向的社会结构③。康晓光、韩恒强调，行政吸纳社会的核心机制包括两个十分重要的要点，一是控制，主要是指政府采取各种手段针对社团进行有序管理；二是功能替代，它强调的是培植并发展可有效监管的社团组织体系，并利用它们满足社会需求④。从上述观点看来，在行政吸纳社会的基本模式下，管理是优先于支持的，对社团组织的支持是为了实现管理的目的，地方政府与社团组织开展合作，是管理的衍生物。功能替代是地方政府采取的主动行为，利用更加精巧的调控手段，主动回应来自社会的需求，通过从功能上替代社团组织的自治要求，进而实现"以替代实现管理"的目的，运用上述策略，地方政府不但赢得了行政体系的稳定，也赢得了经济和社会的发展⑤。

---

① 康晓光、韩恒：《分类控制：当前中国大陆国家与社会关系研究》，《社会学研究》2005 年第 6 期。
② 同上。
③ 康晓光、韩恒：《行政吸纳社会——当前中国大陆国家与社会关系再研究》，《Social Sciences in China（中国社会科学英文版）》2007 年第 2 期。
④ 唐文玉：《行政吸纳服务——中国大陆国家与社会关系的一种新诠释》，《公共管理学报》2010 年第 1 期。
⑤ 同上。

从上述分析可以发现,"分类控制"的理论视角强调政府会根据社会组织的类型采取不同的管理机制。特别是"行政吸纳社会"模式,另辟蹊径,从中国国情出发,将"管理及社团培育"作为理解中国国家与社会关系的重要出发点,指出国家处于主导性的管理位置。在这一点上,康晓光的观点给予本书一定的启发。然而,"行政吸纳社会"着眼于宏观层面上的国家和社会间的关系,认为国家管理是关键点,忽视了微观层面基层政府与社会组织在"管理"下所做的策略性选择。

四、对现有文献的评论

要理解地方政府购买公共服务背后的逻辑,主要涉及地方政府会如何选择合作对象(交易主体)?地方政府会采取什么方式构建合作关系(交易方式)?地方政府和社会组织又会如何处理与对方的关系呢(交易执行过程)?

第一个问题主要考量的是地方政府在选择合作对象时,竞争机制会发挥多大功效。应该说,合作对象选择的"非竞争性"已经成为被普遍公认的事实,但是如何认识和理解这一现象却存在争议。部分学者认为竞争性的市场机制能够提升效率,减少机会主义,并创造机会公平。部分学者则认为地方政府购买公共服务糅杂着政治、文化、经济等多重动因,竞争不一定能保证公共服务的供给绩效,通过信任机制选择合作对象也具备可行性。

第二个问题的关键点在于地方政府构建合作关系的方式。现有文献注重地方政府的合同管理能力,强调地方政府应该提高合同管理能力,营造公平竞争的市场环境,引导并监督服务承接方按照合同条款履行合作的相关义务,协调彼此关系,保证合作中的各项承诺得以实现。换言之,合同管理能力制约着地方政府购买公共服务目标的实现。

第三个问题是在公共服务购买发生偏离的过程中,地方政府与社会组织分别扮演了什么角色呢?双方是怎样开展合作的?其行动逻辑是什么呢?换言之,就是地方政府和社会组织如何处理与对方的关系?归纳起来,这部分文献主要包括四种理论研究视角：市民社会理论视角、法团主义理论视角、国家与社会相融合的理论视角、分类控制的理论视角。市民社会理论在分析国家与社会分离的背景之下，如何发挥社会组织的主观能动性；法团主义理论认为政府采取各种手段控制作为合作对象的社会组织，将外部关系内部化；国家与社会相融合的理论视角认为政府和社会组织可以协力发展伙伴式合作关系；分类控制的理论视角认为，社会组织的属性和所提供服务的差异性，导致政府会有针对性地采取不同的控制策略。这部分文献已经观察到政府与社会组织间多样化的关系形态，每一种关系形态都有相应的文献进行了细致的探讨和研究。特别是实证导向、以经验观察为基础的研究发展很快，许多学者在借助国外相对成熟的理论视角观察我国现实的基础上，也基于本土经验概括和提炼了有别于西方的理论。这些研究为我们观察地方政府购买公共服务中的地方政府与社会组织的互动行为提供了十分重要的理论基础。

但是，受新公共管理思潮的影响，主流理论仍然强调在地方政府购买公共服务中应以效率指标为准则，强调竞争化的市场运作机制。然而，即便是在运作良好的西方国家，也有部分学者关注到地方政府购买公共服务中的非市场化运作模式。具体到中国情境中，也有部分学者注意到了在地方政府购买公共服务过程中出现的各种偏离现象，这足以说明该现象的确是在重复、稳定的持续显现，它并不是偶发事件，其背后必定隐含着一定的演变规律。这对于本书有很强的启示意义，即在我国地方政府公共服务购买领域，地方政府并未完全遵循成为一个"精明的买主"的发展轨迹，而是有更多的管理层面的考量。然而，现有研究并未对地方政府购买公共服务背后的运行机制和内在逻辑进行全面深入的剖析与解释，地方政府与社会组织在公共服务购买中的行为逻辑仍然有待进一步厘清。具体来说，地方政府购买公共服务现有研究的缺陷主要表现为以下几个方面：

首先，我国地方政府购买公共服务的相关研究过多依赖西方学者的分析角度和理论框架，并且有研究关注到地方政府购买公共服务中存在非竞争性的运作机制。然而，主流理论仍然强调要以契约化的合同管理为指向，提高公共服务的供给效率。但是，已有研究并没有充分考虑到我国特有的社会结构和制度环境。西方国家已经存在比较成熟的公民社会，社会组织具有一定的自主性与独立性，因此，多数西方国家的研究者将新公共管理的基本假设作为出发点，认为只有充分的竞争环境才能提高公共服务供给的效率，重点关注地方政府如何在充足的候选人中选择出一个好的合作者，为公众做一个好交易。然而，我国是一个刚刚从总体性社会转型过来的国家，行政权力仍然居于核心地位，公民社会发育远未成熟，很多承接地方政府购买公共服务项目的社会组织都具有体制内背景。在社会组织与地方政府还存在纠缠不清的复杂关系的情况下，依循西方学者的研究思路讨论地方政府购买公共服务中的种种问题是没有意义的。因此，针对我国的地方政府购买公共服务展开研究时，除了需要考量一些主流问题，包括是否存在有效的竞争机制以及完善的合同管理等源于西方学界的问题之外，更为重要的是探讨为什么我国地方政府偏好内部化合作？地方政府承担"裁判员"和"运动员"的双重角色，又会对购买公共服务的过程产生什么影响？社会组织又会如何应对地方政府的介入策略？对这些问题的反思将帮助我们超越西方学者的研究框架，理解中国特殊情境下地方政府购买公共服务的真实状态。

其次，现有研究也忽视了地方政府购买公共服务中应然与实然间的偏离现象。即地方政府购买公共服务在实际运行过程中存在诸多偏离目标、背离初衷的现象。具体来说，虽然已有政策对地方政府购买公共服务的操作规程进行了严格的规定与约束。然而，在地方政府购买公共服务的名义之下，契约外包或合作治理的精神并未得到真正落实，一些开展购买项目的地方政府部门利用既有路径或新建相关组织充当中介，地方政府实际上仍对外包项目进行经营管理，将地方政府购买公共服务的相关环节"内部化"，甚或将购买项目以外的行政事务加诸社会组织，以便实现维护或延伸地方政府的组织边界的目的。然而遗憾的是，现有文献更多地是对地方政府购买公共服务偏离现象的某一方面进行描述，并未对这些偏离现象及其背后的运行机制进行全面深入的剖析与解释，对于地方政府与社会组织合作状态的影响因素以及这些因素影响双方关系的内在逻辑缺乏清晰、一致的说明。资源依赖理论、交易费用理论、嵌入性理论是目前比较常见的解释工具，但是，是否还存在其他影响因素，资源的相互依赖、交易费用、嵌入性的关系结构在地方政府购买公共服务下的具体表现是什么？现有研究没有给出一个明确的回答。可以说，地方政府与社会组织在公共服务购买中的行为逻辑仍然被掩藏于黑匣子之中，有待进一步厘清。

最后，对于地方政府购买公共服务中政府与社会组织间的关系，现有研究往往囿于某种单一的理论视角，缺乏一个综合性的理论框架描述和解释我国地方政府机构和社会组织间的复杂关系特性，进而实现各种理论视角之间的对话。现有的文献基于法团主义—市民社会二分、国家与社会相融合、"分类控制"等视角来研究地方政府与社会组织间的关系，力图从宏观层面摸索地方政府与社会组织关系的真实状态。这都会使研究本身呈现出视角单一的严重缺陷，很多文献仅能分析地方政府与社会组织间有限的、特定的关系特性。具体到地方政府购买公共服务中，如果要对其背后的逻辑给予全面考察，除了应该从宏观以及中观层面出发，考察外部制度环境对地方政府与社会组织互动关系的约束与形塑作用，还需要深入到微观层面考察在具体的制度环境下，地方政府与社会组织采取了哪些策略性的能动行为。资源依赖理论、交易费用理论具有突破这方面限制的潜力，可惜现有研究还缺少一个成熟的理论框架。此外，合作给地方政府机构带来的冲击、制度环境对于行政机构与社会组织的行为选择的影响、嵌入性的关系结构对于合作的影响等重要因素，现有研究都没能予以明确的回答。因此，本书将综合运用资源依赖、嵌入性、关系型合同、交易费用理论等研究视角，在分析合作主体所处的制度环境、宏观结构及其变迁的内在联系的基础上，探讨合作双方的行动实践，进而对地方政府购买公共服务中合作双方的关系状态进行更为深入细致的解读，从而建立一个更加综合性的理论框架，为各种理论之间的对话提供帮助。

第二节　解释框架

一、吸纳与管理：政府购买公共服务的行动逻辑

我国处于从总体性国家转型过来的制度环境中，行政权力仍然居于中心地位，社会力量的发育远未成熟，这使得地方政府购买公共服务这一政策的具体执行主体面临来自上级政府的政治压力，我国的地方政府购买公共服务更多时候表现出"形同质异"的特征，即形式上采取市场化合作方式，实质上却延续着地方政府管理下行政化供给的惯性思维，并延伸出各种偏离现象。现有文献对于该现象的类似或单一角度的阐述，包括合作的"内部化"、"形同质异"、"非竞争非独立"、"纵向一体化"、"体制嵌入"、"内卷化"等。诚然，研究者们的关注足见这种现象的普遍性及典型性。然而遗憾的是，上述研究更多的是对地方政府购买公共服务偏离现象的某一方面进行了描述，而并未对这一现象进行全面深入的剖析与解释。基于这一现象在理论研究上的缺陷以及对 A 机构承接地方政府购买社区矫正服务的考察，本书将地方政府购买公共服务中的偏离现象进行总结与阐释，并运用吸纳与管理来阐释其背后的逻辑：地方政府购买公共服务，其初始目标是给予社会组织一定的自主空间并与之达成契约化合作模式，然而，惯于对社会实行管理的地方政府并不愿放弃对公共服务事务的实际领导，因此，地方政府开展各种策略化的行动，将生长中的社会力量——社会组织吸纳进可供监管的行政轨道之中，在此基础上，地方政府实现了管理手段的柔性化和隐性化。在吸纳和管理双重逻辑的影响下，地方政府购买公共服务具备了契约化合作的形式，实质上却被赋予了行政化供给的本质。根据上述分析，本书拟从交易主体、交易方式、交易执行三个维度出发论述地方政府购买的"吸纳"和"管理"特征。以此作为基本思路，本书将从嵌入性、资源依赖理论、交易费用理论、关系型合同等多个维度分析地方政府购买公共服务背后的逻辑。

（一）吸纳与管理逻辑下交易主体的行政化

交易主体行政化指的是在购买公共服务的过程中，承接并生产公共服务的主体表现出行政化的特征。为了确保公共服务供给的可控性，许多地方政府部门选择内生型的社会组织来承接相关的公共服务；如果外包的公共服务类型比较特殊，内生型的社会组织无法承担，地方政府会采取"孵化器"等形式培育适合的社会组织，以便有效地与公共服务需求相衔接。在这些社会组织的创建过程中，无论是运作经费、人力资源、办公场地等实物性资源，还是规范制定、制度供给、合法性等非实物性资源，都需要从地方政府部门汲取，这导致社会组织先天生长存在很多缺陷，缺少独立意识和自主能力，最终演变为"准地方政府"，社会组织与地方政府之间的同一性程度越来越高。在这里，承接购买项目的社会组织已然成为准行政主体。交易主体行政化可以通过嵌入性理论与资源依赖理论来加以说明。

从嵌入性理论的角度而言，"嵌入"诉求的是对经济现象更为全面与合理的解释视角，必须充分考虑到社会关系网络对经济行动的影响和制约[①]。随后，格兰诺维特进一步对嵌入性进行了分类，形成了较为典型并在后续研究中被大量引用的关系嵌入和结构嵌入分析框架[②]。在对该分析框架进行修正的基础上，祖金和迪马吉奥将"嵌入"划分为结构、认知、文化及政治嵌入。政治嵌入指的是行为主体所处的政治环境、政治体制、权力结构对主体行为产生影响[③]。有研究通过个案分析，证实地方政府及其他组织构建形成的"政治行政网络"能影响该区域的产业发展和功能定位[④]。虽然"嵌入"最初的生长点在经济社会学领域，然而其内涵被逐渐扩展，进而强调政治、经济、文化、社会资本、

---

① ［美］卡尔·波兰尼：《大转型：我们时代的政治与经济起源》，浙江人民出版社 2007 年版，第 16 页。

② 同上书，第 16 页。

③ S. Zukin, P. Dimaggo. (1990). *Structures of Capital: The Social Organization of Economy.* Cambridge: Cambridge University Press.

④ Grabher, G. (1993). "The weakness of strong ties: the lock-in of regional development in the Ruhr area", *The embedded firms: on social-economics of industrial networks.* London: Routledge.

组织关系等多项环境要素对机构运行规律和发展状态的植入性影响。因此，我们也可以在其理论框架内，将"嵌入"概念聚焦于政治因素，并将研究对象拓展至非营利的社团组织，进而探究作为政治因素的地方政府采取哪些行动策略嵌入到社会组织的机构设置和日常管理中，以便实现对社会组织的吸纳与管理。

从嵌入性理论视角研究社会组织的不多，但已有一些研究触及这一议题。刘鹏将针对社团组织的管理策略类型称为"嵌入型监管"，该概念强调自上而下的地方政府"嵌入"和自下而上的社团"受嵌"。这是一个双向的互动过程，"嵌入"指的是地方政府通过有效的制度供给，结合多种政策工具，逐步对社团的运行过程予以管理。同时，社团在主观意愿上也接受这种管理，即"受嵌"行为①。皮特·何认为中国社会组织的嵌入性很容易被忽视，但其意义却是相当深远的。他提出社团组织存在于一个含混不清且复杂的制度环境中，在此环境下，中国的环保社会组织采取多要素相结合的策略实现自身的生存与发展，即"组织自律"、自觉的"去政治化"政治立场以及对非正式策略与"关系"的依赖②。皮特·何将环保社会组织的这种发展策略定义为"嵌入式行动"，并指出这一策略有助于他们建立组织并嵌入目前的政治体系中③。朱健刚、陈安娜认为在政府购买社会服务中出现了行政机构对专业社会工作的反向嵌入，专业社工被吸纳到基层政府的权力网络过程中可能会产生外部服务行政化、内部治理官僚化和专业建制化的过程。复杂的街区权力关系限制了社工深度嵌入社区治理，这使得表面光鲜的社会工作在街区权力体系中逐渐式微，失去影响④。上述文献对"嵌入"概念的拓展给予本书一定启示。特别是刘鹏将"嵌入"概念赋予"国家对社会组织的运行过程和逻辑进行深度调控"的内涵，为

① 刘鹏：《从分类控制走向嵌入型监管：地方政府社会组织管理政策创新》，《中国人民大学学报》2011 年第 1 期。
② [荷] 皮特·何：《嵌入式行动主义在中国：社会运动的机遇与约束》，社会科学文献出版社2012 年版，第 54 页。
③ 同上。
④ 朱健刚、陈安娜：《嵌入中的专业社会工作与街区权力关系——对一个政府购买公共服务项目的个案分析》，《社会学研究》2012 年第 6 期。

本书进一步扩充"嵌入"概念的边界提供了依据。本书运用"嵌入式管理"强调地方政府嵌入到社会组织的组织机构设置和日常管理中，综合利用各种正式的制度设计规范和社会关系等非正式规范，从而加强对社会组织的管理，进而服务于地方政府的发展需要。因此有：

命题一：基层政府运用"嵌入式管理"的行动策略，将社会组织纳入基层政府体制内进行管理。社会组织则运用"组织模仿"策略回应，其后果是双方在行动逻辑上变得更为趋同，这导致社会组织行政化问题的呈现。

在资源依赖理论看来，组织并非与世隔绝的个体，它具有很强的开放性特征，即便是最为理性的科层制组织，也需要与外部环境中的其他资源要素开展交换行为，以便满足自身生存和发展的需要①。虽然外界环境具有复杂性与不确定性的特征，但组织也具有一定的能动性，为了防御外部环境可能会对其造成的冲击，它会自我生成一定的风险防御机制，保护或调整其与外部环境的边界，将一些环境因素吸收纳入自身的组织结构中去，进而保障和提升技术上的安全性能，谋求其合法的制度支持②。由于组织是由多个部分组成的整合体，其内部并不是铁板一块，各个部分经常会开展协商和互动行为，在这一过程中，组织的运作目标、机构规程等都有可能发生改变。从这个角度来看，组织除了具有正式的结构形式之外，其内部还会生长出多个非正式结构体系③。换言之，作为一种多重正式与非正式结构体系的复杂结合体，组织并不单单是一种达成目标的技术工具，它会有自己的生命，其运行不会是按照既定的程序或逻辑，而是在内外部压力的作用下呈现出一种不能预期的逻辑④。

外部环境的变迁特别是大量社会组织呈现出爆发式增长，以及制度条件的改变，地方政府开始借助外部资源协助自身处理公共事务，然而，这一外部环

① Pfeffer J, Salancik R.（1978）. *The External Control of Organizations: A Resource Dependence Perspective*. New York: Harper & Row.

② [美] W. 理查德斯格特：《组织理论——理性、自然和开放系统》，华夏出版社 2002 年版，第 175 页。

③ [美] 罗伯特·K. 默顿：《社会研究与社会政策》，三联书店 2001 年版，第 87 页。

④ 同上。

境在给予地方政府以新的资源供给方式的同时，也约束及抑制了地方政府对社会的管理能力，为了进一步适应外部环境给部门带来的各种挑战，地方政府大力推行公共服务购买以满足社会及自身需要①。然而，外部环境在给予地方政府新的资源来源的同时，也对地方政府产生了各种约束，各种有关地方政府购买公共服务的政策文件纷纷出台，从中央政府到 QH 市政府，都将政府购买公共服务的资金来源纳入财政预算内，这样一来，地方政府购买公共服务就成为一项硬性要求，强制性地被推广开来。真正意义上的地方政府购买公共服务要求实现规范的契约化合同管理模式，然而，这将会大大削弱地方政府（特别是区县及街道一级的基层政府）的社会治理能力。囿于上下级政府之间的非对称性权力关系，基层政府必须将地方政府购买公共服务作为一项政策性要求执行下去，这就造成了外部制度约束与社会管理能力不足之间的矛盾。为调和缓解这一矛盾，基层政府将社会组织吸纳进入体制内，使之在组织结构、运行规律等各方面向基层政府靠拢，进而成为编制外的准地方政府机构。

对于社会组织而言，作为典型的资源依赖型组织，它需要采取策略性的行动积极主动地和环境进行互动，以换取或使用所需要的资源，减少不确定性，降低社会组织生存和发展的风险，这意味着社会组织需要与外部资源持有者进行互动。由于地方政府购买公共服务的投入经费成为社会组织运转资金的主要来源，工作场地、工作网络与服务对象也都需要依靠地方政府的支持与配合②。可以说，地方政府作为社会组织所需资源的持有者，在双方关系中占据绝对的主导地位，二者之间呈现非对称依赖关系，这会迫使社会组织为取得生存资源而使其自主性受限③。从这个角度来说，社会组织也有"被吸纳"的

---

① Saidel J.（1991）."Resource Interdependence: the Relationship between State Agencies and Nonprofit Organizations". *Public Administration Review,* Vol.51, No.6, pp.543-553.

② 汪锦军：《浙江政府与民间组织的互动机制：资源依赖理论的分析》，《浙江社会科学》2008年第9期。

③ Pennings Johannes M.（1981），"Strategically Interdependence Organizations" in Nystrom, Paul C and Starbuck, William H（eds）. *Handbook of Organizational Design*, Oxford University Press. No.1, pp.433-455.

主动意愿。因此有：

命题二：资源供给与制度环境的变迁使得地方政府（特别是区县及街道一级的基层政府）需要在外部制度约束与社会管理能力间取得平衡，社会组织也需要从地方政府处汲取各种资源以维持自身生存与发展。双方的非对称依赖关系结构导致社会组织被吸纳进入体制内成为编制外的准地方政府机构。

（二）吸纳与管理逻辑下的交易方式：合作内部化与合同形式化

交易方式主要体现在招标程序及合同形式两个方面。在招标程序上，契约化合作主张设立独立的项目评审委员会，以公开申报、匿名评审、择优立项的方式开展地方政府购买公共服务，然而，在实际运作中，"非竞争性、定向化、指定式"的购买模式却大量存在[1]。这表明地方政府并没有使用市场化手段代替自身来供给公共服务，仍然偏向于使用行政化手段，采用"内部化购买"策略，将公共服务以分配式的手段外包下去，交由社会组织完成。

根据交易费用理论，一项交易是否能够成功，有三个非常重要的影响因素：资产专用性、不确定性和交易频率[2]。这三项因素对于交易成本的大小起到决定性的作用，如果一项外包合作的交易成本太高，则通过签约生产所带来的利益极有可能被高昂的交易费用所抵销，在这种情况下，组织往往会选择放弃外部合作，转而自己生产或是采用纵向一体化的策略。与这种情况相反，如果转移生产的交易成本比较低，外部生产取得成功的可能性就很高。从社会服务的基本属性上看，由于它是一种高度量身定做的个性化服务，其福利性质又使得服务难以具备竞争化的市场，外加地方政府作为唯一的购买者，这为双方的机会主义行为提供了极大空间。无论从规避承包方的机会主义行为，还是为自身机会主义行为提供便利条件，合作主体都倾向于实施更加强调管理的关

---

[1]　杨宝：《政府购买公共服务模式的比较及解释——一项制度转型研究》，《中国行政管理》2011 年第 3 期。

[2]　Williamson，O.E. (1979). "Transaction-Cost EcoNomics：The Governance of Contractual Relations". *Journal of Law and Economics*. No.22, pp.233-261.

系协调策略，即从内部生成、内部购买的方式来实现社会服务的供给。因此就有：

命题三：由于社区矫正服务是高度量身定做的个性化服务，其福利性质又使得服务难以具备竞争化的市场，外加地方政府作为唯一的购买者，这为双方的机会主义行为提供了较大空间。无论从规避承包方的机会主义行为，还是为自身机会主义行为提供便利条件，合作主体都倾向于实施内部化购买策略。

在合同形式上，地方政府购买公共服务的相关政策文件规定，在地方政府购买公共服务实施之前，服务购买方与承接方应该签订规范化的合同[①]。但是，部分地方政府购买公共服务并没有签订合同，即便签订了合同，不遵照合同执行、修改合同、违约执行的情况也比比皆是[②]。针对合作过程中出现的违约行为，双方也不会使用法律手段追究，而是倾向于通过非正式协商机制解决，包括以打报告、会议、电话等方式与主管领导进行协商。在这里，合同已经成为形式化的一纸空文，一些地方政府仍然延续着行政化供给的思维，认为地方政府购买公共服务应该是一种行政性的资源下放与任务指派，而非合同制的契约管理。

社会服务一般要求提供个性化服务，量身定做程度较高，难以在合同中实现标准化的处理；对于地方政府及服务承包方而言，双方都为合作投入了很多专用性资产；供给方缺陷及需求方缺陷使得竞争的选择性缔约难以实现；地方政府及服务承包方合作次数较多时，关系型合同就成为双方在缔约方式上的优先选择。如前所述，在关系型合同中，相关条款并不完备，对于合作双方的行为并没有给予详细规定与约束，这导致合同本身的形式化的呈现。然而，合同形式化并不意味着合作的随意化，而是调整了合作关系的沟通方式，即合作需要依靠社会关系来进行协调。地方政府购买中的社会关系主要强调地方政府与

---

① 根据相关规定，合同中应该明确双方权利义务、服务内容、项目金额、评估标准、付款方式、考核办法、违约责任、协议期限、协议变更和解除等内容。

② 王浦劬：《政府向社会组织购买公共服务研究：中国与全球经验分析》，北京大学出版社 2010 年版，第 27—31 页。

社会组织在市场交易关系之外形成的社会性联系，凭借关系网络内部的声誉机制、共享的群体文化以及潜在的集体制裁①，地方政府能更加有效地处理由服务内容、服务评价的不确定性以及市场发育不足所引起的交易费用问题。将市场交易行为嵌入社会关系网络，依靠关系网络内部的信任和互惠预期来化解合作中的风险②，为地方政府购买社会服务的内部化购买提供了一种非正式化的保障机制。因此就有：

命题四：地方政府与社会组织倾向于运用社会关系等非正式协商机制处理合作中的争议。

（三）吸纳与管理逻辑下的交易执行：合同约束软化

交易执行主要体现在过程监管以及绩效评估两个环节。在过程监管上，按照地方政府购买公共服务的运作逻辑，根据与地方政府部门签订的合同规定，社会组织只需要按照相关条款的要求完成规定内容即可。然而，在具体实践中，地方政府很明显不仅需要社会组织提供公共服务，除了合同明确提出的规定动作之外，地方政府还采取各种直接或间接方式介入社会组织的内部事务。由于社会组织先天发育不足，对地方政府存在较为严重的资源依赖，缺乏与行政机构开展平等协商的资本与能力。因此，当地方政府部门对社会组织进行介入与管理时，社会组织更加倾向于采取被动承受的行动策略，而非据理力争③。而在地方政府购买公共服务的执行过程中，部分社工被卷入地方政府部门的行政事务中，或者在公共服务的包装下从事地方政府应该负责履行的行政事务，这削弱了公共服务供给的质量，甚至偏离了公共服务的本质，社会组织在表面上完成了一系列的服务指标，但事实上并非有内涵的发展，最终伤害

---

① Jones, C., W.S.Hesterly, S.P.Borgatti. (1997). "A general theory of network governance: exchange conditions and social mechanisms". *Academy of Management Review*. No.4, pp.911-945.

② Uzzi, B. (1997). "Social structure and competion in interfirm networks: the paradox of embeddedness". *Administrative Sciennce Quarterly*. Vol.42, No.1, pp.35-67.

③ 唐斌：《资源依附与组织异化：政府激励下的社会组织发展》，见《第三届社会组织创新与发展论坛论文选编》，第 119—123 页。

了服务的专业性，公共服务呈现出内卷化的趋势。

根据资源依赖理论，在现实生活中，任何一种环境要素都不会完全是同质性的，其中可能既有促进组织发展的正向力量，也包含约束和限制组织运作的负面因素[①]。这些负面因素对于组织发展及外部合作带来了挑战，当组织自身能力不足时，这种挑战将表现得尤为严峻。显而易见，地方政府购买公共服务已经取得一定成效，然而，服务低水平、专业性不够突出、工作成效短期内无法显现、专业社会工作行政化等诸多问题也困扰着服务购买方和承接方。本书将这些现象界定为公共服务内卷化，究其原因，一方面归因于外部资源环境的约束；另一方面与作为服务承包方的社会组织处于初步发展时期、能力建设欠发达紧密相关。因此就有：

命题五：由于外部资源环境与社会组织自身能力的双重约束，导致公共服务内卷化问题的出现。

在绩效评估方面，相关政策文件规定，地方政府购买公共服务运用内外部评估相结合的方式进行绩效评估。外部评估一般是引入社会各界人士或中介评估机构对项目的实施情况开展绩效评估。内部评估则由服务委托方依据合同文本的具体要求，根据评估标准对项目实施情况开展绩效评估。但形式化评估、绩效评估机制不健全及社会组织的机会主义行为已经成为困扰绩效评估规范化运行的难题。

而根据交易费用理论，市场发育的不充分以及服务本身的不确定性都为地方政府与社会组织双方利用相关漏洞钻机会主义的空子留下了发生余地。这导致对服务进行绩效考核时，一方面地方政府很难考核服务的真实水平，服务承接方可能会依仗绩效监管漏洞采取一系列机会主义行为，包括降低服务质量、选择实施成本及难度比较低的服务类型等。另一方面，即便服务承接方认真尽责地提供服务，帮助服务对象成功地回归社会，为地方政府部门实现了化解社

---

① Pfeffer J, Salancik R.（2003）. "The External Control of Organizations: A Resource Dependence Perspective". Stanford, C A: Stanford University Press.

会矛盾的目标。但由于绩效评估指标不健全，地方政府部门也就很难对服务承接方的工作进行全方位的、充分的评价，做到择优去劣。更为重要的是，由于市级政府与基层政府之间对于社会组织的管理态度并不一致，越到基层，地方政府对于社会组织的管理力度反而会更大，这导致当上级政府向下大力推行地方政府购买公共服务时，部分基层政府出于自身利益考虑，往往会想方设法应付上级政府，甚至采取与承接方进行"共谋"[①]的策略来应付上级政府的考核与检查。因此就有：

命题六：市场发育的不充分以及社区矫正服务本身的不确定性，使得地方政府很难考核购买服务的真实效果，而且为了保障自身机会主义的便利性，基层政府还会与社会组织实施"共谋"策略。

二、本书的总体框架

综上，本书的总体框架就是将吸纳和管理作为解释地方政府购买公共服务背后逻辑的核心概念，并将其划分为交易主体、交易方式、交易执行三个维度。首先，以资源依赖理论与嵌入性理论为基础，通过嵌入式管理与非对称的资源依赖结构等解释性概念，呈现作为交易主体的社会组织行政化的基本特征。其次，本书利用交易费用理论中的任务复杂性、市场竞争性与资产专用性概念解释"内部化"购买，并运用关系型合同中的社会关系概念探讨合同形式化的内在逻辑。最后，综合运用资源依赖、交易费用理论探讨地方政府购买公共服务合同约束软化的内在逻辑（见图 1.2）。

需要指出的是，一方面，作为一项探索性研究，本书综合运用嵌入性理论、资源依赖理论、交易费用理论与关系型合同理论去解释地方政府购买公共

---

① 该概念来自于周雪光：《基层政府间的"共谋现象"——一个政府行为的制度逻辑》，《社会学研究》2008 年第 6 期。在本书中强调的是在执行来自上级部门的各种指令政策时，基层政府于社会组织采取"上有政策、下有对策"的各种手段，来应付这些政策要求以及随之而来的各种检查，导致了实际执行过程偏离政策初衷的结果。

服务背后的逻辑，并将这四个理论放在一个分析框架之下，这主要是由本书的研究对象决定的。地方政府购买公共服务的偏离现象，无论是交易主体的行政化、交易方式中合作的内部化和合同形式化，还是交易执行中的合同约束软化，都很难运用单个理论将之阐释透彻。在交易主体行政化中，地方政府对社会组织采取的嵌入性管理策略，以及社会组织采取的组织模仿策略，其关键原因正是由于地方政府与社会组织之间存在的非对称资源依赖结构。至于交易方式中合作的内部化和合同形式化，它们与交易成本的限制有着密切关系，但个人与组织层面的社会关系也会合作的内部化和合同形式化起到作用。而交易执行中的合同约束软化也需要考虑资源约束及交易费用双重因素的影响。另一方面，从更为宏观的角度来看，由于交易主体、交易方式与交易执行三大维度并不是独立于彼此的，它们共同构成了地方政府购买公共服务的主要运行阶段。三者之间相互影响，存在紧密的联系，并共同构成和体现了地方政府购买公共服务背后的吸纳与管理逻辑。基于上述考量，本书尝试性地构建了一个综合性的分析框架。

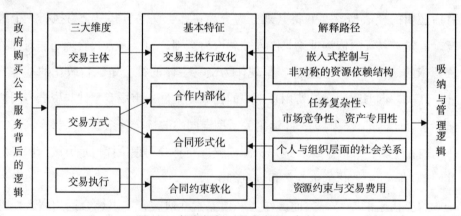

图 1.2　解释框架（图表来源：自制）

第二章　吸纳与管理逻辑下交易主体的行政化

在公共服务购买的偏离现象中，地方政府运用拓展组织边界的策略，倾向于出面组建一个在法律意义上独立于自身的社会组织，然后通过购买服务的方式将部分职能转移给该机构来完成，这种组织往往被称为内源性组织。在这种关系形态下，地方行政机构作为社会组织的主管部门，往往会指派地方政府内部人员担任管理人员或参加理事会等决策部门，公共服务的经费多半来自于地方政府拨款。地方政府凭借自身所掌握的各种资源以及行政权力，全面介入社会组织的人事、经费管理与业务运作。地方政府对社会组织的管理能力是确保合作双方行为步调一致的主要机制。在某种程度上，社会组织被吸纳成为一些地方行政机构内部功能的延伸分支，并在组织运行过程中呈现行政化特征。在这一过程中，地方政府和社会组织采取了什么行动策略？社会组织的行政化是如何引发的？这些问题是本书接下来要回答的。

第一节　嵌入式管理与交易主体的行政化

一、地方政府部门对 A 机构的嵌入式管理

在长期压力型体制的束缚下，我国地方政府不仅需要扮演一个服务者的角

色，而且肩负着汲取公共资源、开展社会建设等重任。地方政府拥有一套自身的政治经济学，面对政绩考核压力，经济发展、政治稳定成为地方政府必须首要面对的问题，这种经济发展、政治稳定的逻辑，也体现在地方政府对待社会组织的态度上①。一方面，爆发式增长的公共事务完全依靠地方政府自身是难以完成的，这一困境促使地方政府需要扩张职能边界，利用社会组织协助完成自上而下分派下来的各种指标性任务；另一方面，社会组织自治能力的不足与地方政府的主导色彩不断强化，导致地方政府管理社会组织的发生及成长全过程，从机构设计、组织管理到人事调配等方面对社会组织予以介入。因而，社会组织的繁荣发展景象也许更多是表象性的，地方政府在社会领域的退出虽然在一定程度上增强社会组织在利益调整格局中的影响力，但同时也强化了一些地方政府在其中的管理能力。

具体到本书中，"嵌入式管理"强调的是地方政府嵌入到社会组织的组织机构设置和日常管理中，综合利用各种正式的制度设计规范和社会关系等非正式规范加强对社会组织的管理，进而服务于地方政府的需要。据此，可以将地方政府对社会组织的嵌入式管理分为非正式的关系嵌入与正式的结构嵌入。格兰诺维特指出，嵌入性分为两种类型：一是关系嵌入，这一概念强调交易双方的行为会受到双边社会关系的影响；二是结构嵌入，指在更高层面上行动主体所形成的关系网络是嵌入到由这些行动主体构成的社会结构中的②。本书在使用"嵌入性"概念时，更多地是强调地方政府超越既定组织边界，从社会关系、组织结构、机构职能等层面对社会组织进行渗透、根植的过程。如果将上述两个概念移植到社会领域进行解读，非正式的关系嵌入强调的就是二者所形成的互动关系网络被地方政府行为所嵌入，即地方政府通过选择在政治体制中身份接近的成员承担社团组织的管理工作，从而进一步强化了对社团组织的管

① 李春霞、巩在暖、吴长青：《体制嵌入、组织回应与公共服务的内卷化——对北京市政府购买社会组织服务的经验研究》，《贵州社会科学》2012 年第 12 期。

② GraNovetter. (1985). "Economic Action and Social Structure: The Problem of Embeddedness". *American Journal of Sociology*. No.91, pp.481-510.

理力度。正式的结构嵌入指地方政府网络嵌入到社会组织网络，使社会组织的结构逐渐与地方政府行政结构趋同，其职能履行也逐渐从提供社会服务转变为协助地方政府完成各种行政性任务。换言之，地方政府为将社会组织吸纳进体制内，运用了正式的"嵌入式管理"的行动策略，以"关系嵌入"与"结构嵌入"为手段，将社会组织纳入政府体制内进行管理，这导致了社会组织行政化问题的呈现。

（一）非正式的关系嵌入：吸纳精英

正如皮特·何所提到的，通过非正式的关系纽带与交往渠道，官方机构与社会组织建立起密切的联系。非正式的关系嵌入强调的就是二者所形成的互动关系网络被政府行为所嵌入，即政府通过选择在政治体制中身份接近的精英担任社会组织的负责人，从而进一步强化了对社会组织的管理力度[1]。从这个角度来说，非正式的关系嵌入强调地方政府与社会组织的行为会受到双边社会关系特别是原有上下级庇护关系的影响。从地方政府的角度而言，扶持"体制内"精英进入社会组织，从而联结形成的社会关系网络，有利于提升地方政府在协调彼此行为方面的影响力。由于大部分进入地方政府视野，与其开展协作共治的社会组织都处于行政体制与社会的中间地带，甚至多数社会组织脱胎于地方政府，社会组织领导即为地方政府在职或退休人员，这导致地方政府与社会组织在互动的初始条件上有一定的社会关系存量。关系嵌入下对精英的吸纳往往呈现出好坏参半的结果，它有利于地方政府与社会组织培育互惠信任的强关系，但是也可能引发行政组织关系影响社会组织的独立性。目前，关系嵌入所导致的负面效应更为显著。

由于 A 机构是在 QH 市矫正办的极力推动下促成建立的，A 机构的部分管理人员（包括主要负责人在内）是由市矫正办直接指派安排的，这些人员的

---

[1]　［荷］皮特·何：《嵌入式行动主义在中国：社会运动的机遇与约束》，社会科学文献出版社 2012 年版，第 21 页。

身份是地方政府工作人员，具有公务员或事业单位编制，他们凭借在地方政府的人脉、信息等资源优势，成为社会组织中的关键人物。A机构执行的是董事会领导和监督下的总干事负责制，董事会主要负责审定A机构的总体规划及发展目标，除董事长之外的所有董事均来自A机构的业务主管部门及其他授权单位。另外，A机构还设立监事会，该部门主要成员来自与A机构关系十分密切的地方政府部门，包括市矫正办、市司法局和市综治委等。一方面，通过安排体制内精英进驻A机构，地方政府能推进社会组织的有效管理和发展，帮助发展初期较为弱小的社会组织健康成长。另一方面，借助"内部人"关系，地方政府能更好地介入及管理社会组织。被访者W参与了选择和考察A机构负责人人选的全过程，对此，他提道：

> 现在A机构主持工作的是K。K原来在区司法局工作，已经退休3、4年。他对发展社区矫正社团这个事情很有热情，他跟我提了好几次，希望退休后发挥余热，好好做一下（社团）。另外，K很熟悉这个体系，综治委、市矫正办、司法局怎么开展工作，K都很了解。另外，他是退下来的老干部，人缘也很好，所以A机构跟政府机构办个什么事情都是K做联络人，他们（地方政府）比较相信K，在K那里也比较容易沟通。（访谈记录WJJ20130115）

相较于A机构的其他工作人员，地方政府及其职能部门（如市矫正办、政法委、司法局、公安局等）对公务员出身的K更为信赖与支持。K的身份优势也十分明显，他利用自身的社会关系和社会影响力帮助A机构构织起良好的社会关系网，借助与地方政府的关系帮助A机构消除开展工作时的障碍，并为其寻找新的经费来源。K还经常邀请地方政府部门的某些重要领导出席A机构的活动，包括为区县社工站揭牌、在重要活动上发表讲话、为活动题词等。在这里，K将个人的社会联系转化为机构的资源，凭借市矫正办领导的支持，A机构在发展过程中能较为顺利地汲取各种必要资源，提升了组织的公信力和影响力，扩张了其生存空间。然而，以社会关系而非正式的制度安排作为地方政府与社会组织合作的基础条件，可能对社会组织的独立性产生负面影响，也有可能加大寻租风险。

（二）正式的结构嵌入：机构渗透

正式的结构嵌入强调政府网络嵌入到社团组织网络，导致社团的组织结构逐渐趋于行政化。本书特别强调的情境是通过设置相关制度规范，地方政府将社会组织"绑定"或嵌入在现有的行政架构上，以便更好地领导、监督和管理社会组织。可以说，在社会组织的建立与发展过程中，地方政府"在场"和地方政府"保护"无处不在，这也导致社会组织在机构设置、职能履行上逐渐靠近并融入地方政府的行政体系之中。地方政府以职能转移的方式将部分行政事务交由社会组织完成，这必然会促使其组织结构产生变化以便符合外界的功能需求，地方政府结构也得以嵌入到社会组织中去，后者在组织规模上日趋庞大，组织运作上呈现出明显的行政化、集权化与程序化特征。社会组织制定并实施与地方政府相似的机构管理机制，聘请专业人员并实施严格的层级管理，机构规模逐渐扩张，效率低下。更为重要的是，地方政府权威经由对社会组织结构的管理，导致社会组织不仅在组织形式上越来越靠近地方政府机构，而且还承担了一些本不属于自身职能范畴内的行政性任务。

具体而言，为顺利推进 A 机构的组建与运作，市矫正办出台了一系列涉及构建社区矫正工作体系的文件。在这些文件中，地方政府对 A 机构的各个方面都做了比较详细的安排。文件涉及内容包括：A 机构的组织架构和运行思路，A 机构的组建、性质和职能，社工队伍招聘、规模、来源和建设等。在相关文件精神的指引下，对应 A 机构的市级总站、区县工作站、镇街社工点，地方政府分别指定或成立了对其予以专门管理的机构（见图 2.1）。从下图中，可以观察到 A 机构被吸附在行政架构上，市级总社被市级行政架构吸附，而其下属单位——各区县及街道的社工站（点）则又被相应的行政架构吸附。而 A 机构市级总社对其下属单位的上下级业务关系，则被隐匿其中而逐渐式微。具体而言，地方政府部门对 A 机构的结构嵌入主要体现在以下方面：

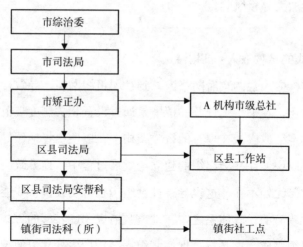

图 2.1　A 机构与相关地方政府职能部门之间的关系（图表来源：自制）

1. 对 A 机构分支机构的"嵌入式"管理

各区县工作站的人事调配、活动设计与展开、社工培训与考核等都需要经由各区县司法局的认可与批准。因此，即便在组织架构上，各区县工作站是 A 机构的派出机构，理应受上级机构的管理与约束，然而，在实质上，各区县工作站与 A 机构只存在松散的业务上的指导与被指导关系，真正对区县工作站实施管理的仍然是地方政府部门。对此，L 区工作站的负责人谈道：

区里在搞（预防和减少犯罪工作）先行试点的时候，我们就成立了，那个时候也没有搞市级总社，我们工作站很多资源都是区司法局提供的，相应地，我们跟区司法局的关系也密切些，所以很多事情我们也会在基层政府部门认可和批准之后再去做。当然，也存在（工作站）跟基层政府部门工作思路不一致的情况，有些时候基层政府部门对工作站管得太多，这也导致工作站和基层政府关系比较紧张。但是，总的来说，相较于与基层政府部门的密切联系，我们跟（A 机构）市级总社的关系要松散得多。（访谈记录：ZZQ20130114）

2. 增设中间机构

如前所述，从组织内部的管理架构上来看，A 机构采取的是"一级社团、三级管理"的基本模式,即包括市级总社、区县工作站和镇街社工点三大层级。但是,为了对社会组织及社工进行直接管理,不少区县的政府部门在具体操作时,在区县与镇街之间又增设"社工片(点)"这一中间机构,采取"增设片(点)管理机构,片(点)长直接负责"的形式,安排社工进驻片(点)办公,片(点)长由区县政府部门直接选派,大多由地方政府部门较为信赖的社工来担任,片(点)长的主要职责是对社工的日常出勤、业务开展等情况进行监督和考核。对此,一位社工谈道:

之所以设立社工片,主要是由于基层司法局的领导认为社工的日常考勤与工作安排应由他们布置掌握,社工又不是不坐班的,管理制度也要规范。也就是说,社工应按时向片长请、销假,并具体告知每日行踪。社工开展社区矫正工作,为服务对象提供个案辅导,都必须跟他(片长)汇报。说到底,这也是基层政府刚开始推动这个事情,担心我们执行不及时,工作不到位,影响政府购买服务的效果。(访谈记录:YNB20130808)

3.落实行政性任务

社区矫正服务是一项涉及多个地方政府部门的综合性工作,A机构在开展日常工作的过程中需要与"综治委、市矫正办和司法局"三条线多级机构或地方政府部门保持密切联系,这也导致A机构遭遇"上面千根针、下面一条线"的窘境。A机构的社工不仅需要完成市级总社布置的任务,市、区县、镇街的综治部门和司法局也要分派任务给各个层级的社工。主要包括对社区矫正人员开展清理统计工作;积极配合有关地方政府部门,针对工作对象与家人、社会发生的矛盾开展调解工作;对服务对象进行其他方式的监控教管等,这经常需要社工花费大量的工作时间。此外,由于社工没有执法权,也缺乏专业的帮教技巧,因此,地方政府的这些工作安排不仅使社工无力应对,也违背了社会工作的职业理念和工作伦理,最终导致A机构有可能蜕变为"准行政机构"、社工成为"准警察"。此外,由于这些地方政府部门对社工的指导口径不一①,经

---

① 如对社区矫正人员进行清理统计的标准不一。

常缺少沟通协调就直接布置任务给社工，不同部门向社工索取不同类型的信息材料，致使社工较难负荷。为及时完成地方政府布置的工作内容，甚至忽视本职工作。对此，有社工做如下的解释：

> 基层政府压力大，因此布置给我们的任务都比较急，有时间限制，能按时完成就很不错了。遇到上头多头指挥，交办任务，多头检查，我们都觉得不堪重负。相较而言，（A 机构）市级总社布置的任务常规性的内容居多，我们也能处理。总社的任务没完成，最多年底没有优秀，问题也不大。但是，街道分派的指令性任务没做好，就关系到我们的切身利益了，特别是经费调拨方面，所以一般情况下，社工对街道布置的任务还是优先处理的。（访谈记录：YNB20130723）

二、问题的呈现：A 机构的行政化

在地方政府嵌入式管理的作用下，目前 A 机构承接的地方政府购买公共服务面临的一个重要问题即是"行政权力较大"，特别是基层政府对服务购买介入过多，社会组织缺乏必要的生长空间，这导致 A 机构呈现出行政化的基本特征。

（一）地方政府的行政主导特征

在 A 机构筹建阶段，地方政府为 A 机构提供了各种物质资源，还帮助 A 机构制定了组织管理的各项规章制度。在 A 机构成立伊始，为提升 A 机构的知名度和信任度，地方政府在当地发行量较大的《A 日报》、《WH 报》、《XM 晚报》等新闻媒体上以头版头条发布 A 机构参与地方政府购买公共服务的相关信息，QH 市政法委与《WH 报》、《XM 晚报》联合举办"社工纪事"征文活动，以帮助 A 机构获取最广泛的社会支持力量。在 A 机构的运转进入正轨后，基层政府还直接介入其内部事务，包括部分区县司法局指示 A 机构参加清理统计社区矫正人员，镇街司法所还要求 A 机构在创卫、举办大型活动等重要时期积极配合基层政府部门做好宣传工作，一些镇街政府还三不五时让社工去帮他们处理文书工作、出黑板报、布置会议场所、节假日顶班等。因此，地方政府将社区矫正服务以外包形式交由社会完成，并不意味着地方行政权力的完全撤出，相反是一个地方行政权力退出又重新介入的过程。

（二）准科层属性

从理论上讲，A机构作为社会组织，其组织结构、运行模式等与地方政府应该存在很大差异。但是，A机构的一份内部文件却指出在其组织建设过程中出现了机关化、行政化、部门化、数字化等官僚作风倾向。在服务宗旨上，A机构与地方政法部门也存在不同的"目标取向"：A机构秉承"以人为本，助人自助"的服务宗旨，运用社会工作技巧，为社区矫正人员提供专业化帮教服务；而QH市司法部门则秉承预防和减少犯罪的基本工作方针，以维稳为其工作核心。但A机构所承担的工作是对QH市司法部门社区矫正职能的补充，其服务对象也是QH市司法部门所指定的"危险弱势群体"。A机构在组织规章中明文规定，机构的任务之一是协助QH市矫正办做好对社区矫正人员的管理工作。在实际工作中，QH市矫正办也把社工的职责定位为"协助地方司法部门工作"，QH市矫正办还经常要求社工对服务对象实施监控和帮管，A机构也逐渐转变为"准科层"式的准政府。

（三）非专业性服务

对于社区矫正服务而言，与服务对象之间建立专业联系与信任关系十分重要，然而，一方面，由于大多数社工都属于"空降部队"，缺乏社区服务网络，因此，在挖掘及获取服务对象方面存在诸多困难，需要高度依赖基层政府，但基层政府及其职能部门与A机构在具体工作衔接上尚无明确的制度性规定。对此，社工要么通过各种方式获取基层政府的信任与工作支持，要么利用私人关系完成专业工作任务。这种人情式的非常规工作方式让很多社工颇感困扰与不便，也不利于社会工作的深入有效开展。另一方面，在工作开展的初期，为获取服务对象的信任，大多数社工都采取以"帮助服务对象申领低保、解决生活困难、找工作"等非专业化方式作为工作的"突破口"，这进一步加深了社工对于基层政府的资源依赖程度，造成 A 机构与基层政府间的职能重叠，也导致部分居委会干部及社区工作人员对社工工作的不认同，更违背了社区矫正工作的专业特性与职业操守。

（四）成员的行政化倾向

作为一个民办非企业单位，A 机构的社工应该是非政府机构人员。但是从 A 机构的人员构成来看，主要有通过招聘程序进入机构的社工，以及从综治委、司法局等地方政府部门中选调进来的干部。他们除了享受公务员及社工的双重工资待遇，还担任了 A 机构下属各层级管理人员的重要职务。此外，还有一部分从地方政法系统选调过来的社工是即将"退居二线"的科级干部。换言之，A 机构成为吸纳部分冗官冗员和退休干部的场所。诚然，地方政府选派"内部人"进入 A 机构，部分源于对 A 机构在组建初期专业社会工作者数量不足的考量。但是，利用体制外机构吸纳地方行政部门富余人员，以便实现地方政府内部职权的顺利交接也是重要原因之一。这些地方政府选调干部在开展工作的过程中往往带有行政部门的工作惯性，作为 A 机构的管理层，他们对 A 机构的具体运作也带来一定影响，加深了地方政府对于社会组织嵌入式管理的程度，也使得 A 机构组织成员的行政化倾向越来越明显。

第二节　资源依赖：对交易主体行政化的解释

一、地方政府与 A 机构的资源依赖结构

从理论体系上来看，资源依赖理论生长于组织理论的土壤上。资源依赖理

论的产生时间是 20 世纪 40 年代，在历经 30 余年的发展之后，资源依赖理论被广泛运用到组织间关系的研究中。审视传统的组织理论，可以发现其关注点主要集中于如何提高组织内部的管理效率。资源依赖理论则是将组织置于外部环境中，将之视作一个开放的系统，需要与外部环境之间进行各种物质和信息的交换①。随着该理论研究的持续深入，不同领域的研究者也将目光投向了组织与环境的关系研究，从而使该议题成为组织理论研究的重要关注点，进而构建形成多个既竞争又互补的理论学派。

在资源依赖理论看来，联系一个组织和外部环境的核心纽带是资源交换。其核心假设是，所有的组织都不是自给自足的。如果想要获得关键性资源，组织需要与外部环境中的其他资源要素开展交换行为，这样一来，对稀缺性资源的迫切需求就形成了组织对于外部环境的依赖②。组织依赖程度的高低取决于外部资源的稀缺性和重要性，这导致权力在其中成为显像。一个组织想要获得生存和发展，必须想方设法将自己的权力实现最大化，进而增加其他组织对自身的依赖，同时降低本组织对于外部环境或其他组织的依赖程度，在这里，组织必须主动与外部环境开展互动、交换并获取更多资源，进而扩大组织的权力覆盖面。一个组织的行为路径之所以会被外界环境或其他组织所限制，其根源在于不对称的相互依赖。一个组织依赖外部环境的程度越高，就意味着它更容易被影响，反之亦然。换言之，外部环境越重要，其对组织的生存方式与发展形态就会发挥越大的影响力。作为一个中观理论，资源依赖理论的绝大多数分析是在组织间层次上展开的，由于资源通常掌握在其他组织手中，因而组织与环境的互动就变成了组织与其他组织间的互动，资源也成为连接两个组织之间的要素③。需要进一步强调的是，资源依赖理论既关注一个组织依赖另一个组

---

① ［美］杰弗里·菲佛、杰勒尔德·R.萨兰基克：《组织的外部控制：对组织资源依赖的分析》，东方出版社 2006 年版，第 196 页。

② ［美］W.理查德斯格特：《组织理论——理性、自然和开放系统》，黄洋等译，华夏出版社 2002 年版，第 53 页。

③ Pfeffer J, Salancik R.（2003）. *The External Control of Organizations: A Resource Dependence Perspective*. Stanford, C A: Stanford University Press.

织的情况，也尝试去解释两个组织之间相互依赖的情形 ①。例如，当组织 A 对组织 B 的依赖大于组织 B 对组织 A 的依赖时，权力就变得不平等。资源依赖理论还很重视组织应对外部环境的策略性行为方式，强调给予组织充分的能动性，这也进一步揭示了核心组织与外部环境或其他组织之间的依赖关系，这种依赖关系可以是相互的，有可能是两个组织同时相互依赖，也有可能是一个组织依赖另一个组织。如果是后一种情形，当两个组织之间的依赖关系呈现出一种非平衡的关系特征，组织间的权力关系也会变得不平等，核心组织还可以运用各种行动策略，调整自身行为，选择和适应环境 ②。

（一）A 机构：双重属性的外源性组织

以自发生成抑或外力推动产生作为衡量标准，可以将组织类型划分为外源性组织和内源性组织 ③。外源性组织是由外力推动成立的组织，例如由地方政府出面投入各种资源成立的社会组织就可以被归类为这种类型；内源性组织的发起人就是组织成员，他们为了实现某项目标自发成立的组织可以被称为内源性组织，例如某些公益活动家集结在一起，为了实现某个公益目标而成立的社会组织就可以被归类为这种类型。通过实地考察，可以发现，A 机构并非组织成员出于公益目的自发成立的，而是在 QH 市矫正办的倡议与支持下自上而下成立起来的外源性组织。A 机构的产生逻辑主要是地方政府创新社会管理体制与公共服务供给方式的需要。QH 市矫正办推动 A 机构的建立，主要是基于两个方面的现实需要：一方面，地方政府部门需要成立一种新的组织来协调与沟通其与社会中分散的利益主体之间的联系，以维持社会稳定、协调各方面的关系、降低社会管理成本；另一方面，社会自我管理和自我服务的需求也在不断

---

① 徐宇珊：《非对称性依赖：中国基金会与政府关系研究》，《公共管理学报》2008 年第 1 期。

② Pfeffer J, Salancik R.（2003）. *The External Control of Organizations: A Resource Dependence Perspective*. Stanford, CA: Stanford University Press.

③ 吴永红：《非对称性依赖结构下的居委会及其行动策略——上海市 L 街道居委会减负的个案研究》，上海大学 2009 年博士学位论文，第 93—96 页。

增多，这对于地方政府管理公共事务提出了新的要求，即鼓励地方政府针对城市管理和社会管理体制的要求建立起新的工作机制，尤其是注重引进市场机制，确立地方政府购买公共服务的原则。

对于 A 机构而言，这种双重需要也是它之所以成立的根源所在。因此，A 机构自产生当天，就不可避免地带有双重属性（即官民二重性）：它既具备一定的志愿性特征，又带有一定的行政属性。在双重属性的制约条件下，A 机构所承接的社区矫正服务就表现出双重功能：既作为半官方组织承担着 QH 市政法系统涉及维稳的行政性事务；又作为社会组织，利用专业知识为社区矫正人员提供社区矫正服务。由于 A 机构的办公经费、社工的工资待遇都是 QH 市矫正办及基层司法部门以地方政府购买公共服务的形式提供的，QH 市矫正办及基层司法部门会习惯性地把 A 机构当做其"编外机构"，基层政府部门也会经常将一些行政、维稳事项下派给 A 机构完成。社区矫正人员很多时候也将 A 机构视为"准政府部门"，将社工视为"准公务员"。在非对称性资源依赖结构下，A 机构更多地向地方政府部门而非向社会汲取自身的认同与价值，更为重要的是，A 机构还会不断效仿地方政府，并竭力融入正式的政府行政体系之中。

资源依赖理论认为，组织生存的关键是获取和维持资源的能力[1]。这是作为一个组织生存和发展的必要条件，A 机构需要从外界环境中汲取一些必要的物质资源，主要包括组织机构的办公场所、开展活动所必需的经费、管理人员和社工的薪酬福利等；作为承接社区矫正服务的组织，A 机构也需要社会资源的支持，包括服务对象和社区民众的认同、支持、参与等；作为一个体制内生长的官办社会组织，A 机构的存在和发展还需要政治资源，包括地方政府权威的支持和合法性等资源。为此，A 机构需要与外部主体开展资源交换（如图 2.2 所示）。

一方面，A 机构必须从地方政府处汲取政治与经济类资源。根据资源依赖

---

① [美] 杰弗里·菲佛、杰勒尔德·R.萨兰基克：《组织的外部控制：对组织资源依赖的分析》，东方出版社 2006 年版，第 95 页。

理论，经济资源是大多数组织的生存和运转所必需的资源①。A 机构所需的经济资源主要包括办公场地、办公资金以及工作人员的工资和福利等；从政治资源来看，主要包括制度供给和合法性资源。从地方政府的角度来看，它之所以愿意为 A 机构提供这些资源，则是由于 A 机构所能承接的部分社会管理功能，主要包括承接社区矫正服务，传达和推行政令，特别是实现地方政府维稳工作的需要。另一方面，A 机构需要从社会那里获得社会资源，包括民间合法性（社会的认同与信任）、志愿者资源、社区矫正人员的信任及参与等。然而，目前 A 机构在汲取经济资源、政治资源以及社会资源时，还是以地方政府的资源输出为主要方式。下面本书将围绕 A 机构的资源依赖结构展开具体的分析与论述。

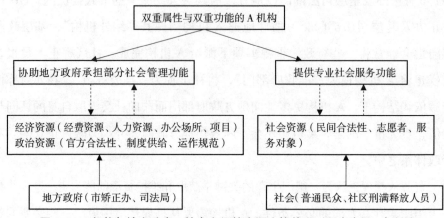

图 2.2　A 机构与地方政府、社会之间的资源交换关系（图表来源：自制）

（二）全面依附：A 机构对地方政府的资源依赖

在近十年的发展历程中，A 机构发展所必需的关键性资源来源于地方政府部门而非社会。从法律上讲，市矫正办是 A 机构的业务主管单位，二者是互相独立的关系。A 机构按照国家法律、法规及其章程自主运作，并根据 QH 市矫正办设定的工作目标，制订相应的工作计划，聘任社工，参与和协助本市司

———————
① ［美］W. 理查德斯格特：《组织理论——理性、自然和开放系统》，黄洋等译，华夏出版社 2002 年版，第 257 页。

法行政机关做好社区矫正人员的教育转化、帮困解难、生活指导等工作。但是，通过分析 A 机构的资源汲取模式，我们可以发现，地方政府提供和保障了 A 机构生存和运作所需的核心资源，地方政府与 A 机构之间实际上构成了一种依附而非独立运作的关系。在对 A 机构职能设置、人员调配、绩效考评等方面进行管理的基础上，地方政府介入并主导了 A 机构的工作。至此，A 机构也被吸纳成为地方政府的"派出机构"，表现出较为强烈的行政化色彩。

1. 经济资源的输入

（1）经费资源

经费是维持社会组织运营和活动的重要资源。只有获取经费资源后，社会组织才能租用办公和活动场地、购买办公设备、给工作人员支付酬劳和开展各种社团活动。从社会组织的核心旨趣上看，推行慈善工作以及利他主义是其中应有之义，然而，从目前我国的情况来看，单纯的捐赠并不足以支撑社会组织的生存和发展。经费紧张的难题严重制约了社会组织的正常运转，清华大学 NGO 研究所对全国的社会组织开展的抽样调查显示，有41%的社会组织认为目前面临的主要问题是经费不足，列在这些组织面临的诸多问题的首位[①]。就 A 机构而言，其经费主要包括启动经费[②]与日常运作经费两大部分，下文将围绕 A 机构日常运作经费的来源展开阐述。

在《A 机构章程》里面有明确规定，该机构的日常运作经费来源包括：地方政府购买社区矫正服务的经费；A 机构开展专业社工活动所得收入；社会资助；其他合法收入。为扩大 A 机构的经费来源渠道，QH 市司法局、市矫正办等业务主管单位对 A 机构也提出了指导性意见，为此还专门出台《关于鼓励社会组织自主筹集资金的意见》。该意见提到，A 机构在法律规定范围内，可

---

① 贾西津：《第三次改革，中国非营利部门战略研究》，清华大学出版社 2005 年版，第 63 页。

② 按照民政部所颁布的《民办非企业单位登记管理暂行条例（1998）》的规定，一个组织要申请登记注册为民办非企业单位，首先必须拥有与其业务活动相适应的合法财产，并且其开办资金必须达到规定的最低限额。A 机构的这部分注册资金，在其组建时完全由 QH 市政法委予以垫付。

以多方募集日常运作经费，包括接受境内外企事业单位、团体和个人捐赠的资金；通过专业社工为社会提供有偿服务所获收入；开展专项活动获取的盈余收入；每年从地方政府专项基金拨付的经费。然而，在 A 机构的实际运作过程中，由于其服务对象为社区矫正人员，他们大多没有固定工作和稳定的收入来源，因此很难向服务对象收取费用。在社会组织社会认同度及信任度普遍比较低的情况下，A 机构也很难得到社会资助。另外，以提供专业化服务的方式获取收入，在短期内也很困难：

> 社会捐助确实是一个获取资金的重要渠道，但是目前我们在这方面管理非常严格，为了增加我们的社会公信力，也为了使社会公众更清晰地了解社会捐款的支出情况，规定是要先将款项打给市 SX 基金会，然后再由 SX 基金会转到 A 机构或者其下面的各区县社工工作站的手里。程序的复杂也可能减少了社会捐助的份额，再加上郭美美事件，对整个社会组织的社会募捐也造成了很不好的影响。我们每年通过社会捐助的方式获得的收入也就十来万元，较之于地方政府购买费用及其他拨款，这些社会资助比较少，对于我们这个机构的发展来说杯水车薪。（访谈记录：YJX20130816）

从这个角度来说，A 机构维持其日常运转主要费用来源就是地方政府拨付的购买资金，从拨款方式上看，地方政府按每个社工年均 5 万元的标准来支付购买费用，这 5 万元中不仅包括社工全年的薪水与福利，还基本涵盖了 A 机构该年的办公、活动经费等开支①。需要指出的是，在预防犯罪工作体系的设想中，由市矫正办代表地方政府向 A 机构购买社区矫正服务，但是在实际运作中，除了市矫正办以外，与 A 机构存在地方政府购买合作关系的政府部门还包括市、区县、街道（镇）三个层面多个机构。地方政府购买社区矫正服务的费用支付也涉及多级地方政府部门：在市级层面，市矫正办负责将财政拨款

---

① 市矫正办按照每位社工（按照 50 名矫正对象配备 1 名社工的比例确定社工的数量）7 万元的标准，与 A 机构签订合同。从司法系统以及其他政法机关抽调的具有公务员身份的社工的工资费用由市级政府承担，而对于从社会上招聘的社工，其 7 万元的费用支出则由区级政府和街道乡镇各承担 3.5 万元。

用于支付 A 机构市级总社的运作经费；在各区县层面，各个区县财政负责拨付工作站的运作经费，原则上由各区县市矫正办掌握；街道（镇）社工点的工作经费主要是由街道（镇）来提供。不同层面经费来源的具体情况如下：

①市级层面总社的工作经费。总社的工作经费由市财政局通过市矫正办来支付，总社工作人员的工资比较高，主要是参照市级政府公务员的标准来拨付。一般而言，市级总社根据 A 机构制定的年度工作计划来拨付工作经费，其具体运作程序是：总社首先将下一年度的工作设想提交给市矫正办，并通过市矫正办向市财政局提出预算申请，市财政局审核预算后经由市矫正办将经费下拨给总社。

②区县层面社工站的工作经费。这部分经费主要涵盖各区县社工站的日常办公经费、活动经费以及租用办公场所的经费、通信费和水电煤气费等。A 机构区县社工站的工作经费由区县司法局提供，主要是从地方政府购买社区矫正服务经费中扣除社工工资并支付各种税金后的结余部分。在具体运作过程中，由于重视程度不一，各区县给予社工站的工作经费额度存在一些区别，具体操作方式也不一样。多数区县向社工站提供经费时，需要由社工站先行提出经费使用申请，经过批准后实报实销。部分区县先支付社工站一部分工作经费，以支撑其日常开支，这部分经费支出后，社工站再凭发票冲账。如果某些社工站的活动花销很大，则实行特事特办。另外，为激励和提高社工的工作积极性，大部分区县司法局会在每年年末对社工开展工作考核，依据考核结果发放一定数量的年终奖金。

③镇街社工点的工作经费。镇街司法所负责提供镇街社工点的工作经费，主要包括社工点租用办公场地的费用、日常办公经费、开展活动所需的经费、通信费和水电煤气费等。其中，租用办公场地的费用、通信费和水电煤气费等由街道直接支付，日常办公经费、开展活动所需的经费则是由社工点先行提出申请，经过批准后实报实销。

随着地方政府购买社区矫正服务实践的不断推进，从 2009 年起，QH 市在原有地方政府购买公共服务合同（买断劳动力）的基础上又开始探索项目化管理的做法。"项目化管理"，是指地方政府将所需购买的服务按项目发包给社会组织，地方政府对社会组织项目实施绩效进行评估，支付相应报酬。2011年，有近十个区县司法局、部分镇街司法所与 A 机构社工站（点）开展了项目化管理的试点工作，以 H 区为例，该区司法局根据工作目标，将合同设计成了三个项目：项目一："为司法行政部门社区矫正事务提供日常服务"；项目二："为社区服刑人员提供专业化服务"；项目三："整合社会资源，为社区服刑人员解决实际困难提供服务"。诚然，项目化管理有助于 A 机构在经费使用方面更具灵活性，进而有助于 A 机构自主性的提升。然而，就目前看来，市矫正办及基层司法部门更加倾向于购买岗位而不是购买项目，这种"买断（社工）劳动力"的购买方式仍然占据重要位置，这其中的奥妙就在于，通过购买岗位，地方政府可以更加机动灵活地指派工作，而不是拘泥于项目合同的约定 ①。

（2）人力资源

作为一种为社区矫正人员提供专业服务为己任的社会组织，A 机构的人力资源包括如下两大部分：

①主要负责人及管理人员。A 机构在总社设立董事会，董事会是 A 机构的决策机构，下设由总干事领导的决策执行层。A 机构董事会的主要职责是负责制定组织整体工作计划、发展规划、年度财务预、决算方案。董事会成员为五人，由出资单位推选产生或更换。董事会设董事长一人，副董事长一人，董事长为法定代表人。董事长、副董事长由董事会选举产生或更换。A 机构现聘请 QH 市综治办副主任为董事长，其他董事则由 A 机构发起方及授权单位人员兼任 ②。A 机构的现任总干事是从司法系统选调过来的干部。除此之外，A 机构还设立了监事会，监事由出资单位推选产生或更换。监事会主要来自 A

---

① 邓金霞：《地方政府购买公共服务"纵向一体化"倾向的逻辑——权力关系的视角》，《行政论坛》2012 年第 5 期。

② 董事会全体成员均为免薪兼职，而且他们都在各自部门身居要职或身兼数职，日常行政事务或社会活动非常繁忙，很难腾出时间和精力去具体指导 A 机构的运作，因此 A 机构日常管理的职责就主要由总干事领导的执行层来承担。

机构业务主管单位及其他授权单位,如市司法局、市矫正办和市辖区的综治办等。监事会代表地方政府督促 A 机构对地方政府购买社区矫正服务协议的落实与履行,并对董事会成员以及其他管理人员进行监督,防止其滥用职权,侵犯 A 机构及社工的合法权益。

②社工。A 机构的社工主要有两种来源:一种是面向社会招聘、具备一定专业素质的职业社工,这部分社工应该是掌握一定社区矫正的专业理念、科学知识、方法和技能,能为服务的案主提供法律咨询服务、就业指导、生活关心和心理行为干预,进而帮助工作对象恢复正常生活功能的专业社会工作者。从这个角度而言,职业社工的选拔应着重考虑应聘者的从业资质。然而,在实际操作的过程中,A 机构将社工的招聘条件设置为:拥有本市常住户口,且实际居住地以市区为主,具有大专及以上学历,社工或相关专业毕业,具备社工助理以上等级的职业资格,社工工资根据学历程度来进行发放。A 机构 Y 区社工站的一位社工介绍道:

一般来讲,扣除"四金"(养老保险、医疗保险、失业保险、住房公积金)和个人所得税后,有大专文凭的社工的每个月拿到手的 4000 元左右,有本科文凭的社工每个月能拿到手的 5000 元左右。此外,有职业资格证书的也能涨点工资,凡是取得社工助理资格的社工,每个月的收入可以增加 5%;取得社会工作师资格的社工,每个月的收入可以增加 10%。(访谈记录:YHH20130114)

显而易见,招聘条件和工资待遇的设定,一方面对于 QH 市以外区域的社工造成了进入壁垒,另一方面对于本地较高水平专业社工也不具备吸引力,很难获得他们的积极参与。

在向社会公开招聘社工的同时,市矫正办还陆续从相关地方政府部门选调了一批正科级以上的公务员进入 A 机构的社工队伍中,这批选调过来的社工在原有工资待遇、职务职称不变的前提下,还要增补现有社工的工资。实践显示,虽然地方政府机关公务员兼任社工能更快介入社区的工作网络,提升 A 机构的公信力及影响力,但社工的双重选聘方式在客观上也造就了社工队伍构成的严重分化，社工们在权责分工、工作环境及工资待遇上呈现较大差异，导致通过社会途径招聘的社工很难形成对职业的认同，对他们工作的顺利开展带来一定阻力：

> 现在我们有社工400多人，主要以从社会上招聘来的社工居多，地方政府部门选调过来的社工占比不到两成吧。但是，我们很多工作站的站长，都是从地方政法系统借调过来的公务员，从社会招聘人员中提拔上来当站长的比例比较低。此外，选调过来的公务员是可以拿双薪的（公务员和社工的双份待遇），而且在具体工作过程中，（街道）对他们还是更信赖些，有什么事情通过这些人去进行沟通协调，事情也会好办一些，所以社工点也愿意把这些公务员系统过来的人推选为负责人。其他社工（从社会招聘的社工）肯定有想法，对，因为反差比较大，这些社工有些时候也会发发牢骚，他们认为自己更专业，为什么待遇、职位都上不去，心里有些想法，这的确是个问题。（访谈记录：YHH20130829）

为加强社工的专业水平，QH市司法局、市矫正办会开展为期两个月的岗前专业技能培训，但是，社区矫正专业技能并非一项短期内即可速成的工作，因此这种方式也很难培养出高层次的专业人才。特别是通过选调途径进入的社工，他们在原地方政府部门的工作经验或者为人处世的方式，还会与社会工作的价值理念相违背，这在一定程度上影响了社区矫正工作的效果[1]。以选调身份进入A机构的一位社工谈道：

> 我们从基层政法机关过来的，原本也是做这一块工作的，以往的工作思路就是这样。在对案主进行管理的时候我就跟他们说（不是提供服务吗？我个人认为还是管理为主），你们应该重新做人，哪些事情应该做，哪些事情不应该做。我们还定期组织一些活动，请市矫正办、司法局的同志来搞些宣传讲座，座谈会什么的。哪里知道这些案主推三阻四的，不来参加。原来的工作方式用在社区矫正中，效果并不好，案主并不接受思想教育的那一套。（访谈记录：

---

① 张星、费梅苹：《社区矫正实务过程分析》，华东理工大学出版社2008年版，第60页。

HW20130118）

（3）办公活动场地

专业社区矫正活动的开展，除了需要社工的在场及辅导之外，还需要相对固定的办公活动场地。作为"构建预防和减少犯罪工作体系"的重要组成部分。A机构市级层面总社的工作场地由其业务主管单位——市矫正办提供，办公设施也在组建时由地方政府出资购买。然而，由于在办公活动场所的配置、办公费用的拨付等方面还缺乏一个统一的制度化标准，各区县、街道（镇）司法科（所）在具体实施过程中各地各办，这导致各区县、街道（镇）社工站、点的工作条件好坏不一。其中起到决定性因素是，社区矫正工作对于基层政府部门主管领导的重要性、社工站、点负责人与基层政府部门主管领导关系融洽的程度，它们很大意义上决定了各社工站、点工作环境的好坏与否：

一般来说，街道司法部门主管领导对这个工作越重视，外加跟他（私人）关系还不错的话，工作环境和条件就会越好。我们下面有个街道社工点的负责人S，他是从司法所选调过来的，之前在那边也是有行政职务的，好像原来是当过科长的，跟他们街道的领导也很熟的，所以他那个点的办公条件很好的，跟街道司法所在一个办公楼，有专门的会议室和文印室，电话、电脑还有纸张，这些（办公耗材）都很齐全的，过年过节街道还会发点福利，很多社工都蛮羡慕的。（访谈记录：ZL20130820）

（4）地方政府购买社区矫正服务项目

作为承接地方政府购买社区矫正服务为目的而成立起来的社会组织，A机构必须争取到相对稳定的服务项目，以获取存续及进一步发展的基础。如前所述，为了使A机构顺利入选，地方政府通常会在购买招标环节设置条件，制定类似于"萝卜招聘"式的资格要求，甚至干脆采取定向招标方式。根据A机构与市矫正办共同签订合同，A机构需要完成的工作主要包括：负责组织和安排专业社工人员对社区矫正人员开展定期辅导、跟踪帮教、生活关心、就业指导以及法制宣传，市矫正办则需要为A机构提供必要的物质资源：

我们和市矫正办的合作时间很长，关系也比较稳定，每年我们都能顺利签约。(有没有竞标? 有跟你们一起竞争的社会组织吗?) 对, 这种情况也是有的, 比如 L 机构, 他们就跟矫正办谈过, 也想参加竞标, 但是行不通啊, 因为市里头下文件, 要把这一块 (地方政府购买社区矫正服务) 做统一安排, 市里头也倾向于我们去做这个事, 所以 L 机构最后"想分一杯羹"的愿望也没有实现。这样对比看, 我们有了地方政府支持, 的确在开展工作方面都顺利些。(访谈记录: HRY20130823)

另外, 根据我国《民办非企业单位登记管理暂行条例》的相关条款规定, 在同一行政区域内, 如果存在经营范围类似或相同的民办非企业单位, 则无须重复成立。该规定造成了民办非企业单位的"非竞争性"。从这个角度来说, 即使基层司法部门对 A 机构的工作情况不太满意, 也很难在同一行政区域找到类似组织承接社区矫正服务。换言之, 由于地方政府选择 A 机构作为地方政府购买公共服务的承接方, A 机构相当于也获得了"垄断性"地位。

2. 政治资源

任何一个组织的生存与发展, 除了必须具备一定的经济资源以外, 合法性支持、制度供给、规范制定等政治资源也是至关重要的。A 机构在实际运作中所需的政治资源主要包括以下方面:

(1) 官方合法性

作为一个具有复杂含义的词语, "合法性"意味着某种政治秩序被认可的价值以及事实上的被承认[1]。除了官方认可以外, 我国社会组织的合法性还包括社会力量的支持, 因此, 康晓光等研究者认为, 中国社会组织拥有两个可以获得合法性的场域, 即官方合法性与民间合法性两个角度[2]。就官方合法性而言, 它重点强调的是官方对于社会组织的认可程度[3]。具体到本书中, 官方合法性主要是包括政治合法性、行政合法性及法律合法性三个子维度。

---

① [美] 哈贝马斯:《公共领域的结构转型》, 美国麻省理工大学出版社 1989 年版, 第 55 页。

② 康晓光:《经济增长、社会公正、民主法治与合法性基础——1978 年以来的变化与今后的选择》,《战略与管理》1999 年第 4 期。

③ 同上。

政治合法性强调社会组织及其开展的所有活动都应该符合某种政治规范，简言之，社会组织应该在政治上是比较过硬的，不存在问题。这一点与西方国家存在明显区别，我国的社会组织并非政府的对立者或批评者，它的生长原点是基于对政府职能的补充，以及实现行政机关的利益需求。正是由于 A 机构能有效地弥补地方政府职能履行的不足之处，相关地方政府部门才会积极主动地推动该机构的成立和运作。相对应地，地方政府的认可和扶持也使得 A 机构很容易就获得了政治上的合法性。为了更好地回应地方政府的扶持行为，A 机构对其组织宗旨也进行了明确规定：

> 遵守宪法、法律、法规和国家政策，遵守社会道德风尚，以公平、公正、符合国家和社会的公共利益为准则，提供诚信服务，接受社会监督，信守职业道德，协助管理、教育、帮助社区服刑人员，协助安置、帮助、教育刑满释放和解除劳教人员，促进其早日重新回归社会，维护社会的稳定 ①。

行政合法性是指地方政府对社会组织的认可与参与 ②。A 机构行政合法性主要体现在两方面，A 机构成立之初，QH 市政法委为其垫付了必需的注册资金，还指定 QH 市矫正办为其业务主管单位，使其轻松跨越注册登记的门槛，避免了很多草根社会组织无法登记、"非法"活动的窘境。A 机构还通过组织各种社区矫正活动，并争取主管单位对其支持，以进一步巩固行政合法性：

> 地方政府还是很支持我们的，（A 机构）刚成立的时候，我们举办了一个揭牌仪式，很隆重的，市委副书记、政法委书记都来了。我们开展社区矫正社工的培训、跟其他机构进行交流合作，市矫正办的领导也经常到现场指导，作个总结性发言，慰问什么的。（访谈记录：HRY20130823）

为进一步保障区县、街道（镇）基层政府对 A 机构工作的认可与支持，QH 市政法委还多次通过短期学习、会议、发函等方式要求各区县政法委书记、各区区长、区委书记、街道主任等领导干部积极配合 A 机构做好社区矫

---

① 摘自《A 机构章程》第四条宗旨部分。

② 吴东民、董西明：《非营利组织管理》，中国人民大学出版社 2003 年版，第 205 页。

正工作。地方政府相关部门的重视与积极参与，赋予 A 机构较强的行政合法性。

社会组织需要得到国家法律的支持及认可才能成为独立法人，即汲取法律合法性。法律合法性对于社会组织的申请登记程序有着明确的约束和要求，即社会组织应根据相关法律法规做好登记工作，登记管理机关则需要履行受理登记、审查、核准、发证和公告等义务。得益于地方政府的资源输入，A 机构在很短时间内就定下了机构名，也设计了规范化的运作制度，明确了组织的发展目标、业务领域及业务主管单位，进而顺利实现在民政部门的注册登记。这表明从法律上看，A 机构已经成为一个独立的法人实体，它享有一定的民事权利，并且需要承担民事义务。

(2) 制度环境

制度是依靠政治权威以正式的形式确定下来的正式规则，作为一种十分稀少的资源，它以强制力为执行保障，可以决定组织的行动边界、社会资源的分配，因此，制度一旦形成就会对社会产生广泛影响。一般而言，制度变迁的发生方式有两种，一种是政府作为主导，自上而下强制性地构建制度并推广至社会；一种是社会作为主导，自下而上自发形成秩序与规范，政府予以制度化①。前一种制度变迁路径遵循"政府主导—社会反应"的基本模式，社会在这一过程中扮演的是接受者的被动角色，制度变迁的主导者为政府。后一种制度变迁路径遵循的是"社会主导—政府反应"的基本模式，社会是制度安排的主动发起者，制度变迁由社会与政府共同推动完成②。

根据自上而下及自下而上两种制度变迁路径来划分，QH 市政府购买社区矫正服务制度的构建显然属于前者，即为地方政府自上而下强制性推行的制度

---

① 林毅夫：《关于制度变迁的经济学理论：诱致性变迁与强制性变迁》，见 R. 科思、A. 阿尔钦、D. 诺思主编：《财产权利与制度变迁——产权学派与新制度学派译文集》，上海三联书店、上海人民出版社 1994 年版，第 42 页。

② 邓丽雅、王金红：《中国 NGO 生存与发展的制约因素——以广东番禺打工族文书处理服务部为例》，《社会学研究》2004 年第 2 期。

变迁范式。在这一制度变迁过程中，存在两大行动集团。市级层面的地方政府部门作为制度变迁的核心行动者，他们首先觉察到"构建预防和减少犯罪工作体系"所具有的重大实践价值，并率先发起了制度变迁的行动，充当了制度变迁第一行动集团的角色，他们被称作是社区矫正工作制度的决策者和组织者。在市级层面政府部门的倡导下，各区县、镇街的地方政府部门充当了制度变迁的第二行动集团，即作为下属部门具体推动了制度变迁的过程，它们既是制度变迁的对象，又是制度变迁的具体执行者。但是长期把生产公共服务作为自己的天生职责，这种惯性思维、对原有制度供给模式的路径依赖、改革的不确定性以及后可能存在的利益受损①，使得部分基层政府并不愿意完全放弃公共服务的垄断权，它们没有主动变革的动力，这导致一些基层政府在改革之初往往会从自身利益出发，因此也更加强调对社会组织的管理。

QH 市政府通过行政主导推动 A 机构的成立，并利用地方政府购买公共服务，将地方政府的社区矫正职能转移到社会组织手中，从而在全国率先进行了社区矫正工作制度的变迁。它解决了地方政府应该怎样让渡部分职能于社会，以及让渡部分职能于社会以后应该由谁来承接与落实等问题。QH 市的这一制度变迁与实践安排，激发了社会力量的增长，地方政府职能也得到转型与优化。这一制度安排构成了 A 机构生存和发展的外部环境，并对组织结构设置、资源获取模式及运行机制形成制约。

（3）运作规范

在构建形成社区矫正工作制度后，还需要解决的问题是社区矫正工作的具体操作问题，这需要对社区矫正工作的具体实践予以规范化管理。为此，QH 市相关政府部门先后发布了一系列政策性文件②，QH 市政府办公厅转发了市司

---

① 推行地方政府购买公共服务，也意味着基层政府权力的削弱，也就减少了寻租的空间。因此，他们在改革之初，针对改革的态度比较消极的，积极性不高。

② 这些文件主要包括《关于构建预防和减少犯罪工作体系的意见》、《关于推进"构建预防和减少犯罪工作体系"试点工作的意见》、《关于进一步推进"构建预防和减少犯罪工作体系"试点工作的意见》。

法局所制订的《关于发布开展社区矫正工作若干规定》，要求 QH 市政府各职能部门配合、协助社会工作组织开展社区矫正工作；QH 市矫正办还联合其他单位发布了《政府购买社区矫正服务考核评估办法（试行）》，该办法明确规定了地方政府购买社区矫正服务的考评标准、操作办法、实施步骤以及结果评估等内容。与此同时，QH 市人事局和 QH 市民政局为配合预防和减少犯罪试点工作的开展，努力推进和规范社会工作的职业化，也先后制定了《QH 市社会工作师（助理）注册管理试行办法》；QH 市司法局还制定了《QH 市社区矫正工作指导手册》等文件。这些政策法规的出台，为 A 机构的合规性发展提供了依据。

3. 社会资源

（1）民间合法性

民间合法性指的是社会对社会组织的承认。即社会组织符合社会广泛认可的某种正当性，因而其存在及行为被社会广泛接受、承认①。唯此，社会组织才有可能汲取其他社会资源，如吸纳志愿者、构建社区矫正服务网络并吸引社区矫正人员参与其中。即便社会组织已获得官方合法性，也不意味着它一定能争取到民间合法性。然而，对于以扎根社区、服务基层为目标的社会组织而言，能否被社会民众广泛接受、承认及支持，进而获得民间合法性就显得尤为重要。民间合法性来源于地方习俗、共同利益以及有共识的社会规则。作为地方政府自上而下推动发展起来的官方社会组织，A 机构也一度面临着社会合法性匮乏的严峻局面：

现在好一些，前几年，（A 机构）社会信任度也很低，我记得大概是 2009 年，我下到几个社区搞社区矫正的宣传，也没什么人感兴趣，大家觉得（我们）跟案主这样的"高危人群"成天混在一起，肯定也不是好人。那时候，很多人，包括一些街道办事处的工作人员，都不清楚社区矫正是干嘛的，我们这个社会组织是什么性质的。这给我们开展具体工作也带来了很大困难，很难打开局面。（访谈记录：HRY20130823）

---

① 高丙中：《社会团体的合法性问题》，《中国社会科学》2000 年第 2 期。

为改变 A 机构所遇到的种种窘状，QH 市政府在推动 A 机构组建及运转的过程中作出了大量的努力，并收到了较好的社会效果：

地方政府部门对我们的支持力度还是很大的，司法局和市矫正办也做了很多宣传工作，经常在《WH 报》、《JF 日报》、《XM 晚报》上对我们这个机构和社区矫正工作进行报道。政府门户网站也做了些宣传活动，邀请网友在论坛上和(社区矫正) 社工开展互动交流，以增进外界对 A 机构的了解，扩大知名度。为吸引社工人才加入队伍，矫正办还牵头做了几场招聘会，很多人去报名，竞争还很激烈。2010 年，QH 政府部门联合新闻媒体合作开展"社工纪事征文"、"QH 市十佳社工"和"QH 市优秀社会工作者"评选活动，就是做个平台，展示优秀社工的风采嘛，树立一些典型。2012 年，各区县（政府部门）还联合工作站开展了"社区矫正实施十周年宣传活动"，这对于扩大 A 机构及社工的社会影响也挺有帮助的。（访谈记录：HRY20130823）

（2）志愿者

社会组织的重要特征之一是志愿性，因此，志愿者是社会组织十分重要的社会资源之一。一方面，志愿者参与可以有效地缓解社会组织人力不足的问题，另一方面，志愿者的规模与社会组织的社会影响力成正比。特别是政府官员、社会知名人士、记者、学者专家加入志愿者队伍，这对于社会组织的发展颇有裨益。志愿者可以利用自有社会资源网为社会组织的发展解决障碍，拓展社会知名度，帮助社会组织建立社会关系网络，吸引资金、人力等物质性资源 [1]。A 机构也十分重视扩大志愿者规模，截至 2012 年 12 月，A 机构登记在册的志愿者人数已经近万人 [2]。当然，凭借 A 机构的一己之力，很难招募到规模如此庞大的志愿者队伍。这其中，地方政府部门和领导的权威与影响也不容小觑。在我国，行政力量对社会具有极强的影响力和辐射力，地方政府部门及其负责人的支持对于一项活动的顺利推进至关重要。作为一个从体制内发育

---

[1]　邓丽雅、王金红：《中国 NGO 生存与发展的制约因素——以广东番禺打工族文书处理服务部为例》，《社会学研究》2004 年第 2 期。

[2]　引自《A 机构年度总结（2012）》。

并成长起来的社会组织，A 机构自然也会积极汲取官方资源及能量来谋求自身发展。因此，在 A 机构招募志愿者的过程中，地方政府的作用无处不在：

我们很重视志愿者招募活动，为了吸引更多志愿者加入，一般来说，都会邀请司法局、市矫正办的一些领导参加，比如开（志愿者）大会的时候，请他们（地方政府部门领导）出席、剪彩、致辞、授旗，还为志愿者代表佩戴徽章。（访谈记录：WYY20130822）

政府支持的作用十分明显，一方面，保障了 A 机构招募志愿者的公信力，扩展了招募活动的影响力；另一方面，政府支持还能提高普通民众加入志愿者队伍的积极性与主动性。需要进一步指出的是，除了在志愿者招募环节，A 机构还需要政府力量为其造势，就志愿者本身而言，A 机构更加偏好于招募基层政府的工作人员。这与 A 机构本身的发展宗旨不无关系。作为社区矫正服务的供应者，A 机构需要比地方政府及其他社会组织更加深入基层，接入社区服务网络，与弱势群体形成广泛而密切的联系。

但是，如果离开了基层政府及其工作人员的支持与协助，A 机构不仅无从知晓服务对象的基本情况，更加不可能获取服务对象及其亲属的信任，为服务对象提供专业社区矫正服务。另外，社工在深入社区提供上门服务时，通常首先遇到的是服务对象经济困难、失业、子女失学等问题，尽管这些问题并不属于社工需要关注并解决的专业问题，但是社工想要与服务对象建立信任合作关系进而发挥其专业知识的影响力，往往首先必须帮助服务对象解决他们眼前的实际问题。由于服务对象有犯罪记录，且大多年龄较大、缺少生活能力，单凭个人解决这些问题难度较大，即便社工介入，也由于缺乏相关资源而无所作为。服务对象面临的这些实际问题的解决与基层政府有着密切关联，这主要是由于基层政府掌握着办理最低生活保障金、申请廉租房及经济适用房、推荐就业岗位等重要资源，如果能够将掌握上述资源的基层政府工作人员发展为社区矫正志愿者，服务对象面临的困难一般都有望得以解决。

（3）服务对象

社区矫正工作的主要目的是帮助非监禁刑人员重树信心、自主就业、顺利回归正常社会，因此，该项工作的顺利开展，需要具备一定数量的服务对象。一般说来，社工与服务对象之间应该是一种彼此信任、平等协作的契约关系，服务对象可以自由选择社工及其所提供的服务。然而，这些服务对象是触犯法律的特殊群体，他们往往被相关地方政府部门划定为"危险群体"，因此他们应该履行接受法定组织对其进行矫治、教育与管理的义务。换言之，这些服务对象是在国家相关法律的强制性要求下成为社工的服务对象的。当然，这些服务对象会签订一份有关同意接受社工服务的合同，但这份合同更多体现为法定的强制性关系。这也为社工开展专业工作带来了很多困难。一是服务对象与社工"躲猫猫"。部分服务对象为逃避强制教育，长期有家不回或频繁更换家庭住址；有些服务对象即便在家，当社工上门为他做个案辅导时，却常常遇到无人应门或服务对象极力推脱的窘境；此外，还有部分服务对象对社工采取"表面遵从、暗地违抗"的策略，虽然已经约好见面访谈的时间，但这部分服务对象却经常失约。二是难以与服务对象建立互相信任的稳定关系。一些服务对象及其家属对社工采取消极、不合作甚至是抵触的负面姿态。有的服务对象对上门服务的社工表现出不欢迎的态度，直言不需要社工提供服务与帮助；有的服务对象对政府与社会怀有仇视心态，将这些负面情绪发泄到社工身上。三是缺乏社区熟人网络。专业优势无法发挥，导致 A 机构在社区治理中逐渐被边缘化，影响式微。在这种情况下，A 机构对于地方政府部门的依赖度进一步加深。从这个意义上来看，A 机构与地方政府之间构建形成了依附关系。

如前所述，地方政府在协助 A 机构及其社工了解服务对象具体情况方面也做了许多工作。除去 A 机构以外，了解和熟悉社区矫正工作有关情况的基层政府机构（含准政府机构）包括司法部门、公安部门、劳动和社会保障部门以及居委会等。司法部门了解社区矫正人员的犯罪记录及相关情况。劳动和社会保障部门为失业人员提供失业保险及就业信息，他们对前来登记的社区矫正人员的家庭背景和个人情况比较了解。居委会的一项重要任务是利用其贴近于居民的优势，了解本区域内所有居民的情况，当然对社区矫正人员的具体情况也比较了解。因此，在开展实际工作的过程中，为了准确地了解社区矫正人员的具体情况，除去社工自身的努力外，A 机构还需要得到上述基层政府机构的支持。在实际工作中，上述基层政府机构的确为 A 机构了解服务对象提供了大力支持：

> 社工在做个案之前，镇街司法所一般会提供一份服务对象的名单给我们，社会保障事务中心有一些服务对象的基本数据，还有他们的工作意向，如果服务对象在社区矫正期间有一些违法犯罪情况，派出所会跟社工联系，而居委会则为社工提供服务对象的家庭构成情况，并协助社工同服务对象进行联系等。（访谈记录：YS20130819）

（三）回应不足：地方政府对社会组织的资源依赖

在社会转型过程中，地方政府之所以需要以政府购买的形式外包社会服务，一个重要的原因就是地方政府希望动员各种社会组织参与社会服务，在提高供给效率和专业化水平、缓解经费紧张、人员不足等资源困境方面提供帮助。对于地方政府而言，社会组织可以为他们提供的最有价值的外部资源就是专业性的社会服务能力。地方政府希望凭借社会组织的服务理念和服务技能协助它们回应环境当中的挑战。社会组织所拥有的专业性社会服务能力包括两方面，一是接受过正规业务培训的专业社工，二是符合服务对象需求的专业服务技能。专业社工接受过系统的专业教育与训练，与行业领域内的各种相关专业机构更为熟悉，业务联系也更加紧密，因而开展业务时能更好地满足服务对象的实际需要。

然而，在现阶段，一个比较严重的问题是很多社工机构并不具备专业化服务优势，对于 A 机构来说，更是如此。2009 年，根据市矫正办的相关规定，不再从司法、公安队伍里选调社工进入 A 机构，之前的选调社工分批逐渐退出，并陆续回到原单位。市矫正办希望通过引入专业社工来补充空缺出来的岗位。然而，由于从司法、公安部门选调进入 A 机构工作的社工在保留公务员待遇的同时，还可以享受社工的工资福利，而且相较于原来的工作岗位，这些具有双重身份的社工也感觉轻松得多。因此，该制度在具体落实过程中遭遇到了极大的阻力。一直到 2012 年，仍然有部分选调社工留在 A 机构，这给 A 机构引进新鲜血液带来了很多困难：

> 我们这个机构社工的构成比较复杂，既有社会招聘的，也有借调地方政府部门的，后者在我们这里也承担了很多岗位的领导职务，虽然我们这里不如地方政府福利好，但是他们轻松啊，很多都拿双份工资，所以这些借调的社工过来之后，很多都不愿意回原单位了。为了解决这个问题，市矫正办也想了很多办法，通过强制性方式将部分借调社工抽回原单位，但是这些社工不愿意返回原单位，所以，一直到现在，还有一些借调过来的社工在我们这里，他们承担的多是管理岗位，这也对我们招新工作带来了一些影响。（访谈记录：YS20130821）

此外，经过社会招聘进来的社工，他们一般都接受过正规专业知识的良好教育，掌握一定程度的专业理论技能。然而，这些社工也普遍存在缺少社会阅历和处事经验、自我调节能力比较弱等问题。可以说，就目前的情况来看，A 机构还没有足够好地回应地方政府的资源需求：

> 最近几年，我们专业社工队伍的建设有一定起色，我们招聘了一批具有社工教育背景的大学毕业生，他们年轻，有朝气，专业也很扎实，（他们）使用的工作方法非常新颖，也能起到很好的效果，这给我们的社区矫正服务输入了新鲜的血液。但是，年轻社工最大的问题就是实践经验不足，他们学习的一些理论知识也很难"接地气"，有些时候还不如"土办法"有用。而且最关键的是，他们的心理承受能力也不是很好，遇到困难，比如说案主不配合、情绪有波动，把火发泄到他们身上，这些社工受不了，有些女社工还哭鼻子。不像一些从政府借调过来的社工，他们都是"老油条"了，案主怎么折腾他们都还是有办法搞定的。从这个角度来说，经由社会招聘进来的社工还需要更多历练。（访谈记录：YS20130821）

据此，当社会组织对地方政府存在资金、人员、服务对象、制度环境等方面的资源依赖，而社会组织对于地方政府所需的专业性社会服务资源又"回应不足"的话，地方政府与社会组织间不平衡的资源依赖结构就会逐渐呈现出来，这也导致在地方政府购买的过程中，社会组织作为交易主体出现行政化的倾向。

二、交易主体行政化的内在逻辑

（一）非对称依赖：A 机构与地方政府的资源依赖结构

资源依赖理论将组织当做一个利益集合体，认为在组织场域的影响和控制下，持有不同利益偏好的个人与群体开展互动和交换行为。需要指出的是，相互交换的组织成员的贡献存在差异性：一些成员相较于另一些成员的贡献会表现得更有价值。由于这些成员掌握了更多的资源和权力，因而也能对组织施加更多影响，而吸引他们做出贡献的最大诱导因素就是指导和管理组织行动的能力。从这个角度来说，组织是一个影响力和控制力发挥作用的重要场域[1]。从 A 机构与外部环境的资源依赖关系特征来看，双方存在典型的非对称性依赖关系，主要体现为：一方面，A 机构作为具有双重性质的社会组织，可以从地方政府和社会两处汲取资源，这样一来，就构建形成了 A 机构与外部环境的双重资源依赖关系。然而，A 机构的资源主要来源于地方政府而非社会，社会资源的来源也需要通过地方政府输入到 A 机构中，因此这种双重资源依赖关系并不是均衡的，A 机构更依赖于地方政府而不是社会。另一方面，在地方政府与 A 机构的相互依赖关系中，很明显，地方政府对于 A 机构来说更为重要，换言之，A 机构更依赖于能力较强的地方政府。在资源依赖理论看来，有三个因素决定了一个组织对其他组织依赖程度的高低，包括资源的可替代性、资源的控制权、资源的重要性[2]。对于 A 机构而言，地方政府提供的经济资源和政治资源十分重要，外加 A 机构很难从社会中汲取资源，这意味着资源不具备可替代性，而地方政府对于其所拥有的这些资源又具有完全的管理权。在这种

---

[1]　[美] 杰弗里·菲佛、杰勒尔德·R.萨兰基克：《组织的外部控制：对组织资源依赖的分析》，东方出版社 2006 年版，第 29 页。

[2]　同上书，第 56 页。

情况下很容易形成 A 机构对地方政府的高度依赖性。

当然，从表面上看，A 机构有提供专业社区矫正服务的功能，但是这一功能的实现，必须在地方政府提供了各种资源支持的前提下才能实现，或者说是在对这些关键性资源进行转化与再生产后才可以实现的。在 A 机构与地方政府之间的非对称资源依赖关系中，虽然地方政府需要从 A 机构那里汲取专业的社会工作知识和技巧，然而相较于 A 机构对于地方政府的依赖程度，地方政府对于 A 机构的依赖程度很低，两者之间的依赖关系是非对等的。这样一来，地方政府就能够掌握 A 机构发展所需的关键资源，进而影响 A 机构的活动安排，让 A 机构根据地方政府的意愿行动和从事。虽然相关规章制度已经明确说明地方政府和 A 机构之间属于指导和被指导的关系，但双方非对称依赖关系的现实，导致一些地方政府和 A 机构真实的关系状态是领导和被领导的上下级关系（见图 2.3）。

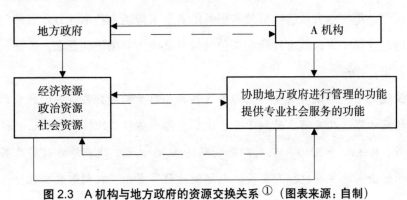

图 2.3　A 机构与地方政府的资源交换关系 ①（图表来源：自制）

（二）资源依赖与管理的层级差异性：地方政府吸纳 A 机构的内在逻辑

任何一个组织，都需要与其所处的外部环境开展资源交换才能得以存续和发展，因此，组织的各项行动或多或少都会受到所处环境的约束和塑造，组织

---

① 实线表示资源对对方的相对重要性和较低的可替代性，由此形成的依赖关系程度较强；虚线表示资源对对方的一般重要性和较高的可替代性，由此形成的依赖关系程度较弱。

行动一定程度上是对其所处外部环境的应对策略，该规律对于地方政府也不例外①。特别是在我国，一直以来都有集权式管理的传统，上下级政府有着直接的行政隶属关系，强调基层政府对于上级地方政府的服从与负责②。一般而言，为实现其组织目标，上级地方政府机构通常会以发布行政指令或政策的方式对下级机构的工作进行部署，这是地方政府机构活动的基本特点之一。

从资源依赖的角度而言，外部环境的变迁特别是大量社会组织呈现出爆发式增长，以及制度条件的改变，地方政府开始利用外部资源协助自身处理公共事务，然而，这一外部环境在给地方政府予以新的资源供给方式的同时，也约束及抑制了地方政府的社会管理能力。为了适应外部环境对地方政府带来的各种挑战，地方政府大力推行公共服务购买以满足社会及地方政府自身需要。然而，外部环境在给予地方政府新的资源来源的同时，也对政府产生了各种约束。各种有关地方政府购买公共服务的政策文件纷纷出台，从中央政府到QH市级政府，都将地方政府购买公共服务的资金来源纳入各个地方政府部门财政预算内，这样一来，地方政府购买公共服务就成为一项硬性要求，被强制性地推广开来：

最近几年，市政府有关部门与各区县每年用于购买公共服务的经费已经由初期的几十万、几百万上升到千万、上亿。像一些经济比较充裕的区县投入资金很多，P区政府2010年政府购买金额达4—5亿元。现在地方政府购买公共服务的资金来源主要包括两大块，包括财政预算支出、福利彩票公益金。大多数地方政府职能部门都是将本部门年度公共预算资金用于地方政府购买。从区县政府来看，P区将地方政府购买公共服务全部纳入公共预算，作为一个单独的条目列入部门的公共预算。（访谈记录：JS20130720）

正是由于A机构在资源供给方面对地方政府存在着严重的依赖，并且这种依赖呈现出不对称性和不可替代性等特点，这种依赖在实践中已对A机构

---

① 周雪光：《基层政府间的"共谋现象"——一个政府行为的制度逻辑》，《社会学研究》2008年第6期。

② 同上。

的具体运作模式、A 机构与地方政府间关系施加了深刻影响，它诱发"地方政府购买公共服务"的制度安排在实践运行中向"我拨付经费，你应该服从安排"的现实逻辑蜕变，这导致地方政府（特别是基层政府）对于 A 机构的管理成为一种显像。如果说在市级政府层面，A 机构与地方政府部门之间存在着服务承接方和购买方的协作关系，到了区县、镇街政府层面，这种协作关系通常就会蜕变成为一种"我拨付经费，你就归我管"的现实逻辑。

具体到本书所研究的地方政府购买社区矫正服务中，参与这一过程的地方政府机构主要包括市、区县、镇街三级政府①。作为该项目的直接发起者与推动方，市矫正办在相关职能部门的支持下创建了 A 机构承接购买项目。其改革目的是为了实现打破地方政府单一服务主体状态，强调"服务"理念，创新社会管理体制，其深层意图在于寻求国家权威的合法性，或者说获取民众对国家权威的认可、接受与支持，并由此而实现对社会的"柔性治理"，建构服从国家的社会秩序②。市场经济的强劲推动与传统单位制管理的式微，打破了传统的公共服务供给模式，社会组织逐渐成为承接并提供公共服务的主体之一。可以说，社会组织介入地方政府购买公共服务领域，在某种意义上已经成为地方政府通过间接手段实施"服务"功能，并汲取政治合法性的重要场域。

因此，在市级政府这一层次，相关地方政府部门已经意识到创新社会管理体制，转移部分公共服务职能的重要性。地方政府和社会组织的关系也不复以往那种不可分割、高度同构的态势，一些让渡社会公共职能、推动社会组织发展的公共政策和具体实践也据此发生。A 机构体现的是社会组织的发育和发展中的地方行政机构的主导力量。A 机构是在市政府倡导的"小政府，大社会"以及"社会管理体制创新"的改革背景下成立和发展起来的，这表明市级层面的政府开始希望将地方政府与社团分离开来，划分一个相对明确的界限，希望

---

① 就政府购买社区矫正服务项目而言，市级政府为主要发起者与推动者，区县、镇街政府（基层政府）为这一项目的主要执行者。

② 唐文玉：《城市社区中的权威效能治理——基于 T 社区的个案研究》，《浙江社会科学》2013年第 4 期。

在 A 机构的发展方向上建立独立性和自主意识。这一点在调研中也有所体现，市矫正办的一位副主任谈道：

> 社会组织的发展是有一个过程的，A 机构在刚刚成立的时候，各方面的条件都很不成熟，还需要地方政府进行扶持，我们也在这些方面做了不少工作，给 A 机构提供了不少资源。当社会组织逐渐成长起来后，地方政府要学会放手，当然，地方政府的指导地位不能变。但是不要把 A 机构当做是自己的下属部门，更多的应该是体现出一种互相协商的合作关系，这种关系应该是建立在一个相互平等对话的平台上，特别是有关社区矫正服务这一块的，地方政府毕竟没有（A 机构）做得专业，这方面要以 A 机构为主，这也是地方政府购买公共服务基本精神的一种要求。（访谈记录：LWP20130722）

然而，在基层政府层面，作为购买社区矫正服务的直接执行者，囿于上下级政府之间的非对称性权力关系，基层政府必须将该项目作为一项强制性的政策性要求执行下去。一方面，地方政府购买社区矫正服务的运作采取的是市级政府出政策，区（县）、镇街政府出资金的方式，地方政府购买社区矫正服务的财政压力主要由基层政府来承担。另一方面，真正意义上的地方政府购买公共服务要求实现规范的契约化合同管理模式，这将会大大削弱政府（特别是区县及街道一级的基层政府）的社会管理能力。此外，地方政府对于社会组织仍然持有警惕和怀疑的态度，对社会组织的信任度较低，在管理的过程中，更倾向于运用监管、领导手段而非鼓励、合作的方式。基层政府在短期内无法看到 A 机构运作效益的前提下，为了将承接项目的社会组织放置在其许可的范围内，确保基层政府部门利益需求的实现，基层政府通过各种方式将 A 机构纳入行政体系内加以严格管理。在 QH 市 P 区所展开的一次社区矫正工作经验总结会上，区司法局的负责人 L 建议：

> 要明确社团对基层政府的服从关系，基层政府应扮演重要的主导角色。基层政府业务部门应掌握社工的日常工作情况，包括社工的倒班、请假情况。社工不是自由职业者，应该对他们进行规范化管理，应建立一定的工作管理制度，以便推动他们更好地按照区司法局提出的要求、目标开展工作。（访谈记

录：LJS20130722）

通过调研，镇街政府主管领导，司法所、居委会工作人员也提出，社工应该服从基层政府的调配与管理。实践也表明部分基层政府对 A 机构持有管理惯性，力图将 A 机构培育成准政府机构。一些基层政府对 A 机构相对强势的管理通过许多方式表现出来。一是划拨经费，一线社工的工资、日常活动经费是由区级财政一力承担的，这也引发了基层政府介入 A 机构的冲动。二是掌握社工站的人事调配权。基层政府可以从外面调配人手进入社工站，或者将社工视为临时工，将其派到基层政府其他部门工作。有基层政府的官员提道："社工是我管的人，应该服从工作安排。"三是管理社工站的日常工作，如区县及镇街基层政府参与对 A 机构社工进行年度评估考核工作。四是指派临时性行政任务，每当面临大型活动、维稳、创卫等行政性任务的时候，基层政府会有更强的动力要求社工与自己的行政工作同步。

市级政府和基层政府在对待 A 机构的态度上存在一定差异，呈现出"管理的层级差异性"的基本特征。A 机构之所以成立，源于市矫正办主动让渡出来的部分社会空间，即便在日常运作中也存在被业务主管单位越俎代庖的情况，但是二者在互动过程中，双方的职责界限有时尚可区分。区县社工站作为 A 机构的中间层级，对应的是区县司法局，由于员工工资、日常运作经费等资源都要依靠区县司法局，所以催生了区县政府介入 A 机构及其下属工作站的冲动，这导致区县一级的社会组织与基层政府间的横向关系显得更加紧密。A 机构基层社工点向社区矫正人员直接提供专业服务，其办公场所、办公和活动经费主要取决于和镇街司法科（所）的关系。另外，在机构设计上，社工点被吸附在镇街政府部门的行政架构上，社工点与镇街司法科（所）的运作形态和工作领域相关甚至重叠，镇街政府自然而然地将其当做自己的附属机构，对于 A 机构介入与管理的程度最高。

（三）主动被吸纳：A 机构行政化的内在逻辑

组织模仿这一概念源于迪马吉奥和鲍威尔的论述，在迪马吉奥和鲍威尔看来，组织趋同可以用于解释组织之间行为和结构的趋同现象，它指的是组织通过把制度环境中的制度法则结合到组织自身的结构之中，而使组织在结构上与处于同一环境中的其他组织趋向一致与相同①。这一理论认为组织的生长环境里有诱导或强迫组织采纳和实施具备合法性的组织行为或结构的制度性要素，对合法性的渴望会诱导组织表现出趋同行为②。迪马吉奥和鲍威尔认为，有三种制度因素导致组织行为趋同：强制、模仿与规范③。强制是指当制度环境强迫组织采用某种结构或程序时组织所表现出的趋同方式；模仿是指当组织在相对自主的制度环境中为求自身生存与发展而模仿其他组织时所表现出的趋同方式；规范是指当组织为了取得优势地位而采用某种结构或程序时所表现出的趋同方式④。在这三种制度因素中，强制和规范虽然会导致组织行为趋同，但并不会导致模仿行为的产生⑤。这主要是因为在强制和规范的制度压力下产生的组织趋同并非组织特意模仿其他组织行为的结果，而是处于类似的制度环境中，出于回应制度压力并获取合法性的目的，组织采取类似行为的结果。模仿则强调的是当面临不确定性时，组织会将其他组织行为作为参照对象，并据此制定自身的行动决策。一般而言，为使自身行为更具合法性，且更容易被外界接受，组织会将其所在领域比较成功或更具合法性的组织作为模仿对象。从这个角度而言，为了对不确定性进行有效的回应，组织采取各种模仿行为，其最终目的在于获取合法性。

---

① DiMaggio, Paul, J. & Walter W. Powell. (1983). "The Iron Cage Revisited: Institutional Isomorphism and Collective Rationality in Organization Fields", *American Sociological Review*. No.48, pp.147-160.

② Meyer, John W & Brian Rowan. (1977). "Institutionalized Organizations: Formal Structure as Myth and Ceremony". *American Journal of Sociology*. No.2, p.83.

③ DiMaggio, Paul, J. & Walter W.Powell. (1983). "The Iron Cage Revisited: Institutional Isomorphism and Collective Rationality in Organization Fields", *American Sociological Review*. No.48, pp.147-160.

④ Francis J, et al. (2009). "An institutional perspective on foreign direct investment". *Management International Review*. No.5, pp.565-583.

⑤ 由于社会组织的规范化努力有限，因此本书重点论述社会组织的模仿策略。

社会组织作为典型的资源依赖型组织，过于依靠外界对其开展资源输入会给社会组织的发展带来不确定性或潜在风险①。按照资源依赖理论，为交换或掌控资源来源，减少不确定性，降低社会组织生存和发展的风险，社会组织可以主动采取策略性行动与外部资源持有者进行互动。尽管 40 多年来的改革开放使得我国国家和社会领域都发生了很大的变化，市场经济的运行实践也对原来的总体性社会造成了强烈的冲击，从而改变了社会资源的分配路径与结果，使大量的"自由流动资源"和"自由活动空间"被释放出来②。与此同时，我们也应该注意到政府在资源分配、规则制定等方面居于主导地位，如果在脱离地方政府的组织动员和工作优势的情况下，社会组织要想在社会中积聚起较大规模的资源无疑是相当困难的。因此，对于中国的社会组织而言，无论是运作经费、人力资源、办公场地等实物性资源，还是规范制定、制度供给、合法性等非实物性资源，都需要从地方政府部门汲取，官方背景下成长起来的社会组织尤甚。单就合法性来看，如果没有地方政府的积极扶持与强势推动，社会组织是难以获取官方及民间合法性的，即在政治上达标，或依靠行政上挂靠，或得到社会支持，并进而符合法律程序的要求③。

对于 A 机构而言，地方行政机构的管理主要表现在地方政府对 A 机构的关系嵌入与结构嵌入上。虽然地方政府以"嵌入式管理"的方式主导了社会组织的很多行动，但 A 机构并不是被动的接受者。相反，A 机构通过主动调整自己的行动策略，以便更加契合地方政府"嵌入式管理"结构的需求，进而减少发展中的不确定因素，获取合法性，并为自身的发展争取更多资源。有研究将社会组织这一策略的内在逻辑界定为"预期从属"，即社会组织会倾向于主动实施它所认为的会获得地方政府认同，或者迎合地方政府偏好的政策，以便

---

① ［美］杰弗里·菲佛、杰勒尔德·R.萨兰基克：《组织的外部控制：对组织资源依赖的分析》，东方出版社 2006 年版，第 174 页。

② 孙立平等：《动员与参与——第三部门募捐机制个案研究》，浙江人民出版社 1999 年版，第 101 页。

③ 高丙中：《社会团体的兴起及其合法性问题》，《领导文萃》2002 年第 10 期。

获取地方政府更为强有力的支持与回应①。从这个角度来说，社会组织自身也有较强的内在驱动力促使它采取组织模仿机制。通过组织模仿，社会组织建立起一套与地方政府相对接的运行模式与管理规则，最终呈现出组织趋同的结果。

具体而言，由于在 A 机构的资源汲取方面，地方政府起到至关重要的作用。在 A 机构创建和发展过程中，地方政府为其提供了各种物质与非物质资源。在十年间，A 机构能够从无到有、由小到大，并发展成一个已拥有 14 个工作站、近 500 名社工、过万名志愿者的组织，这与地方政府的强势推动和大力扶持分不开。然而，地方政府的介入也在客观上导致了 A 机构先天发育不足、缺乏自主性，对地方政府存在严重的资源依赖。为减少由于资源依赖产生的不确定因素，更好地应对地方政府的"嵌入式管理"策略，获取组织合法性，并为自身的发展争取更多资源，A 机构主动采取了组织模仿策略予以回应，主要包括：

1. 内部职能行政化

基于在中国 15 个月的调研经历，Teets 提出，虽然当前官方对社团的双重管理体制旨在强化国家对社会的治理能力，但由于政府内部因部门利益和差异导致的"分散威权主义"特征，部分政府也会跟社团形成某种合作伙伴关系，从而帮助其实现部门职能和提升地位②。然而，在不平等的资源依赖关系下，A 机构已然自愿成为政府职能延伸的重要抓手，这与真正意义上的伙伴关系还有一段距离。在年终总结中，A 机构负责人提到其主要职责是"协助地方政法部门的工作"，具体包括：积极配合市矫正办的工作安排，对社区矫正人员进行监控和管理；向地方司法、公安机关提供服务对象违法犯罪的线索；积极配合

① ［美］史蒂文·布林特、杰罗姆·卡拉贝尔:《制度的起源与转型：以美国社区学院为例》，见［美］沃尔特·W. 鲍威尔、保罗·J. 迪马吉奥:《组织分析的新制度主义》，上海人民出版社2008 年版，第 360—384 页。

② Teets, Jessica C. (2009). "Independence and Mother in Laws: the Effect of MoCA Regulations on Civil Society Autonomy in China". *Paper Presented for American Political Science Association Meeting*. No.4.

有关地方政府部门，针对工作对象与家人、社会发生的矛盾开展调解工作。A机构的职责安排使其逐渐蜕变为一个准科层性质的"准政府"。在机构职能范畴的约束下，A机构社工的日常工作主要集中在对社区矫正人员进行清理统计、督促服务对象做书面报告等形式性工作，而非利用其专业权威来解决实际问题，改善原有的社区矫正服务。地方政府权威不断渗透进入专业的社区矫正工作之中，A机构的内部职能日益行政化，社工也成为"准警察"或"协管员"。这固然有利于维护地方基层社会稳定，但不利于社会组织的发育与独立成长。

2. 机构运作官僚化

扎根于社区开展矫正工作的A机构，理应在机构设置上趋于扁平化，精简管理层级，以满足社区矫正在基层社会的工作需要。然而，由于A机构是依托政府的行政体系从上至下建站划片设组的，这使得A机构层级安排复杂，人员设置繁冗。特别是管理岗位的增多，导致承担具体业务的社工人数被压缩，影响了机构的运转效率。例如在区县及其下属单位，A机构设置了工作站站长、副站长、片（点）长、大组长、小组长等管理岗位，由于这些管理人员只负责行政管理、组织协调联络与业务，不承担个案工作，这使得基层社工的工作量大大增加，无法完成市矫正办提出的"社区矫正服务形式多样化、上门服务对象"等工作要求。为满足市矫正办对社会组织开展日常监督管理的工作需要，A机构还着重强化了对社工日常考勤的管理。A机构专门建立了社工日常考勤制度，提出社工应恪守基层政府上下班时间的相关规定，按时按点前往所在工作站（点）报到签名，如果由于特殊情况需要旷工，则必须提前向主管领导报备批准。作为年终考核的指标之一，社工的迟到早退情况还会被记录在案。对社工日常工作机制的规定诱发的一个主要后果就是：很多社工不能更不愿意去基层为服务对象提供社区矫正服务，而是以打电话、发短信等方式与服务对象进行沟通交流，在将服务对象的基本情况掌握后，社工填写个案报表和工作日志即可。由于未能充分掌握服务对象的具体情况，因此当服务对象出现异常情况，社工瞒报、谎报、不报的现象时有发生。

3. 日常工作形式化

A机构在组织结构及职能设置方面向地方政府逐渐靠拢，这使得地方政府的行政作风也不可避免地对其产生影响，并进一步异化表现出工作形式化的特点：一是注重文牍式管理，轻视具体业务工作。在为服务对象提供社区矫正服务后，A机构要求社工完成烦琐的文书工作，否则将接受各种形式的处罚。如《社工年终考核细则》明确规定，未做文字性工作或是表格文书内容不全的做扣分处理，扣分意味着社工的奖金将被一并扣除，职业晋升也会受到影响。很多一线社工抱怨："为完成文书工作，天天加班写东西。"二是注重数字化政绩，轻视实际工作成效。A机构对社工所服务对象的人数上作出硬性规定，但是对于服务对象是否有所进步，进步程度怎么样却没有规定；A机构要求每个月社工必须针对重点服务对象开展至少两次社区矫正活动，但是活动效果如何却没有后续考察；A机构强调社工与服务对象面谈的人数、次数和内容的记载，但是对社工是否运用专业方法及技巧却没有规定。三是绩效考核重结果，轻过程。现代犯罪学研究表明，社区矫正是包括心理矫正、技能培训、后续管理与行为干预等环节的长期过程。针对这种社工服务的绩效考评，应将服务对象心理和行为的稳定、犯罪的频率、方式的改变等过程性变量作为考核重点，然而，结果变量已经成为社工工作绩效考核的主要指标，过程变量被A机构社工考核体系所忽视。

综上所述，由于自身发育并不健全，社会组织必须依赖外界环境给予强势的扶持介入。地方政府作为掌握社会资源的重要力量，也希望借助相关制度构建介入社会机体，进而提高对社会的管理能力[1]。地方政府开展的嵌入式管理行动对社会组织的结构、功能、形式产生了极强的形塑效应，地方政府通过各种方式嵌入到社会组织的管理中，社会组织运转中应有的自主性逻辑以妥协的方式被吸纳进入地方政府的治理逻辑中。社会组织为获得其所必需的资源及合

---

[1] 汪锦军：《从行政侵蚀到吸纳增效：农村社会管理创新中的政府角色》，《马克思主义与现实》2011年第5期。

法性，也逐渐加深了对地方政府的依赖程度。这使得社会组织难以有效规避地方政府管理及其运行方式的影响，并在与地方政府的频繁互动中被吸纳甚至主动汲取行政化、形式化等要求，进而在组织结构、基本功能以及运行模式等方面与地方政府实现趋同化发展，表现出行政化的典型特征。

第三章　吸纳与管理逻辑下的交易方式：
合作内部化与合同形式化

第一节　地方政府购买内部化策略与合同形式化

契约化合作主张设立独立的项目评审委员会，以公开申报、匿名评审、择优立项的方式开展地方政府购买公共服务，然而，在实际运作中，"非竞争性、定向化、指定式"的购买模式却大量存在[①]。这表明，地方政府并没有使用市场化手段代替地方政府本身来供给公共服务，仍然偏向于使用行政化手段，将公共服务以强制性或非竞争性的手段分配下去，交由社会组织完成。这与行政供给条件下，上级政府将公共服务交由下级政府完成，在本质上没有区别。本书将招标过程中出现的这种"非竞争性、定向化、指定式"的购买模式界定为地方政府购买内部化策略。此外，根据相关政策文件的规定，地方政府与社会组织必须签订规范化的合同，其中所列的条款必须明确说明双方权利义务、服务内容、项目金额、评估标准、付款方式、考核办法、违约责任、协议期限、

---

① 王浦劬：《政府向社会组织购买公共服务研究：中国与全球经验分析》，北京大学出版社2010年版，第64页。

协议变更和解除等[①]。但是，部分地方政府购买公共服务并没有签订合同，即便签订了合同，也难以对地方政府与社会组织行为进行有效约束，不遵照合同执行、修改合同、违约执行的情况比比皆是。针对合作过程中出现的违约行为，双方也不会使用法律手段追究，而是倾向于通过非正式协商机制解决，包括借助打报告、会议、电话等方式与主管领导进行协商。在这里，部分合同已经成为形式化的一纸空文，一些地方政府仍然延续着行政供给的思维，认为地方政府购买公共服务应该是一种行政性的资源下放与任务指派，而非合同制的契约管理。换言之，通过实施内部化与合同形式化等变通行为，地方政府购买公共服务的交易方式被吸纳进入可供管理的行政化轨道。

一、地方政府购买内部化策略

汤普森提出，组织是一个开放的系统，它必须与外部组织进行交换才能获取自身发展所需要的各种资源，但是由此导致的依赖性又使得组织必须制定相应的策略对其进行管理，例如对其他组织施加控制、拓展组织的行动边界、改变组织内部结构或者重新定义组织目标等[②]。在地方政府选择购买公共服务的承接方时，往往倾向于利用非竞争性合同外包[③]，与其保持密切关系的"内部人"合作，这些社会组织在日常管理、人事调配以及财务上对地方政府部门存在依附关系。特别对于基层政府部门而言，利用较为信任的"内部人"作为合作对象可以保证其对职能领域的管理权及自主性。地方政府购买内部化策略意

---

① QH 市各区县现有出台的有关政府购买公共服务的各项规范性文件，例如《DP 区关于政府购买公共服务的实施意见（试行）》、《HM 区关于规范政府购买社会组织公共服务的实施意见（试行）》、《AT 区关于政府购买社会组织公共服务的实施意见（试行）》、《PY 区政府购买社会组织公共服务实施办法（试行)》等，都提到了对于合同形式的规范性要求。

② ［美］汤普森著，敬乂嘉译：《行动中的组织——行政理念的社会科学基础》，上海人民出版社 2007 年版，第 148 页。

③ 龙宁丽：《从垄断走向非竞争性合同外包的公共安全供给——以上海浦东为例》，《中国人民公安大学学报》（社会科学版）2010 年第 5 期。

味着部分地方政府面对向外合作的外部压力，采取了形式上接受竞争择优，实质上却依然能够运用行政命令的方式对承接购买项目的社会组织施加管理，进而维系自身对于公共服务供给的管理能力，甚至拓展组织边界，强化吸纳资源能力的"形同质异"策略①。因此，形式上虽然有社会力量加入公共服务供给，但是实质上仍然是地方政府部门自己在运作。

（一）A 机构：非竞争性地位的真实存在

作为中国内地第一批以地方政府购买公共服务的方式建立并发展起来的社会组织，A 机构在法律意义上是独立于 QH 市矫正办的。然而，A 机构是从体制内成长起来的社会组织，QH 市矫正办将购买社区矫正服务交由 A 机构来完成，以地方政府购买内部化策略来拓展组织边界，进而回应社会对社区矫正服务的需求。在这里，A 机构已经转化成为不纳入地方政府体制内的"编外组织"。从这个意义上说，为避免破坏自身在职能领域的自主权，少数地方政府仍然遵循着包办一切的管理思维。这表现在投标环节，地方政府会帮助 A 机构参与投标，甚至将潜在的竞争者排除于投标者的范围之外，致使地方政府购买公共服务往往成为指定或定向购买。

一方面，在全市的社区矫正服务领域内，不存在能向 A 机构地位发起挑战的同质性组织，也没有社会组织与 A 机构就地方政府购买项目进行竞争，换言之，A 机构具有垄断性地位。A 机构之所以能具备这种垄断性地位，是由国家法律赋予的②。这一规定从普适性的角度为 A 机构确立了合法性身份和非竞争性地位。其直接后果是：即便将来地方政府部门对 A 机构提供服务的效果不满意，也很难在区域内找到相似的社会组织承接该项地方政府职能。换言

---

① Jing, Yijia.Bin Chen. (2011)." Is competitive contracting really competitive?A case study of re-structuring government-Nonprofit relations in Shanghai". 台湾地区公共行政与公共事务系所联合会年会暨国际学术研讨会论文。

② 在国务院颁布的《民办非企业单位登记管理暂行条例》第三章"登记"中明确提出在同一行政区域内已有业务范围相同或者相似的民办非企业单位，没有必要成立新的机构。

之，A 机构从体制内成长起来的特殊性，导致 A 机构拥有相关法律法规所赋予的"行业垄断性"，这样一来，A 机构就获得了地方政府这一"最大买家"供应的稳定的购买服务来源。另一方面，相关制度设计为地方政府购买内部化预留了较大的政策空间。虽然 QH 市级层面的地方政府购买公共服务实施意见并未出台，但是各区县政府制定的地方政府购买公共服务实施意见并没有对招投标方式进行严格的限定与约束，而是以招标标的金额为限，较大数额（10万以上）的建议招标方采取公开招标形式，较小数额的则可以采取直接委托方式。这为招标方留下了自由活动和选择的空间。该政策设计为 A 机构 M 区社工站顺利入选成为地方政府购买项目的承接方提供了条件，据此，地方政府通常会在购买招标环节设置限制性条件，制定量身定制式的资格要求，甚至干脆采取定向招标方式。2012 年 3 月 16 日，QH 市政府采购中心发布公告，将 A机构作为 QH 市社区矫正工作办公室购买社区矫正服务的单一采购来源。可以说，相关政策设计为 A 机构打造了具有保护性和垄断性身份的"护身符"，保障 A 机构在社区矫正服务这个领域能占据独一无二的地位。对此，QH 市矫正办的一位工作人员认为，

最初这个体系是由我们大力推动起来的，市政府还是很支持，一年一千多万元，我们基本上包办了它的所有日常开支。这样做有好处也有弊端，比较严重的一个问题是会出现一个缺乏竞争的市场。L 机构是最早做社区矫正服务的，搞得还是很红火的，有点小名气的。但是后来我们培育了 A 机构，L 机构就逐渐式微了，也有其他社团跟我们说，你们把某某街道、某某社区的社区矫正服务让我来做，可以搞些竞争，看谁做得好，但是我们没有同意，刚开始走点弯路很正常，毕竟是探索阶段，改革的步子也不宜迈得过大过快，毕竟体制内生成的机构还是信得过一些。（访谈记录：ZBH20130722）

可以看出，地方政府购买社区矫正服务中存在的非竞争性状态，这对于地方政府购买社区矫正服务的效力已经造成了负面影响，也不利于社会组织的自主性的维系。然而，既有管理体制与格局已经形成，短时间内很难彻底改变，这也需要外界给予地方政府购买公共服务一定发展空间逐渐完善及成长。

（二）正式购买流程的非正式运作

民政部、财政部《关于政府购买社会工作服务的指导意见（民发［2012］196 号）》明确提出政府购买社会工作服务应当进行政府采购，并且主要通过竞争性招投标程序才能将社会工作服务外包出去。在地方政府层面上，QH 市政府、QH 市财政局也印发了《QH 市级政府购买公共服务项目预算管理暂行办法》和《QH 市级政府购买公共服务项目目录》，区县政府也纷纷出台各种政策性文件，明确地方政府购买公共服务必须坚持市场化竞争原则。

2009 年，市矫正办、部分区县、镇街的基层政府就社区矫正服务开展项目化外包的尝试。在这一过程中，针对地方政府采购程序的诸多限制，基层政府采取了正式流程的非正式运作策略予以规避，从而保证"内部人"能顺利中标。在地方政府购买社区矫正服务中，正式的流程是以规范化的招投标程序为准的。然而，实际运作的购买流程则包括内部接触——沟通——正式招投标三个步骤，前面两个都是属于非正式流程。相对于正式流程，非正式流程对于服务承接方而言更重要。在内部接触阶段，基层政府会在开展社区矫正需求调查、广泛征求民意的基础上提出项目招标要求。一般情况下，各级基层政府会从现有合作关系出发，规划和设计项目需求。即在开展社区矫正需求调查时，基层政府会着重考虑本行政辖区内民非单位的业务情况和发展意图，有意向承接服务的 A 机构也会考虑地方政府的工作要求和相关建议。这意味着服务需求设定上表现出高度针对性的特征，一个隐性的进入壁垒被设置起来。H 区司法局的负责人谈道：

为保障社区矫正服务的持续性及稳定性，我们一般会提前跟 A 机构协调一下，今年你们想做什么样的社区矫正服务项目，这个项目有什么特点，大概需要多少经费，然后我们会大概把把关，这个项目还有哪些地方需要改进，要加什么内容进去，删掉哪些东西，我们认为这样的沟通对于接下来申报社区矫正服务项目非常重要。（访谈记录：HW20130820）

A 机构 H 区社工站的负责人也谈道：

申报项目招标需求前，司法局会跟我们联系，主要是了解一下项目的设想，然后进行协商，最后定下一个基本方案，这个方案基本上就是最后招标时候的标书的一个草稿吧。这个事前的联系很重要，因为我们做这些项目都需要司法局给予大力支持，先在私底下谈好后在参加招投标会顺利一点。（访谈记录：CXS20130807）

　　彼此在接触和协商并明确合作意向之后，基层政府为了确保自己属意的社会组织能中标，通常会将撰写项目需求书的任务交由它们完成。由于在具有一定官方背景的社会组织中，人员交叉任职的情况很普遍，很多分支机构的负责人同时也具备公务员身份①。在基层政府事务比较繁重的情况下，为减轻工作负担，一些基层政府会将项目需求书直接交由 A 机构下属某个社工站（点）撰写完成；在另外一些情况下，一些基层政府干脆将撰写竞标文书的工作转接过来，亲自出马代替或帮助 A 机构完成，当 A 机构和基层政府的人员重叠时，这种情况发生概率很高。就基层政府而言，上述方式可以简单、有效地节约交易成本。既然内定的社会组织已经拥有购买项目在实施过程中所需的社会与物质资本，非内定组织一般情况下也不会再继续参加竞标。

　　需要强调的是，在地方政府购买公共服务中，最为坚固的隐形壁垒是基层政府是否予以首肯的态度。当前城市基层治理中借由基层选举和政府赋权而逐渐催生以居委会为核心的集中型民主治理网络，基层政府是网络的上级协调者，它们拥有关键的社区资源，与各类属地组织具有稳固的正式与非正式关系②。在社会组织申请作为购买公共服务的承接方时，如果缺少基层政府的首肯态度以及积极配合的行动，社会组织承接的购买服务项目基本没有落地的可能性。特别是很多民办社会组织，它们的资源来源相对独立，机构运作具有很强的自主意识，当基层政府对这些社会组织抱持谨慎甚至怀疑态度时，即便它们能够通过招投标环节顺利拿到项目，也很难在公共服务的供给过程中得到基层政府的帮助，从中汲取开展服务所需的各项资源。从这一点上看来，社会

---

① 　敬乂嘉：《社会服务中的公共非营利合作关系研究——一个基于地方改革实践的分析》，《公
　　共行政评论》2011 年第 5 期。
② 　同上。

组织应该在进入地方政府购买公共服务招标过程前，先行试探或揣摩地方政府态度，与之达成合作默契。

因此，在正式的招投标之前，部分地方政府已经采取正式流程非正式运作的策略，基本确定了意向机构，最后在形式上呈现出来的竞争性招投标反而更像是程序上的要求。如果社会组织事先没有与招标方达成一定程度的合作意向，通常不会参加特定项目的招投标。很多时候，社会组织会采取"陪标"策略以满足招投标在程序上的规范要求。"陪标"策略主要指的是购买公共服务在进入招投标程序之前，作为招标方的基层政府部门已经确定了承接项目的意向单位。"内定"的意向单位接下来会根据投标程序的相关要求，联系关系单位参加招标，进而保证意向单位实现中标目的的举动。A 机构 P 区社工站的负责人在谈到与 P 区开展的项目化合作历程时说道：

> 因为我们之前已经和 P 区司法局达成默契了，他们倾向于找我们做这个事（社区矫正服务）。但是程序还是要走的嘛。（不可以做成单一采购来源吗？）对，可以把我们设置成单一采购来源，但是办这个事情，要跑很多手续啊，很复杂，一次两次还行，次数多了也很麻烦。还是要我们自己想办法解决这个程序上的限制啊，一般会找我们在区县注册过的分支机构来一起投标。（访谈记录：YZW20130803）

A 机构采取陪标策略来保证地方政府购买社区矫正服务的顺利承接，也能在地方政府购买公共服务的正式程序要求与非正式协商机制之间取得协调，将地方政府利益面临的不确定性问题降至最小：

> 现在的确要求越来越规范了，但是还是有些办法来适当做一些规避的。当然，是比较费劲，但是程序就是这么规定的，这方面还是管得蛮严的，程序必须走，但我们跟司法局有过沟通。自己想办法，做得圆满一些，起码要符合（程序规定），要说得过去。熟人也好办事嘛，双方承担的合作成本都会小很多。（访谈记录：YZW20130803）

通过设置非正式的流程，实施陪标策略，部分地方政府购买公共服务的竞争性本质被弱化，地方政府部门可以根据自己的意愿来选择中标方。这实质上减少了招投标项目对地方政府的影响，即地方政府购买公共服务的程序性要求被非正式的招标流程所中和，市场竞争性对于地方政府的行为设置的潜在约束力被削弱了，它仍然可以保留一定的决策自由度。

二、地方政府购买中的形式化合同

针对社会服务不易标准化的基本特性，一般情况下，地方政府会采用两种方式来解决这个问题。一方面，合同中购买方（地方政府）同时也是供给方（社会组织）的监管者，这导致双方签订的合同具有行政合同的某些特征。但是此类合同所反映和规范的是购买方和承接方之间的交易关系，从理论上看，无论是民事合同，还是行政合同，都应该包含一些必备的基本条款，否则在合同的履行过程中就会缺乏依据，各种各样的机会主义行为有可能由此滋生[1]。据此，用来约束和规范民事合同的《合同法》中提到的相关条款就是适用的，其中用来规范合同内容的第十二条提出："合同的内容由当事人约定，一般包括以下条款：1.当事人的名称或者姓名和住所；2.标的；3.数量；4.质量；5.价款或者报酬；6.履行期限、地点和方式；7.违约责任；8.解决争议的方法"。[2] 地方政府购买公共服务的政策文件也规定，服务购买方与供给方应该签订规范化合同[3]。在明确合同管理所需要的投入、运行机制和一定数量劳动力之后，地方政府再确定投入量就应该没有什么问题了，合作双方只需要履行合同条款规定的义务即可[4]。另一方面，地方政府会运用过程手段来管理它们与社会组织

---

[1]　Williamson, O.E. (1979). "Transaction-Cost EcoNomics : The Governance of Contractual Relations". *Journal of Law and Economics*. No.22, pp.233-261.

[2]　可参见《中华人民共和国劳动合同法》第十二条。

[3]　QH市各区县现有出台的有关政府购买公共服务的各项规范性文件，例如《DP区关于政府购买公共服务的实施意见（试行）》、《HM区关于规范政府购买社会组织公共服务的实施意见（试行）》、《AT区关于政府购买社会组织公共服务的实施意见（试行）》、《PY区政府购买社会组织公共服务实施办法（试行）》等，都提到了有关合同的规范性要求。

[4]　敬义嘉：《合作治理——再造公共服务的逻辑》，天津人民出版社2009年版，第83—108页。

的关系。社会服务事业中有一句格言——单靠活动无法保证结果。对服务对象付出时间、精力，开展个案辅导并不意味着能保障社会服务的质量。因此，地方政府必须严格过程监管，并开展后期评估工作，以确保社会服务质量。然而，在一些地方政府购买公共服务的具体过程中，却没有依据上述方式签订规范化合同，也缺少规范化的合同管理过程，这使得"合同形式化"已经成为少数地方政府购买公共服务中的显像。在本书中，合同形式化主要表现在以下几个方面：

（一）被忽视的合同

在市矫正办与 A 机构的合作初期，合同并未得到双方的重视。2004 年起，QH 市矫正办开始向 A 机构购买社区矫正服务，双方在合作的初期阶段并没有签订正式的购买合同，有时候甚至是依靠口头协议来规范和约束合作行为。这种状况持续到 2009 年，随着地方政府购买涉及的范围不断扩张，购买金额不断增加，为实现对地方政府购买公共服务的规范化管理，QH 市及各区县政府也出台了地方性的《政府购买公共服务实施意见》，文件明文规定：经公示 7天无异议后，委托方（地方政府部门）与服务供应方（社会组织）在项目实施前一个月内签订《地方政府购买公共服务项目合同》，并将合同报评审委员会办公室和服务中心备案 [1]。在相关制度条文的约束之下，A 机构与市矫正办也开始签订相对规范的合同。部分区县司法局和镇街司法所也开始尝试项目外包、合同管理的试点工作。然而，即便地方政府与社会组织签订了合同，双方的角色及权利义务也仍然存在不少模糊地带，与社区内其他利益相关方的关系也不明朗。换言之，合同并不完备，许多具体的合作细节在合同中并没有体现出来。A 机构的副总干事谈到这个问题时说道：

这几年都在做招投标，中标后，我们会跟市矫正办或司法部门签订合同，对，这是必须要的。当然，头几年我们承接地方政府购买公共服务的时候，没

---

① QH 市 HM 区、DP 区、AJ 区出台的《政府购买公共服务实施意见》均作出明确规定。

有签订合同的要求，市级层面相对规范点，有协议，下面社工（站）点的活动经费都是基层政府划拨，他们没有用合同来做。如果彼此比较熟悉一般打个电话，说要开展活动，下达任务和指标，社工（站）点也就接下来了。这种情况一直到2009年的时候，市里头对这块的管理逐渐严格起来，相关制度规范也逐渐完善很多，要求凡是承接地方政府购买公共服务的社会组织都要跟发包方签订合同，市里面成立了一个评审委员会办公室，所有合同都要报给他们进行备案。说起来，合同这个东西也就是这二三年才成为一项必要条件。一方面，实施的时间比较短；另一方面，我们做社区矫正的，这个服务也很难在合同里面规定很细很死，所以，我们签订的合同比较宽泛，具体操作性的内容都在合同之外。（访谈记录：SJF20130107）

（二）不规范的合同文本

不规范的合同文本主要表现为两个方面，一方面，与通常商业合同的做法不同，在招标程序基本完成之后，A机构与部分基层司法部门并没有聘请专业的法律人士参与起草及规范合同文本。因此，大多数已经签订的地方政府购买合同没有使用规范化的法律语言，在文字表述方面也很不严谨，有些合同甚至存在错漏之处。另一方面，基层司法部门并没有根据合同法的相关规定制定统一的合同示范文本。因此，虽然自2009年起，合同已经覆盖了大多数合作项目。然而，通过查阅2010—2013年的合同文本，可以发现不同时期、各社工站（点）合同规格不一、合同条款相互矛盾的问题时有发生。上述问题影响了合同的严肃性与约束力，一旦在合同执行过程中出现争议，合作双方无法就争议问题实现良好的沟通与协商。更为重要的是，少数基层政府在合作中占据的强势主导地位有可能使得服务供给方陷入被"俘获"的困境[①]。当然，也可能出现服务供给方利用合同漏洞而实施机会主义行为。对此，A机构的副总干事

[①]　郑旭辉：《政府公共服务委托外包的风险及其规制》，《中南大学学报》（社会科学版）2013年第3期。

解释道：

> 合同也就这几年才成为双方合作的必要条件，以前这一块并没有受到重视，当然，现在合同更多的是代表了上级政府的一项规范性要求，我们作为承担购买项目的具体执行者，还是认为合同在合作中发挥了一定作用，但是在具体问题上很难起到实质性的约束效力。另外，我们和市矫正办没有专门聘请律师起草合同，这与我们的机构性质是有关系的，因为我们原本就属于司法系统，另外，聘请专职律师的费用也很高，我们也没有经费专门用于这一块工作。（访谈记录：SJF20130812）

（三）不完备与宽泛化的合同内容

合同的形式化也体现在双方签订合同内容的不完备与宽泛化上，这导致合同内容十分精简，不少正式合同简略至仅有 2 页内容。这样一来，在很多关键问题上，简单化的合同无法给予严格细致的规定 [①]。即便有些合同对服务的项目与标准进行了规定，但却缺少科学的制定依据，基本都是按照以往经验或简单照搬其他机构合同条款的结果。这一方面说明市矫正办作为社区矫正服务的购买方，还缺乏充分的知识准备，另一方面也表明购买方与供给方还没有深入了解服务对象的真实需求。例如在 X 区社工站与司法局签订的合同中，涉及其所供给的服务内容和标准，是这样进行规定的：

第二条　服务标准

社区服刑人员

指标	协议水平
1.个案	重新犯罪率（10%／年度）个案辅导节数（100 节）个案建档率（100%）开案率（80%）完成个案服务（5 例）完成个案总结报告（5 份）

---

① 敬义嘉：《社会服务中的公共非营利合作关系研究——一个基于地方改革实践的分析》，《公共行政评论》2011 年第 5 期。

2. 小组　　　　　　小组节数（100 节）小组服务人次（500 次）

　　　　　　　　　完成小组探索分析报告（20 份）

3. 社区活动　　　　活动次数（2 次）活动服务人次（200 人次）

　　　　　　　　　完成社区活动报告（2 份）

4. 社区调研　　　　完成社区调研报告（2 份）

　　　　　　　　　社区服刑人员家庭

指标　　　　　　　　　　　　协议水平

1. 个案　　　　　　提供家庭服务个案数（10 个）

2. 小组　　　　　　参与亲子辅导小组节数（10 次）

　　　　　　　　　接受亲子关系辅导小组服务的家庭数（10 个）

中心工作人员

小组工作坊　　　　开展次数（10 次）服务人次（100 人次）

从合同内容上，我们可以发现，地方政府仅仅对个案数量、工作时间、社工人数、服务次数、犯罪率等结果性变量进行了数量化的规定。然而，个案辅导具体采取什么形式？如何设计社区矫正服务项目？应采取哪些方式对 A 机构的服务实施过程进行专业督导？如何推动服务对象回归社会？应该开展哪些专业技能培训工作？服务对象情绪和行为是否稳定？等等这些极为重要的过程性指标并未涉及。这为双方的机会主义行为预留了大量的空间，社会组织为了实现一些结果性的数量目标，往往会忽视其所提供服务的质量。

（四）合同之外的合作协调机制

如前所述，虽然合同条款能够约定大概的服务类型以及具体的服务标准，但是却没有办法明确约定服务的内容。双方可以约定服务需要达到多少个个案，多少次小组活动或者多少次社区调研活动，但是却无法约定个案的对象，小组或者社区调研活动的主题和具体方式等内容。此外，合同也没有对关键性问题作出界定，包括绩效考核、责任划分、违约责任与合同争议的解决办法没有进行详细的说明与规定。因此，正式合同条款的作用往往只是作为项目期中或者期末评估的依据，无法起到其应有的约束效力。换言之，合同相关条款的执行过程并不严格，主要包括"不遵照合同执行、调整服务内容、违约执行"等现象。例如购买方单方面修改合同规定的服务指标，对此，尽管不情愿，但服务供给方通常也会接受；在服务供给方不能完成合同规定的服务指标时，购买方不严格实施惩罚等。

既然正式的文本合同无法为合作双方行为提供常规化的协调机制，那么合作的具体实施是依靠什么给予规范的呢？本书在调研的基础上发现服务购买方与供给方在实施合同时主要依靠合作双方的协商机制。这些协商机制有些是常规化的制度或规章，有些则是非正式化的沟通手段。它们是合作双方解决争议矛盾，调整服务内容的重要方式。协调机制主要包括三种：

一是制定工作方案，以确保服务的顺利实施。由于合同只是规定了服务与数量标准，在服务具体实施过程需要开展哪些活动却没有明确说明，因此 A 机构需要自行规划设计。然而，认真吸纳地方政府意见已经成为 A 机构制定工作方案必不可少的一环①。在制定实施方案的过程中，A 机构需要参考市矫正办及基层司法部门本年度的工作计划，特别是地方政府本年度十分关心的重点问题。同时，A 机构还应听取主要领导有关工作开展的意见。在此基础上，A 机构会结合当地社区的实际情况以及服务对象的具体要求，开展方案设计工作。方案一般包括年度工作方案、季度工作方案、月度工作方案。一旦工作方案设计好后，A 机构会提交给相关分管领导进行审核，分管领导会进一步提出调整修正意见。换言之，工作方案的制定过程与地方政府机构大同小异，地方政府部门主管领导的态度对于 A 机构的方案内容有很大影响，起到提纲挈领、把握方向的作用。Y 区 T 街社区点的负责人就谈道：

在整个项目执行阶段，我们要开展什么活动，具体怎么安排，这些事情还是需要跟街道的主管部门和领导做个事前沟通的。一般我们会根据当

---

① 政府及相关主管领导的意见一般以口头、打电话或是会议等非正式方式提出。

年街道的一些工作重点来设计规划我们的活动，并形成比较完整的工作方案。方案做好后就交给政府，他们会把把关，看哪些地方需要修改完善，这个过程走完之后，我们才会把工作提上日程具体落实下去。（访谈记录：LJH20130819）

二是定期沟通机制。在服务的实施过程中，A机构与市矫正办及基层司法部门还建立起了常态化的沟通机制，主要表现为通过定期会议、电话或电子邮件等方式展开沟通。A机构会定期以这些方式向市矫正办及基层司法部门汇报工作进展，进行协调与协商。此外，由于A机构一些社工站（点）的负责人原本是体制内成员，他们深谙与领导进行沟通的技巧和方式。有些问题在正式场合难以解决的，他们通过"工作餐"、"电话煲"等非正式方式进行私下沟通，一般都能取得较好效果：

一般情况下，每个月司法所的分管领导M科长都会到这里来看看，我们会做个简单的工作汇报。讲一下当月的一些工作安排，下个月的工作计划。我们做完报告之后，M科会针对性地指出问题，提出一些建议。如果M科没有下来，我们会主动跟他联系，把当月的工作总结送过去给他看看，顺便也说一下我们在工作过程中有什么实际困难，需要司法科提供哪些支持工作。M科对我们这种积极的工作态度也很肯定，一起吃工作餐，他就说我们遇到什么困难就要及时跟他讲，他会尽力帮我们解决。（访谈记录：LJH20130819）

三是积极开展日常联络。由于在社区矫正服务的实施过程中存在较多具体问题，因此需要A机构与地方司法部门就这些问题开展日常沟通。日常沟通主要是由项目具体负责人与司法部门的对口科室进行联络。如果涉及金额较大、服务期限较长的购买项目，地方司法部门还会向A机构派驻临时性的工作人员，以确保项目的顺利实施：

如果日常有什么小问题，我们一般都会跟基层司法所负责社区矫正服务的对口科室联系，如果他们解决不了我们再去找分管领导。如果基层司法所有些任务需要我们做好配合，他们也会随时跟我们做好沟通协调工作。这个沟通应该是个双向的过程。（访谈记录：LJH20130819）

第二节　交易费用与关系型合同：对交易方式的解释

交易费用理论的核心分析概念就是"交易"，当一种货物或服务跨过某个技术上可分的界面而被让渡时，交易就会发生[①]。据此，地方政府购买公共服务也可以被看做是一种交易的过程。但凡是交易，就一定会产生交易成本，即地方政府购买公共服务的外包成本。一般来说，地方政府购买公共服务应该遵守如下原则：当地方政府购买的成本较之政府内部生产的成本更高时，地方政府会选择以"内部生产"的方式提供公共服务，反之亦然。不确定性、交易频率、资产专用性三大因素构成了地方政府购买公共服务的起点条件，也塑造和影响了服务购买方与承接方之间的合作关系。本书在阐述这种影响时，将以交易费用理论为基础，指出由于社区矫正服务是高度量身定做的个性化服务，外加地方政府在清晰地阐述、准确地衡量社区矫正服务质量方面面临很多困难，这为双方的机会主义行为提供了一定空间。面临这种情况，如果社区矫正服务具有一个发育完全、竞争充分的市场，那么优胜劣汰的市场机制还可以帮助地方政府节约购买服务中的信息成本。然而，在现实中这种发育成熟的市场并不存在，更有甚者，社区矫正服务的福利性质注定很难自然生长出充分竞争化的市场。最后，地方政府与社会组织双方都为合作投入了大量的专用性资产，特别是对于社会组织而言，专用性投资还包括经营和搭建与服务对象、地方政府之间的信任关系。可以说，任务复杂性、市场竞争程度与专用型投资造成在地方政府购买公共服务中存在大量交易费用。为了降低交易费用，规避承包方可能采取的机会主义行为，并为自身机会主义行为提供便利条件，地方政府会倾向于实施更加强调管理的关系协调策略，即从内部生成、内部购买的方式来实

[①]　Williamson, O.E. (1985). *The Economic Institutions of Capitalism: Firms, Markets, Relational Contracting*, New York.

现社区矫正服务的供给。

一、政府购买公共服务中的交易费用

只要不是生活在鲁滨逊的世界，就可能发生交易费用。换言之，一个没有交易费用的世界，宛如自然界没有摩擦力，是非现实的[①]。交易费用理论假设人类及其组织在认知上是有限理性的，同时是自利和具有投机倾向的，为了追求自我利益甚至会诉诸欺骗[②]。有限理性的基本假设强调：人们的认知水平是有限的，即便在主观上追求成本最小化，也很难在实践中完全做到这一点。机会主义则被认为是通过说谎、偷盗、欺骗等形式追逐自身利益。机会主义指不完全或歪曲的信息揭示，尤其是有目的的误导、假装、含混其词或其他形式的混淆，这也导致了交易费用的产生[③]。地方政府购买公共服务这一合作行为也不例外，在缔结合作关系前，地方政府需要搜集相关信息以对众多的潜在合作对象进行挑选，与社会组织就服务内容、服务方式、服务标准等合同条款进行协商，设计约束机制处理可能发生的或然事件。在履行合同的过程中，地方政府还需要对承包方的行为进行监督，采取各种措施保证合作各方都能够信守承诺。上述这些事务的处理都需要花费相当的时间、物质成本，从而构成地方政府在公共服务购买中需要承担的交易费用。如果需要为合作付出高昂的交易费用，那么地方政府从外界挑选合作对象的积极性就会降低，转而利用组织内部生产方式，选择自己培育的社会组织作为承接地方政府购买公共服务的合作方。影响交易费用高低水平的主要因素有三：不确定性、交易频率、资产专

---

① Williamson, O.E., （1979）. "Transaction-Cost Economics: The Governance of Contractual Relations". *Journal of Law and Economics*. No.22, pp.233-261.

② Williamson, O.E. (1975). *Markets and Hierarchies: Analysis and Antitrust Implications*. New York -London.

③ Williamson, O.E. (1975). *The Economic Institutions of Capitalism: Firms, Market, Relational Contracting*. New York.

用性①。交易所面临的不确定性和交易的频率很难直接进行测量，但是这两大因素可以通过任务复杂性和市场竞争性予以间接观察。

（一）任务复杂性引起的交易费用

在交易费用理论看来，任务复杂性强调的是详细阐述和控制交易条件的困难程度。它带来的最大影响是合同的不确定性，包括发生信息不对称和外部性行为的可能。任务复杂性主要表现在生产过程的性质与成本的不确定性。更为重要的是，合作双方还面临环境的不确定性所带来的不可预期的变化。一般而言，不确定性会产生高昂的协商成本，任务越复杂，内部生产的可能性越大。

地方政府购买公共服务中的任务复杂性主要指的是外包出去的公共服务能否被清晰地界定、测量以及监控。在我国，地方政府购买公共服务是一个新兴的发展领域，行政机构对该领域的管理模式并不成熟，在地方政府购买的服务内容、服务模式以及服务评估方面也还处于初步探索阶段。此外，地方政府购买公共服务的范围大多为助老、助残、社会救助、社区矫正等"软性服务"，标准化程度较低，具体服务内容以及绩效考核指标很难予以准确地界定与衡量。尽管地方政府与社会组织可以在合同中明确购买服务的各种产出指标，包括上门次数、服务时间、服务人次、活动节数、个案数量等量化标准，然而，社工的实际服务效果、服务对象的满意度以及服务的具体内容却很难在合同中予以明确约定。这导致双方签订的合同是模糊的不完全合同，进而为地方政府和社会组织的机会主义行为留下了行动空隙。在本书中，任务复杂性主要表现为两个方面，一是社区矫正服务作为一种软性的公共产品，其特殊的属性容易诱发合作双方的机会主义行为。二是由于社区矫正服务处于发展阶段，导致地方政府很难明晰服务对象对该服务的需求，也难以界定其服务内容和服务模式。

---

① Williamson, O.E., (1979). "Transaction-Cost Economics: The Governance of Contractual Relations". *Journal of Law and Economics*. No.22, pp.233-261.

1. 作为"软产品"的社区矫正服务

由于社区矫正服务属于新兴职能，作为发包方的地方政府，也很难详细描述该项服务的具体内容及相关特征。QH 市矫正办的副主任 L 谈道："其实一直到 2006 年，我们才在全市范围内全面推开社区矫正试点工作，以往对于非监禁刑人员的管理，我们还是强调在强制性的惩罚措施的基础上开展说服教育，主要目的就是要管得住、跑不了。"可以说，地方政府主要承担对刑罚执行的刚性的一面。但是，随着服刑方式的转变，管理重点发生转移，社区矫正服务应该更加注重解决服务对象在工作、生活和心理等方面的异常，并设法缓解或解决。通过改造人、点化人的组织专业化、人性化的矫正措施，引导社区矫正人员走出心理误区，并使其成为自尊、积极进取、乐于向上的人，进而顺利回归社会①。这意味社区矫正服务由传统的刚性刑罚逐渐转变成为一项柔性的社会服务。

然而，社会服务的本质特征及其混乱的目标和不确定的技术，都使地方政府难以写出明确而可执行的承包合同②。莱恩也认为在教育、医疗卫生以及社会保障等领域提供公共服务是有别于商业部门的，需要考虑这些服务的特殊属性，包括很强的专业性、对权利予以充分关照、服务的数量和质量十分模糊以及服务需要的紧急性③。正是上述特征决定了在社会服务的供给中很难较好地实施竞标式的合同外包。从需要完成的主要任务看来，社区矫正服务也是一种典型的"软产品"④。由于社区矫正服务是在社区矫正社工与服务对象间开展的

---

① Druker, Peter F.（1990）. *Managing the Nonprofit Organization: Practices and Principles*. Oxford: Butterworth-Heinemann Ltd.

② 李丹：《论社会服务合同外包中的竞争失效——以上海市 2009 年社区公益招投标为例》，复旦大学 2012 年硕士学位论文，第 14—17 页。

③ [英] 简·莱恩：《新公共管理》，中国青年出版社 2004 年版，第 180—181 页。

④ 协助司法所接收社区服刑人员，办理衔接手续；协助司法所开展社区矫正基础性工作和日常管理工作；制定矫正计划方案，组织社区服刑人员参加公益性劳动，对社区服刑人员进行形势政策教育、法制教育、公民道德教育、心理健康教育、犯罪心理矫正等；协调有关部门和单位，为社区服刑人员提供职业技能培训和就业指导，为符合条件的社区服刑人员提供最低生活保障，指导和帮助社区服刑人员解决遇到的有关问题等。

"一对一"互动，需要更多地投入个性化的服务，因此社区矫正服务的标准化程度很低，需要针对服务对象的个体特征进行量身定制式的服务：

> 我们做社区矫正服务的社工，很难说他们的工作形式和方法都是相同的，因为你服务的案主都是独特的个体，他们的需要是不一样的，我们做社工的就要根据案主的特点、需要、服务难度来设计个案辅导的方式和内容。不同的案主，处理方式肯定要变，如果一个社工永远用一套办法去做，效果肯定会大打折扣。更为重要的是，社工需要运用专业知识，跟案主建立信任关系，得到案主的情感认同，这些工作需要花费很多时间，还不一定见效，而且这些事情很难去量化，做了也看不见。（访谈记录：SJF20130812）

社区矫正服务作为一项新兴的地方政府职能，并不具备成熟的服务模式，地方政府部门也很难对其予以清晰的界定。另外，作为一项社会服务，社区矫正需要针对服务对象的个性特征进行针对性的服务，其软产品特征尤为明显，这就构成了所谓的复杂产品问题①。即难以准确核算公共产品的质量、数量以及成本，这导致发包方和承包方在交易的过程中很难签订明晰的合同条款，双方签订的合同往往是不完全的。更为重要的是，社区矫正服务的发包方与承包方往往没有更多的选择项，地方司法部门与 A 机构都是彼此唯一的选择，这种情况下会催生更为高昂的交易成本。对此，L 区司法局的负责人 Y 也深有体会，他表示社区矫正服务作为外包项目由社会组织来承担的确会存在一些问题，不同于基层政府的传统职能，社区矫正服务的服务内容与模式并不成熟，而且社工素质参差不齐，对服务过程的监管难度大，这使得基层政府会额外付出更多时间与精力②。

2. 明确服务对象的需求

如前所述，作为一项新兴的政府职能，社区矫正服务并未形成成熟的服务模式与管理内容，社区矫正又是一项高度个性化的服务，这导致基层政府在具

---

① Brown, Trevor., Matthew Potoski, David M. Van Slyke. (2010). "Contracting for Complex Product". *Journal of Public Administration Research and Theory*. Suppl 1, pp.141-158.

② 访谈记录：YGF20130728。

体执行政府外包政策时，很难确定服务对象的具体需求①。尽管服务对象有社区矫正服务的需要，但是这些需要的具体内容是什么？应该运用什么方式？设置哪些活动满足服务对象的需求？随着时间的推移，服务对象的需求是否会发生变化？这些问题，对于发包方和承包方都是悬而未决的难题②。正如有研究指出的，如果政府不能明确定义想要购买的东西，也无法很好地评判所购买的商品，就等于将其权力拱手让给了私人承包商③。当然，市矫正办会有针对性地设置一些统一性要求，但是往往都是对服务内容的框架性规定，更加偏重指导性。由于在现行的地方政府购买社区矫正服务中，主要是由市矫正办设定服务的基本项目及产出指标，基层政府根据市矫正办的相关要求进一步细化，设置具体的服务内容和产出指标。基层政府在制定招标文件的用户需求书时，首先必须考虑市矫正办下达的指导性要求，这一要求会规定社区矫正服务所需要达到的最低产出标准。接下来基层政府通常会根据自身特点及所属社会组织的相关情况设置有关服务的具体要求，然后制作形成项目招标书。而在签订购买合同时，市矫正办还会在社工人数、服务工时、服务人次、个案数量等方面提出指导性意见，但这些指引性的规定一般是最低下限，要求合同的相关条款不能低于该标准，具体的人员配备及产出指标还是由基层政府与社会组织进一步协商，最终拟定好合同文书后交由市矫正办审核，最后报给市评审委员会办公室备案。

可以明确的是，市级层面的市矫正办作为政策制定者，通常只是对社区矫正服务的内容进行比较宽泛的规定，设置最低的产出标准。至于具体的服务指标和项目则需要基层政府与 A 机构协商确定，然而，作为一项高度个性化的服务，社区矫正服务必须依据服务对象的具体特点以及当时的特定情况进行有

① 2009 年，部分基层政府开始进行合同化、项目化管理的试点工作，与以往购买劳动力岗位不同的是，这些基层政府需要在了解服务对象基本需求的基础上设计政府购买服务项目。

② 敬乂嘉：《社会服务中的公共非营利合作关系研究——一个基于地方改革实践的分析》，《公共行政评论》2011 年第 5 期。

③ [美] 唐纳德·凯特尔：《权力共享：公共治理与私人市场》，孙迎春译，北京大学出版社2009 年版，第 163 页。

针对性的处理①。因此，具体服务指标与项目的界定必须将服务对象的需要纳入进来作重点考虑。那么，服务对象的需求是如何明确的呢？

首先，社工以接案的形式得到服务对象的名单。这一环节与西方社会工作中的个案工作方式存在很大区别，西方传统个案工作强调的是"申请与接案"，也就是先由案主提出申请，社工再接案。在我国，所有案主都是在公安部门备案的人员，他们进入社工的视野并成为服务对象，这主要是由于司法机关将其定性为"高危弱势人群"并采取了相应的防范举措而促成的。从这个角度来说，社工与案主之间的关系带有法律强制的色彩。在具体的接案过程中，镇街司法所会定期向社工提供社区矫正人员的名单，这些社区矫正人员包括人户分离和人在户在两种类型。一般而言，"人在户在人员"约占每个社工总服务对象的三分之一，他们是重点服务对象。对于"人户分离人员"，虽然基层司法机关要求社工采取排查方法进而减少案主的"下落不明率"，但是人口流动的频密，以及城市建设和社区拆迁等问题，导致社工很难对他们开展跟踪服务。

其次，收集与案主相关的各项资料。由于案主分散于各个不同的社区，并且日常行为踪迹比较隐蔽，因此，社工在开展个案跟踪前，需要依据基层司法部门所给予的资料与线索进入基层社区，以各种方式去获取案主的基本情况，进而解决与案主见面难、谈话难等现实问题。在这一过程中，社工会首先与案主所在社区、街道政府的相关工作人员取得联系，从这些人身上获取服务对象的具体情况，主要包括服务对象本人的近况、家庭关系、邻里关系等内容；接着可再与服务对象的楼组长及邻居见面，他们平时与服务对象接触较多，了解的信息也更丰富与真实；然后在必要的时候，社工可以单独约见服务对象的父母或其他亲属，从他们那里获得更多的第一手资料；在做好以上的前期准备工作之后，社工就可以与服务对象面谈了。当然，在面谈之前，社工一般要通过电话与服务对象进行预约。面谈的地点也应认真仔细选择，例如有的服务对象

---

① 社区矫正服务按照社会个案工作的方式展开，社会个案工作是由一系列有计划的工作步骤所构成，其实施必须遵循一定的运作程序。

谨小慎微；有的服务对象很在乎邻居对自己的看法；有的服务对象家里人多、居住拥挤，因此社工一般会根据服务对象的实际情况与要求采取上门面谈、在居委面谈或在社工的办公室面谈等方式①。在与服务对象的面谈过程中，社工不仅可以直接从服务对象口中获得其个人史、家庭史和个人问题，以及服务对象对自己和其他相关事件的看法，还能通过倾听、提问及察言观色，由服务对象的服饰外表、言语举止、态度表情等去观察和了解服务对象，研究服务对象的社会处境及其所面临问题的症结所在。通过这种由外围入手、再逐层深入的方式去收集资料，社工就可以基本掌握服务对象个人及其与环境互动方面的资料，从而为下一步的工作开展创造条件与奠定基础。

再次，是对服务对象资料进行分析。在操作步骤上，这一过程通常又可分为资料整理、资料分析与总结三个阶段。其中，资料整理包括对原始资料进行审核、复查、分类、撰写备忘录等内容；资料分析是指运用比较分析、因果分析和结构—功能分析等方法对资料进行"去粗取精、去伪存真、由此及彼、由表及里"的过程；而资料总结则指在完成对服务对象相关资料的整理与分析后，社工应将自己对服务对象的认识规范化与系统化，并以适当的方式传达给服务对象和其他相关人员的过程②。通过资料分析，社工大体可将服务对象分为三类：较易矫正人员，即只是有轻度违法行为。社工认为此类服务对象只要放在社会层面加以控制和引导就可以，因为他们基本没有大的社会危害，一般矫正人员，即虽有触犯法律行为，但不存在故意犯罪的动机，多处于"推一把就进去、拉一把就出来"的情形。此类服务对象是目前社工服务的重点对象。较难矫正人员，即屡犯不改者，有经常性反复违法行为者。对于此类被称为累犯的服务对象，社工认为目前自己是无能为力的，他们应当是司法机关严厉监控的对象。按照常理，上述三类服务对象在全部社区矫正人员中所占的比例应当是"两头小、中间大"，即"好的案主"（第一类）与"差的案主"（第三类）占"小

---

① 付靖：《走近案主的途径及方法》（未出版打印稿）。

② 张昱、费梅苹：《社区矫正实务过程分析》，华东理工大学出版社2008年版，第101—110页。

头", 而"中间层的案主"(第二类)占"大头"。

最后, 是针对服务对象的情况进行问题诊断。问题介入是社会工作的基本方法。社工在收集并分析与服务对象有关的各种资料之后, 就必须与服务对象一起对其实际情况进行分析, 以提炼和确定服务对象目前所面临的主要问题, 并共同对这些问题进行研究与商讨, 从而制订出详细的工作计划与方案。

需要指出的是, 要真正了解服务对象的需求, 更为重要的是在社工与服务对象之间建立的情感认同和人际信任关系。然而, 由于服务对象对外界正常社会存在一定的戒备、防范和抵触的心理, 因此要争取他们的工作信任与实际配合往往极其不易。为了建立与服务对象之间基本的信任关系, 很多一线社工采取积极帮助服务对象解决实际问题的方式: 包括帮助他们申请低保、寻找工作、参加就业培训、解决子女入学、办理户口与劳动手册等, 以便赢得服务对象的理解与信任。针对这种情况, 已经有学者提出批评, 认为社会工作的专业性特征并未在其中得到体现。但服务对象的就业等问题往往是与其家庭、社会等问题交织在一起的, 服务对象的家庭、社会等问题如得不到妥善解决, 最终也无助于服务对象就业等实际困难的真正克服①。A机构资深社工T就认为, 由于当前就业竞争的压力、社区矫正人员自身"三低三高"②的特点, 社工可支配资源极其有限等现实原因, 要想真正解决服务对象的就业等问题并不容易。还有学者指出, 当社工还在"蹒跚学步"的时候, 就让他们承担解决服务对象就业问题等繁重的社会责任肯定是不现实的, 效果也不会太理想。此外, 解决服务对象的低保、帮助案主实现就业等"非专业性工作"需要占据了社工大部分的工作时间, 如果这种工作方式被大众媒体广为宣传, 会对新进社工和社会形成一定的误导。

因此, 了解服务对象的服务需求是一个比较复杂的过程, 需要一定时间并花费很多精力。对于A机构而言, 虽然其开展社区矫正服务的时间较长, 也

---

① 张呈、费梅苹:《社区矫正实务过程分析》, 华东理工大学出版社2008年版, 第144页。

② "三低"是指学历低、技能低、社会信任度低; 而"三高"则指社会风险高、反社会情绪高、矛盾易激化程度高。

有部分社工站（点）累积了一定量的服务使用者，对服务对象的特点以及服务要求有一定了解，然而，规范化运作的不足，服务对象的不稳定，服务内容的不确定等问题的存在，导致其在明确服务对象的需求方面也存在一定困难。

概言之，一方面，作为一项社会服务，社区矫正服务的本质特征及其混乱的目标和不确定的技术，都使政府难以写出明确而可执行的承包合同，作为承包商的社会组织也自然会反对那些太过具体或可能无法实现的绩效目标，政府无法提前准确地描述出它们想要的成果，或者即便知道成果是什么，也无法解释该如何取得这些成果[1]。另一方面，作为一项发展中的新兴职能，地方政府很难清晰界定社区矫正服务的具体内容，社会组织也处于探索阶段，并未构建形成成熟的服务模式。因此在购买服务过程中，容易出现委托人及代理人的双边机会主义行为。部分基层政府有可能规避合同对其形成的约束条件，将社会组织作为完成行政任务的帮手而非提供社会服务的承接方，社会组织也会将工作重心放在如何应付合同指标的考核而非提供社区矫正服务上。作为基层政府，不管是为了规避代理人机会主义行为的需要，还是出于有利于实施委托人机会主义行为的考量，在缺乏相关制度约束的前提下，内部化购买策略无疑是一个被优先选择的策略。

（二）市场竞争性引起的交易费用

市场竞争性指的是有兴趣供给公共服务的承包方的数量，市场竞争性被认为是获取最佳卖主的基础。大部分情况下，竞争的程度比实际提供服务的企业的数量更重要，充分及有效地竞争能保证公共服务不受私人垄断所控制，并且能促使政府购买过程的公正与公平。需要注意的是，有些时候，某些服务的市场具备较强的竞争性，很多组织可以提供这种服务或类似的服务。然而，这些服务的市场竞争涉及规模经济，会构成自然垄断的风险与威胁，这同样是缺乏

---

① 李丹：《论社会服务合同外包中的竞争失效——以上海市 2009 年社区公益招投标为例》，复旦大学 2012 年硕士学位论文，第 14—17 页。

竞争性的表现。在不减少大量前期成本的前提条件下，如果一个公共服务的生产者能够将生产转移给更好的生产者，那么竞争性就由此而生。市场竞争性会增加机会主义成本，进而减少机会主义行为发生的可能性。较低水平的市场竞争性则会引发各种问题，在合同的谈判阶段，低度的市场竞争会诱发潜在承包人提高服务供应价格。合同履行阶段，低度的市场竞争会增加机会主义风险，这主要是因为"卖方"很难迅速更换承包人，而且违反合同的相关规定会引发高度的外部性风险。另外，承包人可能采取机会主义等违法行为而对政府或者第三方施加额外成本 ①。具体到本书中，地方政府也已经意识到竞争对于购买服务可能具有的正面效应：

地方政府购买社区矫正服务，这个事情要做好，必须营造一个在社会组织之间竞争的基本态势，没有竞争怎么提高服务质量？地方政府购买公共服务的效力没办法体现出来。最好是设计一批好项目，符合条件的社会组织来招投标，谁做得好我就给谁做。还有可以自己搞申报，社会组织可以多发挥一下主观能动性，自己设计一些项目，你自己申报我来评审，择优录取，入选的项目给一部分经费支持，这样也可以提升社会组织的能力。（访谈记录：WZJ20130829）

然而，社会服务的产品与市场特征都偏离了完全竞争市场的基本假设 ②。由于社会服务是针对特定群体所提供的一种服务类型，在服务中需要社工与服务对象之间开展良好的互动，以便获取情感与知识的交汇和融合，它的标准化水平很低，需要进行量身定做。此外，社会服务的外溢性比较高，服务对象也缺少支付能力，因而很难获取较好的经济回报。社会服务的产品性质决定所在的市场是缺乏竞争的，提供服务的社会组织的受众是特定群体及其未满足的需

---

① Steven Globerman, Aidan R. Vining. (1996). "A framework for evaluating the government contracting out decision with an application to information techNology". *Public administration*, Novermbed December.Vol. 56, No.6, p.580.

② DeHoog, R. (1984). "Contracting out for human services: Economic, political, and organizational perspectives". Albany: State University of New York Press.

求，因而他们也缺乏竞争意识和动机。社会组织开展服务活动时需要一定的物质资源和扎根于社区的社会资本，这也会引发形成垄断提供的局面。社会服务的产品特征导致的一个直接后果是：在地方政府购买公共服务的执行过程中很难只利用市场机制，这极有可能带来无效甚至有害的后果。

以研究者的观点来看，社会服务指向的是私有化的特殊问题。私有化提倡者鼓吹竞争的优势，但社会服务的竞争性承包却相当稀少。大部分社会服务合同都会青睐谈判，而不是公开竞标[①]。因此，合同的目标很难确定，结果也难以测量。事实上，在社会服务的承包过程中，复杂而实际的服务需求远比竞争理论中的成本结余理论更有说服力[②]。为社会服务寻找符合资格的供应商并非易事，即便是在市场化程度很高的美国也是如此。当政府部门的管理人员无法找到足够多的有兴趣参与竞争的承包商时，他们就会放弃竞标的要求[③]。简单的方法就是，宣布只有一个商家能够满足合同所要求的"独特能力"[④]。针对亚利桑那州精神健康承包过程所进行的研究也发现了类似的情况。承包商竞争的水平相当低，以至于该项研究的学者们将该系统描述成了"供应商主导的系统"[⑤]。

在 QH 市的地方政府购买公共服务领域，大多数的政府官员也都遇到了严重的"供应商短缺"[⑥]问题。由于有能力承担社区矫正服务的承包商数量很少，官员们往往被迫将承包合同签给唯一可用的供应商，尽管它们并不总是能符合

---

① Savas, E.S. (2000). Privatization: The Key to Better Government.Chatham, NJ: Chatham House. p.206.

② [美]唐纳德·凯特尔：《权力共享：公共治理与私人市场》，孙迎春译，北京大学出版社 2009 年版，第 138 页。

③ 同上。

④ Mark Schlesinger, Robert A.Dortwart.Richard T.Puliee (Winter 1986). "Competitive Bidding and States' Purchase of Services: The Case of Mental Health in Massachusetts" *Journal of Policy Analysis and Management*. Vol.5, pp.251-252.

⑤ Milward, Provan, and Else, "What does the Hollow State Look Like?"

⑥ Beverly A.Cigler. (Fail 1990). "County Contracting: Reconciling the Accountability and Information Paradoxes". *Public Administration Quarterly* .Vol.14, pp.285-301.

地方政府的工作要求①。之所以出现这种困境，部分原因在于我国一直以来并没有福利国家的传统，有的只是与民政工作结合在一起的物质帮助与思想工作。这体现在社区矫正服务领域，就是存在极为严重的供给方缺陷。此外，提供社区矫正服务的社会组织发展时间不长，市场发育原本就不充分。然而，针对这种情况，地方政府并没有培育并扩大市场，反而是进一步明确 A 机构的非竞争地位，这与 A 机构作为内源性机构的身份也有很大关系：

在社会组织之间营造一种竞争态势只是我们市级层面的期望，具体执行还是要靠下面的基层，但是下面一旦放开，很多工作也不好处理，原本他们就成立了相应的社会组织承接服务，你叫他再搞竞争，如果把自己的内部人刷掉，那不相当于要自己割自己的肉嘛？所以，在我们目前做的这些项目里面，能符合竞争性招标要求的比较少。（访谈记录：WZJ20130829）

实际上，交易中的任何一方都不想要竞争。对于大部分收入需要依赖地方政府合同的 A 机构来说，竞争应算作需要避免的一种威胁。更为重要的是，如果 A 机构在竞争中被踢出局外，其生存所需的资金就会受到极大影响，前期进行的各种人员、资产方面的投资也会蒙受很大损失，与服务对象建立的信任关系也有可能由于合同关系的中断而被破坏。从这个角度来说，A 机构有很强的动因与市矫正办、基层司法部门保持稳定持久的合作关系。

我们能走到今天，也很不容易的，一步一个脚印，能发展到现在这个规模，说实在话，地方政府支持是一个方面，我们的领导层、社工都付出了很多心血和努力，如果真有一天，地方政府不把社区矫正服务交给我们做了，那我们这么多人，还有辛辛苦苦争取来的场地和办公设备，就都浪费了。（访谈记录：SJF20130812）

对于市矫正办和基层司法部门来说，竞争和转换承包方的潜在可能都会威胁到项目的连贯性。而在与需要帮助的服务对象打交道的时候，连贯性是非常

---

① Ruth Hoogland DeHoog. (1984). *Contracting Our for Human Services: Economic, Political, and Organizational Perspectives*. State University of New York Press.p.130.

重要的。"你可能在前期工作结束的时候进入，"市矫正办的一位工作人员说，"但你一旦进入，就等于进入了一个系统。系统的运行必须要保持一种稳定性，这有助于地方政府获得社会组织提供的个性化、追踪式、令人满意的服务。"①而且我国的社会组织规范性程度原本就不高，一旦发生机构更迭，在工作交接方面也容易出现纰漏，进而导致服务的中断。对连贯性的渴望助长了一种趋势，那就是地方政府要与作为承包方的 A 机构建立长期的合作关系。由此看来，这种内部之间的依赖性是相互的。从这个角度看来，竞争本身的特性也会导致社会服务的中断。地方政府还会因为承包方的更迭而要付出额外的成本，包括与新的承包方的关系协调成本等。从这个角度而言，直接参与社区矫正服务体系的地方政府、承包方和服务对象，无论哪一方都不愿意中断已经建立起来的系统。

（三）资产专用性② 引起的交易费用

如果生产一项服务必须具备某一种资产要素，而这种资产要素运用于其他地方会发生贬值，这就表明该资产要素有一定的特殊性③。在 Williamson 看来，不论什么形式的专用性资产，都有一个共同的特征，即该资产类型除了投入合作之外几乎没有其他用途，这实际上大大提高了机会主义的可能性。拥有专用性资产的一方将会处于十分不利的位置，不管合作双方是以什么价格达成

---

① 访谈记录：LJ20130826。

② 虽然资产专用性发轫于经济学，但该概念已被运用到分析政府合同外包的相关问题中。代表性的研究包括：David Parker, Keith Hartley. (2003). "Trans-action costs, relationalcontracting and public private partnerships: a case study of UK defense". *Journal of Purchasing& SupplyManagement*, pp.1-12；Jean Etienne de Bettignies, ThomasW. Ross. (2004). "The Economics of Public-private Partnerships". *Canadian PublicPolicy*. Vo.l 30. No. 2, pp.135-154；Michael Essig, Alexander Batran. (2005). "Public private partnership Development of longterm relationships in public procurement in Germany". *Journal of Purchasing & Supply Management*. No. 11, pp.221-231。因此，本书也借助资产专用性概念来分析政府购买公共服务的交易费用问题。

③ Williamson, O. E. (1985). *The Economic Institutions of Capitalism: Firms, Markets, Relational Contracting*. New York.

的合作，另一方都有可能采取机会主义行为。契约签订后，任务复杂性、竞争性和资产特殊性这三个要素是以系统的方式互相影响的①。当组织拿到中标项目之后，就需要投入一定成本到专用性资产中，这种专用性资产为下一轮竞标的候选人制造了障碍，可以减少竞争对手。产品越复杂，资产的专用性水平会越高。高度专用的资产存在很高的潜在风险，一旦双方的交易出现问题甚至失败，则会致使专用性资产转移到其他用途上的可能性减少，所获收益也会相应减少。简言之，资产专用性程度越高，交易失败导致专用资产拥有者的损失就会越大，对机会主义行为造成的损害的承受力就会越脆弱②。

市矫正办为 A 机构提供了生存所必需的经济资源，办公经费、办公场地以及社工的工资、福利等；市矫正办还为 A 机构提供开展工作所需要的一些政治资源，如合法性资源和制度供给等。因此，一旦 A 机构无法承接地方政府购买社区矫正服务，就意味着地方政府投入的各种专用资源无法获得回报。在社会组织方面，专用性投资主要体现在关系资本方面的投资，这既包括由于社区矫正服务本身的产品特征而需要对服务对象进行的关系投资，也包括与地方政府部门之间的关系投资。如前所述，社区矫正服务需要对服务对象有比较深入的了解，并与之建立相互信任关系。在服务提供过程中，也需要服务对象所在地政府部门的支持和配合。要实现上述目标，A 机构通常需要花费很长时间，并借助一系列活动，相互深入接触熟悉之后才能比较准确地把握服务对象的心态和需要，进而建立起相互信任关系。正如 A 机构的副总干事 S 所言：

社区矫正服务很强调连贯性，因为我们在案主身上花了很多时间精力，跟他们建立信任和联系，也花了很多工夫与街道办事处、社区的居委会建立联系，一旦服务终止，我们最麻烦的就是这些关系都会断掉，换一个新的地方又要重新经营这些关系，又要花费大量的时间、人力和资金。（访谈记录：SJF20130812）

---

① Williamson, O. E. (1979/1996). "Transaction-Cost Economics: The Governance of Contractual Relations". *Journal of Law and EcoNomics*. No.22, pp.233-261.

② Ibid.

综上所述，根据交易费用理论，如果一个组织在交易中承担了较高成本，则签约外包所带来的收益将会被抵消，这时候组织更倾向于内部生产的方式。在交易的不确定性、资产专用性及交易频率偏高的情况下，组织会更倾向于采用纵向一体化的行动策略。如果交易的不确定性、资产专用性及交易频率偏低的情况下，转移生产的交易成本相对较小，交易成功的可能性就高。具体到本书中，社区矫正服务作为一项量身定做的个性化服务，其福利性质又使得服务难以具备竞争化的市场，外加地方政府作为唯一的购买者，这为双方的机会主义行为提供了一定空间。无论从规避承包方的机会主义行为，还是为自身机会主义行为提供便利条件来看，合作主体都倾向于实施更加强调管理的关系协调策略，即用内部生成、内部购买的方式来实现社区矫正服务的供给。

二、政府购买公共服务中的关系型合同

(一) 合同形式：关系型合同

20 世纪 70 年代，Macneil 在原有合同法的研究基础上，进一步提出了关系型合同理论。关系型合同这一概念的出现，进一步拓展了合同的内涵，使得人们对于合同的本质有了更加深入的认识。此外，由于合同涉及法律、经济、管理多个领域，因此，在关系型合同理论出现之后，经济学界与管理学界也将目光迅速投向关系型合同。随着相关研究不断深入，无论是法学界、经济学界还是管理学界，在涉及合同的应用问题上，都取得了丰富的研究成果 [1]。Macneil 指出，无论哪种性质的交换行为，都能被某种合同框定和规范，然而，不同属性的交换行为，其缔结的合同在性质上存在很大区别 [2]。Macneil 以合同规范交易的复杂程度为衡量指标，对合同进行排序，并据此构建形成一条"合同光谱"。光谱的一端是类似于在商品零售机构购买食品的简单交易，这种简

---

[1]　Macneil, I.R. (1974). "The Many Futures of Contracts". *Southern California Law Review*. No.47, pp.691-816.

[2]　Ibid.

单交易中，交易双方不存在复杂的社会关系，光谱的另一端则是类似婚姻这样十分复杂的交易（如图 3.1 所示）。

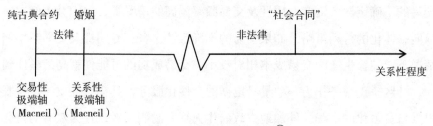

图 3.1　关系性合同光谱 ①

Furubotn & Richte 在 Macneil 基础上把合同分为两种类型：古典的和关系型的。古典合同下的交易，持续时间很短，甚至很多时候是"瞬时性"交易，因此设计合同时不需要考虑未来，交易双方没有社会关系的勾连，交易完成之后发生联系的可能性极低。此外，由于合同标的物在数量和质量上都很容易进行测度，签订的合同比较简单，执行合同的过程比较简单，交易款项是一次性结清的，所以合同条款的灵活性可以不予考虑②。Williamson 认为，在交易过程中存在着有限理性和机会主义的陷阱，这导致签订合同会有很高的成本，而且合同具有不完全的特征，因此合同实施就会成为重要环节，即事后支持制度变得很重要③。在 Williamson 看来，交易特征的不同会诱发追求交易成本最小化的组织寻求不同的治理结构。在专用性投资很少、市场竞争性很充分并且交易频率比较低的情况下，双方的身份对于交易不会产生影响，双方也没有必要维系长久性关系，在这种情况下，参与交易的双方往往会倾向于采取市场治理方式。当资产专用性的水平比较高，市场竞争不充分且交易频度很高时，关系型缔约就成为了优先选择。换言之，根据交易频率的多少以及资产专用性变化情况，可以初步确定何

①　Macneil, I.R. (1974). "The Many Futures of Contracts". *Southern California Law Review*. No.47, pp.691-816.

②　[美] 弗鲁博顿·E.G.、[德] 芮切特·R.：《新制度经济学：一个评价》，见 [美] 弗鲁博顿·E.G.、[德] 芮切特·R. 编：《新制度经济学》，上海财经大学出版社 1998 年版，第 1—40 页。

③　Williamson, O.E. (1979). "Transaction-Cost Economics：The Governance of Contractual Relations". *Journal of Law and Economics*. No.22, pp.233-261.

种治理结构的选择是治理成本最为经济的，而在关系型缔约条件下形成的合同
类型是关系型合同。在 Williamson 看来，在三种不同治理结构下形成的合同
有古典合同、新古典合同以及关系型合同（如表 3.1 所示）[①]。

表 3.1　治理结构和交易特征 [②]

		投资特点		
		非专用	混合	特质
频率	数次	市场治理	三方治理（新古典缔约活动）	
	经常	古典缔约活动	双边治理　统一治理（关系性缔约活动）	

在关系型合同理论中，Williamson 将投资特点、交易频率等变量和治理结
构的差异性进行关联，从而为关系型合同提供了一个有相当大发展空间的研究
生长点。更为重要的是，Williamson 将社会关系的功利性发育看做是专用资产
投资和多次交易的因变量，这一论点十分重要，特别对于社会关系与组织间
合同关系来说，是一个重要的推进[③]。可以说，在关系型合同的缔结与履行过
程中，交易各方都身处十分紧密和复杂的社会关系之中。Macneil 总结了关系
型合同有以下 8 个方面的特点：交换物品很难被精准的测量；合同维系的时间
很长；交易双方很难精细地计算交易的每一步骤，但是可以对关系结构进行界
定，以便在合同履行时对交易予以完善；交易能否成功取决于双方在履约过程
中的合作情况；交易双方应该共同承担成本，分享收益，但想要对收益和成本
进行标准化的分配是很困难的；由于合同条款中存在内生义务，合同发生转让
的难度很大；交易的参与者也意识到合同执行过程中会产生很多困难，解决它
们需要采取协调性措施[④]。按照 Macneil 的观点，关系型合同最大的特征是此
类合同的缔结与执行需要考虑交易各方紧密复杂的社会关系，要更好地理解关

[①] ［美］威廉姆森·O.E.：《治理的经济学分析》，见［美］弗鲁博顿·E.G.、［德］芮切特·R. 编：
《新制度经济学》，上海财经大学出版社 1998 年版，第 128 页。

[②] 同上。

[③] 刘世定：《嵌入性与关系合同》，《社会学研究》1999 年第 4 期。

[④] Macneil, I.R.（1974）. "The Many Futures of Contracts". *Southern California Law Review*. No.47,
pp.691-816.

系型合同，需要将交易置于社会关系的"情境"中进行考虑①。换言之，关系型合同是被嵌入到社会关系中去的一种经济联系，其目的是运用社会关系来保护合作双方较少受到机会主义的负面影响和侵害。Macneil 还进一步指出，实际上所有合同都发生并嵌入一定情境之中②。从这个意义上说，一切合同都可以被归类到关系型合同中去。因此，关系型合同理论未必是对某一类合同研究得出的结论，它更多的是一种研究合同问题的视角和方法③。

由于交易双方是有限理性的，存在一定量的交易成本，这导致双方签订的合同存在缺口和漏洞，而且很难倚仗合同法对这些缺口和漏洞进行修复，它需要借助关系体系内的协商机制予以解决④。关系型合同是以一定的社会关系为基础而建立起来的，这种社会关系的起点和终结都很难清晰地确定⑤。由于交易双方处于紧密而又复杂的社会关系中，因此规范交易的机制既包括法律和合同，也应该利用根植于社会关系的非正式治理机制，例如交易双方的声誉。关系型合同在缔结和履行过程中十分重视缔约双方的信任关系；关系型合同的付款方式不是即时清结的，对于交易执行中可能出现的意外情况也很难预先知晓；关系型合同是不完备的，而且这种不完备很难以合同法和第三方仲裁的方式给予弥补的，即使由第三方作出裁决，也会产生很多争议，消耗大量人力、

---

① [美] 弗鲁博顿·E.G.、[德] 芮切特·R.：《新制度经济学：一个评价》，见 [美] 弗鲁博顿·E. G.、[德] 芮切特·R. 编：《新制度经济学》，上海财经大学出版社 1998 年版，第 21—22 页。

② Macneil, I.R.（1974）."The Many Futures of Contracts". *Southern California Law Review*. No.47, pp.691-816.

③ 已经有学者尝试运用关系型合同来分析公共部门的问题，有研究就指出公私伙伴关系具有关系型合同的典型特征。参见 Bovaird.T.（2004）."Public Private Partnerships: From Contested Concepts to Prevalent Practice". *International Review of Administrative Science*. 70（2），pp.199-215; Grmisey D, Lewis M K.（2004）. *Public Private Partnerships: The Worldwide Revolution in Infrastructure Provision and Project Finance*. UK: Edward Elgar Publishing Limited, 2004。

④ Macneil（1974）认为这种社会关系包括单纯的朋友关系、先赋的长辈与后辈的关系、后天在等级结构中生活而积淀下的上下级关系等，参见 Macneil, I.R.（1974）."The Many Futures of Contracts". *Southern California Law Review*. No.47, pp.691-816。

⑤ Macneil, I.R.（1974）."The Many Futures of Contracts". *Southern California Law Review*. No.47, pp.691-816.

物力，而且第三方对于复杂交易中各方的履约行为及绩效开展度量和评判也存在很多困难，因此裁决结果也很难让交易双方均能满意。在这种情况下，一旦合同执行过程产生分歧，协商将是更为有效的解决办法。从这一点上看，相较于面面俱到的合同条款，在合同中设计良好的协商和争端解决机制就显得更为重要。

具体到本书的分析对象中，社区矫正服务作为一项个性化服务，难以在合同中实现标准化的处理；对于地方司法部门及 A 机构而言，双方都为合作投入了很多专用性资产；供给方缺陷及需求方缺陷使得竞争的选择性缔约难以实现；地方司法部门及 A 机构合作次数较多时，关系型合同就成为双方在缔约方式上的优先选择。如前所述，在关系型合同中，相关条款并不完备，对于合作双方的行为并没有给予详细规定与约束，这导致合同形式化问题的出现。

然而，合同形式化并不意味着合作的随意化，而是调整了合作关系的沟通方式，即合作需要依靠社会关系来进行协调。地方政府购买中的社会关系主要强调地方政府与社会组织在市场交易关系之外形成的社会性联系，凭借关系网络内部的声誉机制、共享的群体文化以及潜在的集体制裁，地方政府能更加有效地处理由服务内容、服务评价的不确定性以及市场发育不足所引起的交易费用问题。将市场交易行为嵌入到社会关系网络，依靠关系网络内部的信任和互惠预期来化解合作中的风险，为地方政府的内部化购买提供了一种非正式化的保障机制。作为外源性组织，A 机构与地方司法部门之间有着交缠复杂的既有关系存量。合作过程中双方也会有意识地发展这种关系。双方在缔结合作契约时，由于 A 机构与司地方法部门之间不再是单纯的买家与卖家关系，而是具有超越纯粹的市场交易、带有社会性联系的关系。这样一来，A 机构在承接社区矫正服务时，面对服务内容的不确定性、发育不充分的市场条件，双方就可以依靠合同条款之外的关系网内部的声誉机制、行为规范、互惠预期以及未来可能发生的集体制裁是确保合作各方信守承诺、约束行为中的机会主义行为[1]。

---

[1]　关于社会关系能够促进信任、遏制机会主义行为的相关研究可参见 GraNovetter. (1985). "Economic Action and Social Structure: The Problem of Embeddedness". *American Journal of Sociology*. No. 91, pp.481-510。

（二）社会关系：关系型合同的生长点

作为一种特殊的社会服务，社区矫正服务难以被量化，这使得合同很难完备化，容易出现各种漏洞，这为双方的机会主义行为留下了施展空间。为了减少交易费用，A 机构与地方司法部门需要运用社会关系作为双方协调关系、执行合同的重要手段。在地方政府购买社区矫正服务中，社会关系的作用主要体现在个人与组织两大层面，一是个体层面"私人关系"的存在，导致合作双方共同享用非正式的社会互动网络，这有助于合作双方能够建立良好的沟通与协商机制。二是组织层面"身份属性"的接近，由于 A 机构剥离于地方行政机构的"影子政府"身份，这使得相较于草根社会组织而言，A 机构在身份属性上与地方政府机构更为接近。这有利于双方合作关系的建立与维系。

1. 个人层面的社会关系

个人层面的社会关系主要强调的是私人关系对于组织互动的影响。已有研究证实，私人关系的亲密程度是影响组织间是否合作以及如何开展合作的关键性因素，私人关系的亲密程度越高，组织间合作的程度也就越高，私人关系网络越能够发挥资源配置的功效。具体到地方政府购买公共服务中，私人关系网络能为社会组织带来项目和各种发展资源，协调双方关系，发挥其正面效应；也能加大腐败及寻租风险，呈现负面特征。

作为外源性组织，A 机构的第一任负责人原在当地政府司法部门工作，在工作中形成的以地方司法部门为主的社会关系网络是 A 机构能够立足于社区矫正服务领域的根本所在。在 A 机构发展运作的过程中，私人关系网络经过 A 机构负责人的苦心拓展①，逐渐形成了范围广泛，能够为 A 机构带来充裕的成长资源的社会关系网络。在这里，个人资源逐渐扩展形成组织资源。正是依靠这一关系网络，才保证了 A 机构获得绝大多数的地方政府购买社区矫正服务项目。即便随着社会服务的不断发展，各区县及镇街也先后出现了一些有能

---

① 关系经营的方式很多，主要包括日常的感情投资，重要节日期间以 A 机构的名义赠送礼物，吃饭等各种聚会。

力承接社区矫正服务的社会组织，然而，A机构在社区矫正领域的"龙头"地位却没有被动摇。对此，A机构的理事长Z认为，

> K是A机构的创始人之一，他是市司法局的一位局级干部，在岗期间，为我们这个组织发展做了很多，他的个人身份是很重要的一张筹码，因为资历老，很多司法部门的领导都会认可的。所以我们的发展还是很顺利的，L利用他的关系网也为我们解决了不少困难。包括拓展和承接一些新的服务项目，像是我们现在做得比较好的心灵导航项目，最初就是他作为中间人来牵线搭桥的，助力不小。（访谈记录：ZJW20130809）

在开展服务的具体过程中，个人关系网络还发挥着非正式关系的协调作用。特别是在合作双方就服务具体细节发生意见不一致时，私人关系网络往往能起到重要的调节效果。对此，A机构的理事长Z就谈道：

> 我们有个社工点的项目做完了，但是项目经费一直拖拖拉拉，没能按时拨付，涉及的经费都是他们垫付的。有一次搞活动完了后聚餐，我正好碰到那个社工点的对口部门的一个头头，以前打过交道，还有几分面子，我跟他说了这个事情，后来经费很快就给到位了。这是个熟人社会，必须认识几个人，很多事情才能办得快。（访谈记录：ZJW20130809）

值得注意的是，由于私人关系网络是一种非正式的制度安排，这也容易引发腐败和寻租问题的出现。制度环境存在缺失，外加财政资金后续监管乏力，也会出现个人借机为自己牟利的反面案例：

> 当然，任何事情有好有坏，熟人合作也是这样，很难避免的。之前有个社工点的负责人就去钻政策的空子，私自占用一笔活动经费，后来被人举报了，所以现在地方政府也很重视购买资金的安全性问题。（访谈记录：ZJW20130809）

2.组织层面的社会关系

如前所述，个人层面的人际互动能够诱发并产生社会关系，同样，通过组织层面互动产生的社会联系也会影响到组织的运行。后者的影响主要体现为以下两点。

首先，组织层面的社会关系主要强调的是社会组织在身份属性上与地方政府的接近程度，A机构在成立背景上属于官办社会组织，这一体制内身份能提

升组织间的信任程度与互惠预期。这主要是因为身份属性越接近，合作双方越有可能受到共同的群体规范的影响与约束，在行为方式上往往趋于同化。这导致双方在组织目标、运作逻辑、价值观、行为方式上更加接近，组织之间的同一性程度往往会更高。此外，身份属性越接近，合作双方越有可能共享相同或部分重叠的社会关系网络，这意味着双方的信息交流渠道是共通的，一旦某一方出现机会主义行为，则会更容易暴露出来，受到惩罚的可能性会越大，对声誉的影响也会更加明显[1]。基于上述原因的考量，市矫正办也更加愿意选择体制内的 A 机构交往联络，并将社区矫正服务项目外包给予对方。此外，A 机构作为"自己人"的身份，也使得市矫正办在合同缔结环节显得更为随意和松散，在没有外部制度约束的情况下，一方面出于减少交易费用的考虑，另一方面也为自身预留一定的调整空间，这使得合同的形式化也成为了必然结果。对此，A 机构的理事长 Z 认为：

我们这种官办的性质也带来了一些优势条件，这个很好理解，彼此当然会更加相信对方，更为重要的是，我们很多资源需要依靠市矫正办，也不会跟他们（市矫正办）起冲突，这一点市矫正办也非常清楚。所以他们交给我们来做（承接政府购买公共服务）也很放心。（访谈记录：ZJW20130809）

其次，身份属性越接近，双方交往的延续性会进一步提升，即交往的经验会呈现不断累积的态势，合作双方会更倾向于建立长期合作联系。这意味着组织层面的社会关系提升了行动主体之间的信任度，并通过组织间频繁的社会互动关系逐步深入发展。即便是首次获得地方政府购买公共服务项目的社会组织，只要在具体合作过程中与购买方及服务对象建立发展出信任与互惠关系，彼此都能更加熟悉及预期对象的行为规律，那么相较于其他服务供给的后备对象而言，社会组织会更容易与购买方形成更加密切的社会关系。体现在选择地方政府购买项目的承接方上，一些地方政府往往更加愿意将新进入者排斥在

---

① Uzzi, B. (1997). "Social structure and competion in interfirm networks: the paradox of embeddedness". *Administrative Sciennce Quarterly*, Vol.42, No. 1, pp.35-67.

外，选择有过合作经验的供给方。这造成地方政府购买成为某些小圈子、小团体内部的一场"游戏"，服务购买方与承接方在合作外围构筑了一道特殊的隔离带，依托隔离带，服务购买方与承接方改变了原有竞争性合作的基本属性，合作的排他性得以强化。

具体到本书中，相较于其他社会组织而言，司法部门对成长于体制内的 A 机构无疑会更加信任，在预期它们未来的行为时也会更有信心，这也是司法部门一直以来坚持以定向委托的方式将社区矫正服务交由 A 机构承接的重要原因。由于寻找新的合作伙伴并与其建立良好的沟通协作关系需要花费额外的机会成本，也难以保证服务的延续性与有效性，而与体制内社会组织长期合作经验的累积与关系的积淀就构成了合作关系再缔结的前提，随着合作的不断延续与深入，合作双方逐渐累积起专门资本投资，这导致双方可能陷入被彼此"套牢"的境地，既有合作关系成为合作双方唯一的选择。这时，合作关系将表现出路径依赖的重要特征，甚至有可能呈现锁闭效应，打破这种锁闭效应可能需要付出关系完全破裂的巨大代价[①]。正因为如此，即便在以往合作过程中出现争议及矛盾，只要不涉及原则问题，地方司法部门与 A 机构也不会轻易打破既有的合作关系，而是采取比较缓和的处理方式进行沟通协调。对此，A 机构的理事长 Z 认为，

要说矛盾，肯定是有的，包括经费不够用，报账时间比较长，活动设计有争议等，但相较于保持既有合作关系来说，这些在我们看来并不是很严重的问题，一般都可以解决。我们非常需要与市矫正办的这种合作联系，对，大部分的（资源）都需要市矫正办帮我们争取啊！涉及具体项目的话，每个月我们都会跟市矫正办或司法部门开个会，我们这边主要是项目的负责人、具体执行人、代表社工出席，市矫正办那边的话，一般就是对口科室的负责人和其他工作人员过来，会上面我们会做沟通的，一般我们先要汇报一下项目的进展情况，提一下遇到的困难和项目中可能存在的问题，如果对口科室的负责同志有

---

① 刘世定：《嵌入性与关系合同》，《社会学研究》1999 年第 4 期。

这些问题的决策权，一般我们就在会上解决了。如果没有决策权，他们会回去后跟主管领导请示汇报，一般也问题不大。至于一些小问题，我们平时会发邮件，打电话协商一下。（访谈记录：ZJW20130809）

无论是出于规避合作失败的风险，保证对购买项目的管理，还是出于保持社区矫正服务的延续性与有效性的考量，行政机构都愿意维系既有的合作关系。有研究指出，服务机构的稳定性有助于提高服务机构以及服务网络的绩效[1]。如前所述，社区矫正服务作为一项高度个性化服务，需要与服务对象进行深入接触，建立互相信任的关系。在服务实施过程中，也需要政府提供社区服务网络进行强有力的支持与配合。既有的社会关系存量能帮助社会组织缩短与服务对象、政府之间的距离。对此，A机构X区K街社工点负责人Q认为，

一般来说，一个社团要深入社区提供服务，都需要花上很长时间，跟案主和政府接触，才能比较好地把握他们的心态和需要，建立信任关系。但是作为体制内的社团，我们的优势就在于街道是站在我们这边的，一般情况下，我们需要哪些资源，积极争取还是可以拿到的。要是换个社团来做，没有个一两年，连情况都摸不清楚。特别是合作时间长了后，我们很多工作的开展就会比较顺，做个案、做活动越来越得心应手。（访谈记录：QZQ20130721）

诚然，个人与组织层面的社会关系使得"熟人合作"成为可能，可以减少合作中的风险，也有利于政府减少管理成本和管理负担，增加对于合作的"互惠预期"。然而，基于社会关系网络的合作，一个严重的缺陷在于信任和合作互惠关系只能发生在关系网络内部。此外，如果原有合作关系被打破，社会组织不能继续承接项目，获得合同，它对于地方政府的单向依赖关系将会导致社会组织全部或部分停止运转，而地方政府在它身上投入的各项资源，包括做出的各种承诺，也将会瞬时由资产转变为负债[2]。

---

[1]　Johnston, J.M., B.S.Romzek.（2008）."Social Welfare Contracts as Networks: The Impact of Network Stability on Management and Performance". *Administration & Society*. No.2, pp.115-146.

[2]　敬义嘉：《社会服务中的公共非营利合作关系研究——一个基于地方改革实践的分析》，《公共行政评论》2011年第5期。

第四章　吸纳与管理逻辑下的交易执行：
合同约束软化

第一节　交易执行中的合同约束软化

一般情况下，在签订了购买服务合同之后，地方政府与社会组织便会根据合同规定的相关条款履行协议内容，在遵守合同规则的基础之上，社会组织完成各项服务产出指标，地方政府分期拨付购买服务的款项，经第三方绩效评估合格后，合同就履行完成了。从这个角度来说，合同内容对于地方政府与社会组织双方都是一种约束。如果合作双方能够遵守既定政策目标，社会组织专注于为有需要的服务对象提供服务，而地方政府则依据相关规定履行对服务产出进行绩效考核的责任，那么规范双方合作关系的合同就可以被认为是规范且有效的。然而，在地方政府购买公共服务的具体执行过程中，合同约束软化[①]却成为一种显像。根据上一章的论述，地方政府与社会组织签订的合同类型为关系型合同，关系型合同的一个重要的伴生品就是合同约束软化。合同约束软化指的是为了维持长期合作关系，地方政府与社会组织双方都会在合作执行的严格性上做出一些让步。合同约束软化包括公共服务的内卷化、购买资金拨款不规范、绩效评估困境等方面。

---

① 刘世定：《嵌入性与关系合同》，《社会学研究》1999 年第 4 期。

一、公共服务的内卷化

内卷化是 20 世纪 90 年代以来在中国社会科学领域使用频率较高，影响范围较为广泛的概念。美国人类学家戈登威泽最早运用内卷化概念分析社会文化问题，戈登威泽指出，当一种文化模式发展到某种终极状态，它既不能进入稳定状态，也很难转变达到一种新的状态，唯有不断在内部变得更加复杂①。美籍华人黄宗智将内卷化概念应用于分析中国经济发展与社会变迁，指出将大量劳动力投入到有限的土地上，进而获得总产量增长的方式是一种"没有发展的增长"状态②。印度裔美国人杜赞奇参照西欧国家转型的特征来研究新中国成立前中国近代社会政治，提出了国家政权内卷化的概念，即不成功的或背离现代国家政权建设目标的失效行为，也就是政权的正式机构与非正式机构同步增长，国家徒有扩张，没有收益③。概而言之，内卷化所描述的是：在外部资源支持不充分，或是外部力量过于强势导致组织内部分裂，并形成相对稳定的内部发展机制及严格的约束机制，导致在发展和变迁过程中呈现出路径依赖和自我锁定状态，从而导致出现没有发展的增长状态④。具体到本书中，公共服务的内卷化这一概念指的是：在地方政府购买公共服务的执行过程中，社工被迫卷入地方政府部门的行政事务中，或者在提供公共服务的名义下从事并承担地方政府的行政性任务，虽然在表面上看来，社会组织完成了合同规定的一系列服务指标，但是这种服务提供方式在实质上并非有内涵的发展，公共服务的专业精神并未得到体现，甚至被伤害了，结果呈现出"没有发展的增长"的趋势。公共服务的内卷化主要表现为以下几方面。

① 张红、李航：《新失业群体的社会地位及其社会流动：以内卷化为分析视角》，《青年探索》2006 年第 4 期。
② 黄宗智：《长江三角洲小农家庭与乡村发展》，中华书局 1992 年版，第 56 页。
③ 杜赞奇：《文化、权力与国家：1900—1949 年的华北》，江苏人民出版社 1994 年版，第 112 页。
④ 廖慧卿、王壬：《城市社区社会服务的内卷化趋势与发生机制——来自广州市 3 条街道的个案研究》，见《2011 广东社会科学学术年会——地方政府职能与社会公共管理论文集》，第 290—302 页。

（一）社区矫正服务中的形式主义

当今部分地方政府存在一定的形式主义问题，为了彰显政绩，部分科层机构偏好"文山会海"，打造形象工程，编造报表及虚假信息。作为地方政府一手扶持起来的社会组织，A机构受到部分基层政府运作模式的影响，其日常工作也存在过于追求形式化等问题，在机构事务处理过程中，A机构采取文牍式管理方式，导致其工作人员以例行公事的办法予以回应，责任感缺失。为进一步说明社区矫正服务中的形式主义倾向，本书将针对A机构B区工作站社工工作考核标准予以分析证明：

表4.1　2010年QH市A机构B区社工工作考核表（图表来源：A机构）

考核维度	序号	考核项目/考核指标	权重	指标要求	评分等级	得分			
						自评	上级	考评委员会	结果
任务绩效	1	考勤（出勤率）	5%	上下班及会议按时出勤，不得无故迟到早退；不得旷工	每迟到/早退一次，扣1分，扣完为止；旷工一天及以上，扣5分				
	2	办公环境	5%	时刻保持桌面整洁，物品摆放有序，办公区域干净；按时完成公共卫生工作	每周五下班前检查。桌面凌乱，资料未及时整理，散乱，扣1分/次；本人办公区域地面果皮纸屑，扣1分/次；主动承担公共卫生工作，表现突出，加1分/次				
	3	周报、月报	15%	每周五下班前交周报；每月月底前交月报；工作总结，要求重点突出，问题阐述明确；工作计划，要求严密，有明确的工作任务完成时间节点	按时完成，且完整，5分；按时完成，较简单，4分；稍有延误，但完整，4分；稍有延误，但简单，3分；延迟完成，2分；未完成，扣2分/次，扣完为止				
	4	入户调查	15%	目标明确，提前沟通，有针对性，按照时间节点按质按量完成任务	提前完成，且优秀，20—25分；按时完成，且优秀，15—20分；按时完成，良好，10—15分；稍有延误，优秀，15—20分；稍有延误，良好，10—15分；延迟完成，10分；未完成，0分				

续表

考核维度	序号	考核项目/考核指标	权重	指标要求	评分等级	得分			
						自评	上级	考评委员会	结果
	6	社区/小组活动	15%	社区、小组活动次数应达标，按照时间节点完成工作任务（包括重新就业率、户口、证明、低保及补助办理等），服务对象满意度高（80%以上），不断积累经验、改进	提前完成，且优秀，15—20分；按时完成，且优秀，12—15分；按时完成，良好，9—12分；稍有延误，优秀，12—15分；稍有延误，良好，9—12分；延迟完成，5—8分；未完成，0分				
	7	资料的收集、整理	20%	资料收集及时，无缺失，齐全，整理整齐	相关资料/证件缺失，扣5分/份，扣完为止				
	8	外联工作	5%	礼貌待人，真诚服务，无投诉；接待来访者，家庭/电话访问服务对象，满意度高；评估达标	被投诉，扣2分/次；评估不达标，0分				
	9	完成其他临时性工作任务	5%	不推诿、按时按量完成（如志愿者招募工作）	服从安排，严格执行5分；推诿、未完成0分				
	10	合计							

对于社工而言，优秀的考核成绩十分重要，一方面，A机构会根据考核结果决定是否与社工保持雇用关系，因此，考核结果对于社工的去留会产生决定性影响；另一方面，考核结果与社工的工资、福利待遇、晋升空间及进修机会息息相关。可以说，A机构通过考核评价体系指引社工的工作方向和未来发展。但是，工作考核表能够针对社工的真实表现进行恰当测量吗？通过分析，我们可以很清楚地看到，A机构的考核内容流于表象化。

第一，考核强调文书工作，却忽视具体工作。考核表中，社工应完成的文书工作要求占考核总分数的比重有 1/3 多，A 机构要求社工完成繁琐的文书工作，否则将接受各种形式的处罚。有社工抱怨道："我们哪有时间去跟踪个案？每天都有写不完的报告，很多时候写不完，还要晚上加班加点。"[1]第二，考核重视数字化指标，忽视实际工作效果。考核对于社工的服务人数、招募志愿者人次等数量化指标尤为强调，然而，在社工的服务下，案主能否恢复对生活的信心，并从失败的人生经历中汲取经验，顺利回归社会却没有着重关注。考核还十分重视社工开展的活动次数，然而，活动是否取得预期效果，存在哪些要改进的地方等问题却没有规定。考核还将社工与案主谈话的次数、内容进行了要求，但并未针对专业化的谈话方式及工作技巧予以考核。更为重要的是，虽然考核对社工开、结个案的数量进行了明确规定，却忽视了个案特点以及社工工作难度。第三，考核强调非专业化的工作内容，忽视了专业的发展与提升。考核表将案主的重新就业率、户口、证明、低保及补助办理等非专业化工作作为评价指标，而案主在接受个案辅导之后能否重新树立自信，真正做到自立自强并且回归社会等专业性内容却没有得到重视。这样一来，社工的专业化特点逐渐被消解和隐化，社工最终和社区居委会的工作高度重叠。第四，考核强调结果，忽视过程。依据现代犯罪学的相关研究结果，社区矫正是包括心理矫正、技能培训、后续管理与行为干预等环节的长期过程。针对这种社工服务的绩效考评，应将服务对象心理和情绪的稳定，犯罪的频率、行为方式的改变等过程性指标作为考核重点，然而，结果变量已经成为社工工作绩效考核的主要指标，过程变量被 A 机构社工考核体系所忽视。在社工的工作考核体系中，之所以出现这一问题，可以通过分析基层政府绩效考评特点得出解释思路：

这与基层政府部门的政绩考核体系是有着直接关联的，针对官员的考核，一个重要的规律就是以"届"为周期，基层政府向我们投入了各种资源，如果到任期届满的时候还没有效果，就会影响到官员的政绩考核结果，他的升职空间也可能缩窄。（访谈记录：CXS20130807）

---

[1]　访谈记录：WXT20130823。

（二）社区矫正服务的行政化

如前所述，在地方政府购买社区矫正服务的过程中，市矫正办、基层司法部门及相关职能部门经常突破合同的约束条件，将原本需要自身完成的行政事务性工作移交由 A 机构完成，将社工作为协助自身完成行政事务的辅助性力量。这导致"地方政府购买公共服务"理念发生了蜕变，社工成了镇街政府的"勤杂工"。更有甚者，由于政绩等因素的考量，出现部分基层政府"虚报"或"伪造"业绩，甚至与社工"共谋"的景象。

1. 地方政府购买名义下承担行政事务

如前所述，地方政府针对社会组织的运行思维存在"管理的层级差异性"特征。具体而言，尽管在我国，通过地方政府购买公共服务的方式以实现社会组织的创建及运作是一种重要的制度创新，但在具体落实过程中，各级地方政府及其职能部门对此的认识和理解却并不一致。部分基层政府并没有摆脱统管一切的传统思维，仍然将社会组织作为附属单位或下属部门，并且对它们的内部事务和自主权利进行管理①。具体到本书的案例中，不仅在一些镇街，甚至少数区县政府的官员也认为社工是自己管的人，既然花了钱，社工就得听从地方政府部门的指挥。在这种思维意识的指引之下，A 机构被动吸纳加入到行政任务的执行过程中。一些镇街政府还时常让社工去帮他们处理文书工作、出黑板报、布置会议场所、节假日顶班等。除此之外，由于地方政府购买公共服务、社工机构都属于社会管理体制创新的典型，本市及外地各级地方政府经常会到 A 机构进行参观和视察，这一类型的行政任务往往会被强制性地布置给 A 机构完成。例如 L 街社工点的社区矫正服务一直走在全市的前列，多次受到市矫正办的表扬，该社工点的负责人就经常接到协助地方政府部门接待参观和视察的任务要求：

我们这个点一直做得比较好，市矫正办也有意把我们这里作为一个示范性的窗口。当然，这对宣传我们也有一些好处，但是也额外增加了一些工作量，

---

① 徐永祥：《社区发展论》，华东理工大学出版社 2006 年版，第 153 页。

主要是一些参观和接待工作，这些事情也是上头摊派下来的，所以也必须做好它。（访谈记录：ZJ20130809）

这些额外工作，挤占了社工的本职工作时间，稀释了原本应当用于社区矫正服务的资源，也经常使他们感到疲惫不堪。尤其到年终，镇街政府各个部门都要考核，社工更是经常奔走于各基层部门。然而，社工即便在本分工作之外付出大量心血帮助镇街完成各种任务，他们的辛劳也并未得到应有回报。相比于社区居委会、司法科、社保中心的工作人员，社工并未完全获得镇街政府部门领导的重视与信任。一位社工充满怨气地谈道：

司法所跟我们布置工作时，经常会说，"你们归我这个部门直接负责，不要听其他人的。"但是，社区矫正服务需要多个部门的工作配合，我们今天不听他的，明天人家就能不配合你的工作了。不过即便事情做完了，我们跟居委会等部门的工作人员也是有区别的。比如说，一般逢年过节街道都会去居委会慰问，发些日常用品、食品，请居委会的工作人员、一些部门的协管员吃顿饭，虽然东西不多，但这是一种心意啊，表明街道的重视啊，但是我们从来都享受不到这种待遇，所以我们觉得不太公平。（访谈记录：ZJY20130807）

A机构就此情况与市矫正办进行了积极沟通，部分区（县）司法局也开始采取一些措施加以干预和纠正。2012年4月，P区司法局召集A机构一些主要管理人员、各镇街的主要领导开会，特别强调要进一步理顺社工点与街（镇）之间的关系、社工的主要工作职责边界进行研讨与协商。会后，区司法局将A机构社工岗位责任书印刷成册并下发给与会人员，此外，区司法局还以行政公文的形式要求各街（镇）政府部门不要安排社工从事本职以外的工作，并应积极协助社工履行工作职责。

2. 镇街政府与基层社工的"合谋"关系

一直以来，社会稳定就是基层政府最为重视的考核指标之一。从这个角度来说，向非监禁刑人员提供社区矫正服务，降低案主的重新犯罪率，提高就业率，这不仅仅是A机构的重要工作，也是基层司法所的重要职责。在自上而下的压力型体制下，基层司法所需要定期向上级政府提供社区矫正人员的统计数据，主要包括重新犯罪率、就业率等指标，这也是上级司法局对基层司法所进行工作考核时设置的重要指标。出于完成绩效考核任务的目的，少数排名垫底的基层政府通常会在重新犯罪率及就业率等数据上进行"修饰"①。根据相关主管部门的规定与安排，协助基层司法部门定期对社区矫正人员进行清理和统计也是 A 机构的主要职责之一。由于社区矫正服务是一个长期、个性化的工作，而且城市房屋拆迁、人口流动，有些案主居无定所，这也对社工工作的持续性及有效性造成了阻碍。这使得短时间内降低案主的重新犯罪率，提升案主的就业率存在一定困难。社工所掌握的社区矫正人员第一手名单来自基层司法所，但作为服务的提供者，部分镇街社工经常发现自己所查证的重新犯罪率多于基层司法所最初所提供的数据，案主的就业率也与基层司法所的数据存在一定出入。这时社工就会陷入矛盾：应该是如实上报，还是与镇街保持一致②？A 机构的一位社工对此解释道：

> 我们这一片（街道）的社区矫正人员，主要是登记注册的，有 268 人，一直以来，街道司法所感到最为头痛的问题之一是怎样对这些社区矫正人员进行跟踪、管理，由于重新犯罪率和就业率都不符合上级部门的标准，我们街道司法所的考核成绩也老是被拖后腿。后来，街道司法所在数据统计上采取一些技巧，以便降低重新犯罪率的人员比例。但我们在帮助做这项工作的时候，就发现有些数据不准，被漏登、虚报的情况比较多。（访谈记录：ZBH20130808）

（三）社工专业性不足

在一个成熟的社会服务领域，社工机构能够提供给地方政府的关键资源就是自身拥有的专业工作技能，这既包括组织所拥有的专业社工人才，也包括自身设计的独特服务项目与模式。在提供社会服务时，相较于地方政府而言，专业社工机构在专业知识、专业技能以及专业人才等方面具备更多优势。社工人

---

① 主要包括调整数据统计口径方式，少数街道存在虚报、瞒报、少报等问题。
② 访谈记录：ZJY20130807。

员一般都接受过正规的专业教育与培训，与各种相关的专业机构比较熟悉，业务联系也十分密切，因此，他们开展社会工作时会更加贴近服务对象的实际需要，根据服务对象的特点提供专业服务，对于各种个性化和特别的服务要求也能较好地做出回应。

然而，在我国社会服务的起步阶段，很多社工机构尚未具备真正的专业能力和优势。首先，我国专业化的社会服务理念与服务技能基本上来源于对西方发达国家相关经验的学习与效仿，本土化的社会服务经验是比较匮乏的。目前，A 机构部分社工已经能够理解一些个案、小组社会工作的要求，并结合案主的实际情境予以较为贴切的运用，但仍然有很多社工对专业工作方法仅能做概念上的理解，在实际运用时却没能体现出其应有的要义。其次，为迎合地方政府的要求，很多社工机构都是匆忙成立的，事前并未做好充分的准备。有些社工机构成立的动机也很复杂，它们将进入社工领域作为一种盈利的商机，这些社工机构认为作为发展中的新兴行业，社工服务有发展及谋取利益的活动空间。社工机构运作管理也存在很多漏洞，包括组织目标不明确、组织管理行政化、组织激励机制不健全等问题。再次，我国的社会工作教育与培训体系并不健全，能够提供专业培训的大专院校及专业培训机构比较少，即便有，对于社会服务这个发展中的新兴领域来说，地方院校与培训机构也缺乏实务经验，无法提供足够的实习条件，这导致作为专业社会服务的提供者——社工队伍不足且素质良莠不齐，有些是缺乏工作经验仅有理论知识的大学毕业生，有些是从相关部门转行过来的社会人员，真正接受规范的专业培训，又有丰富从业经验的社工人员不多。这一问题在 A 机构身上也表现得很明显，A 机构 Q 区社工站的一位工作人员谈道：

以 Q 区 N 街为例，现在我们有社工 12 名，其中只有 4 名是社会工作专业毕业的。社工除了在正式上岗前进行 120 课时的集中封闭式训练外（授课老师为地方高校社会工作专业与法学专业的专家与教授），这几年，除了听一些讲座报告，或区级层面的一些以会代训等具体工作的强化指导，再也没有举办过系统的、专业性的、针对性的培训，从而弥补专业不对口所带来的"先天不

足"。（访谈记录：NJY20130812）

（四）工作成效不明显

工作的形式主义、专业性不足的重要伴生物是社会工作成效不明显。QH市司法局对社区矫正人员进行跟踪回访的结果显示，在实际工作中，一些街道司法所对社区矫正人员的情况掌握不清；社区社工受各种因素的制约，对社区矫正人员的帮教工作仅仅是蜻蜓点水或无力为之；家属缺乏对社区矫正人员的帮教知识和相关经验，从而使得 A 机构的社区矫治工作成效不明显，部分社区矫正人员存在失控、脱管、漏管状态；社区矫正人员回归社区以后，在生活、就业、情感等方面得不到及时、有效的关心与帮助，无法恢复和融入正常社会生活，从而重蹈违法犯罪的覆辙。将专业社会工作引入社区矫正服务领域，给服务对象带来的改变却不大，反而是强化了部分街道政府在其中的行政性地位。

二、购买资金拨款的不规范

购买资金拨款的不规范主要体现在两个方面，一是购买资金存在政策风险，许多福利国家的社会服务经费都有立法作为保障，但是我国基本是以政策作为依据，以人头费或项目经费的形式下拨给社会组织。一旦出现政策波动或未能取得地方主管部门的同意，购买资金就很容易陷入"断粮"困境①。根据地方政府采购服务合同，A 机构的经费主要从地方政府财政拨付，地方政府购买公共服务的费用分两块承担，市级财政通过地方政府购买全额保证 A 机构的运作，其总站工作人员工资和社会统筹每月按时划出，日常办公经费年初预算一次性划出，培训等专项业务活动一事一报。区县则按照每位社工每年 7 万元标准拨付，其中工资和"六金"统筹部分入 A 机构账户全市统一发放，其

---

① 朱健刚、陈安娜：《嵌入中的专业社会工作与街区权力关系——对一个政府购买公共服务项目的个案分析》，《社会学研究》2012 年第 6 期。

余留作工作站（点）装备、业务活动及日常办公经费。街道（镇）社工点的工作经费包括日常办公经费、办公场地的租赁费用等由街道直接拨付，剩余经费则必须在提出申请并获批准之后实报实销。市级层面的经费支持已经趋于常态化管理，然而，从区县、镇街这两个层级来看，一些组织日常运作所需经费，特别是涉及开展某项主题活动、交流会等非常规性事务时，经费申请上就存在一定难度。经常出现的一个问题就是，当工作站（点）将活动策划方案交给基层司法部门进行审核时，基层司法部门会就此提出各种意见，当社工站（点）修改并取得基层司法部门的认可后方可申请活动经费。即便一开始活动方案就得到基层司法部门的采纳，也需要经过较为复杂的经费报销程序：首先，社工站（点）需要向基层司法部门提交申请，得到同意之后先由社工站（点）垫支，活动完毕之后，社工可以凭发票报销。这些程序性的事务降低了社工的积极性，也给少数基层政府介入 A 机构的日常运作留下了余地。很多时候社工站（点）为了使活动方案顺利通过审批，会依据司法部门需要完成的各项行政任务设计活动方案。就这一情况，H 区 K 社工点的负责人谈道：

> 我们的经费并不宽松，因为地方政府购买合同里规定的经费多半是用于社工工资和日常办公经费的支出的。社工用于开展活动的经费很少，我们要开展一项活动，必须借助基层政府的力量完成。（没有其他经费来源吗?）当然也有一些活动，我们争取到了一些企业和基金会的资助，但是很少，杯水车薪，这种机会是可遇不可求的。只有基层政府觉得我们的活动很有价值的时候，他们的积极性才会高，也愿意参与进来，我们认为这其中的关键就是我们的活动设计能否满足他们的需要。因此，很多社工站（点）要围绕基层当年的工作重点来安排工作，以便将活动设计与基层政府需要结合得更为紧密。（访谈记录：LYR20130810）

二是项目资助程序也存在一定缺陷。特别是 2009 年以后，项目运作制进入地方政府社区矫正服务领域，这给 A 机构的运作带来了一定自主性，但是项目合同规定的资助程序也导致 A 机构陷入资金链断裂的窘境。应该说，签署地方政府购买公共服务合同意味着 A 机构的社区矫正工作得到了社会的认可和地方政府的支持，其权利和义务也通过法律形式确立。合同以法律形式规定了服务的对象、内容和要求，规定了服务的费用、绩效考核和奖惩措施等。在经费的划拨环节，一般是采取分段划拨方式，也就是在项目立项起划拨一笔款项，中期考核通过后再划拨一笔款项，期末考核通过后将所有剩余款项全部划拨完毕，这就意味着市、区县、镇街三级地方政府要实施项目评估后才分期拨款。然而，基层政府行政事务比较繁重，评估日期有时会被一再推迟，即便按时履行了评估程序。评估完成后，还要经历从市级到区级再到社工机构这一耗时较长的项目拨款过程，环环相扣的资助程序使得 A 机构承接的一些项目在一年内数次陷入"断粮"的困境。尽管机构意识到单一的资金来源制约了自身的发展，但向别的机构筹款失败使得资源依赖的现状很难发生改变①。于是，财政上本不应与专业社工有瓜葛的基层司法部门变成了 A 机构陷入资金困境期间的重要援助者，这就使得部分基层司法部门强化了管理社会组织及其社工的实质能力。

三、地方政府购买公共服务的绩效评估困境

绩效评估属于合同的事后管理，是对合同目标实现程度的评估和反馈，主要是在合同到期时对服务合作方提供的绩效的评估②。一般情况下，地方政府购买公共服务的绩效评估体系可以分为两个部分：效率与效果评价。前者关注的是以最小的成本损耗获取最大数量的公共服务，强调的是花费在购买公共服务上的财政资金是否实现了最大边际效用；后者则是强调公共服务的享用者是否满意，一般通过公众满意度来衡量。然而，在具体的操作过程中，即便服务承包方及购买方签订了规范化的合同，科学系统的绩效评价体系与强有力的监督体系的匮乏，导致购买方很难对合同的履行情况给予有效地评价与监督。同

---

① 朱健刚、陈安娜：《嵌入中的专业社会工作与街区权力关系——对一个政府购买公共服务项目的个案分析》，《社会学研究》2012 年第 6 期。

② 敬乂嘉：《合作治理——再造公共服务的逻辑》，天津人民出版社 2009 年版，第 106 页。

时，由于在现有的地方政府行政体制下，对公共服务进行监管时需要多个地方政府机构共同合作进行，这些机构通常既是承接服务的社会组织的主管部门，又和它们有着千丝万缕的密切联系，这种复杂的利益纠葛使得地方政府对公共服务购买项目的监管显得十分乏力①。

（一）地方政府购买社区矫正服务的绩效评估机制

在绩效评估方面，相关政策文件规定，地方政府购买公共服务运用内外部评估相结合的方式进行绩效评估。外部评估一般是引入社会各界人士或中介评估机构对项目的实施情况开展绩效评估。内部评估则由服务委托方依据合同文本的具体要求，根据评估标准对项目实施情况开展绩效评估。根据地方政府与社会组织所签署的购买合同、《社区矫正服务考核评估办法》的相关规定，A机构的服务考核由各级司法部门委托社会中介机构进行科学评估，市矫正办、区县司法局和基层司法所依据第三方的评估报告，对A机构的三级机构进行考核评估。评估的结果分为四个等级，即优秀、良好、及格、不及格。因为服务的日常运作集中于各个社区，因此镇街司法所对于A机构的考核评估极为重要，他们对于A机构服务的认可与否对于绩效评估结果起到关键作用。评估主要包括三个部分：社团的基本服务标准、服务量、服务成果标准。基本服务标准强调A机构应按照社会工作专业方法，包括个案工作、小组工作和社区工作的基本服务标准开展服务。服务量标准的评估是指针对包括A机构社工平均工作量与整体工作量的评估。社工的平均工作量包括服务对象接触人次、个案会谈时数、个案开案人数、个案结案人数、犯罪率、小组开设组数、小组活动节数、小组服务人次、社区工作次数、社区工作服务人次等。A机构整体工作量包括社团大型活动次数、社团大型活动服务人次等。服务成果标准包括服务对象及其相关人员对A机构所提供服务的满意度；区县、镇街等对A

---

① 王浦劬：《政府向社会组织购买公共服务研究：中国与全球经验分析》，北京大学出版社2010年版，第30页。

机构服务认可程度；相关的职能部门和组织对 A 机构服务的评价。

自 2009 年开始，社区矫正项目的绩效评估由一次考核变为期中与期末考核相结合的形式。期中考核通常是采取社团自评的方式。社团自评强调 A 机构需就其基本服务、服务量及服务成果、服务质量的执行情况进行自我评估，并将评估结果呈报 QH 市矫正办。A 机构还应在项目执行期间提供季度和半年报表，上报服务量及服务成果的统计数据。A 机构每半年就其服务量及服务成果标准的偏差向市矫正办呈报，并于每个年度完结时提交改善计划。期末考核是在第三方评估完成后，市矫正办、区县司法局和镇街司法所组织专门评估小组对 A 机构的三级机构进行基本服务标准、服务量及服务成果标准的综合评估。评估小组使用综合评估量表进行逐项评估，最后明确考核等级。对 A 机构的评估方法主要有审阅相关文件、观察、抽查、面谈等。由于服务对象满意度是评估内容之一，因此评估专家也会进入社区针对服务对象进行考察。除了正式的期中考核与期末考核，市矫正办还会安排镇街司法所针对 A 机构提供的服务进行日常监督与定期考评。H 区 M 街司法所的一位工作人员就谈道：

平时的话，如果有服务对象对社工提供服务的方式、内容有意见，反馈到我们这里，我们一般就会跟社工了解是什么情况，需要开展哪些协调工作。根据服务对象的反馈意见，我们还会提出一些改进意见，供社工参考。此外，我们会对照合同，结合社工点定期提交的工作报表，看一下社工点的工作进度。如果指标还没达到，我们会跟社工点一起开个会，谈一下工作中存在的问题以及如何解决。（访谈记录：CW20130822）

（二）社区矫正绩效评估的困境

1.绩效评估的形式化

应该说，现有的绩效考核体系逐渐趋于规范化，但是，在实际运作层面，这些考核机制并没有得到严格的施行。一方面，针对社区矫正服务的绩效评估工作近几年才开始步入正轨；另一方面，社区矫正服务处于发展阶段，很多工作方法也在逐步地摸索过程中。因此，在绩效评估的具体操作过程中，评估专家还是持一种鼓励与指导的基本态度，针对评估过程中出现的一些问题，专家们会提供更正意见，以帮助社工更好地应对绩效考核。市矫正办、区县司法局和基层司法所在确定考核等级时，也会采取一种更为温和与宽容的态度，因此，自实施绩效考核以来，A 机构所得的评估结果都是以优秀或良好为主，个别社工点由于工作量没有完成等原因，得到合格的考评结果，但是并未发生考核不合格的情况：

一开始，市矫正办也希望绩效评估能够切实对于社区矫正服务发挥真正的监管作用，我们也认为通过绩效评估，可以找到服务的缺陷与不足，提高我们的服务水平。但是，在实际操作的时候，的确有些困难，毕竟理想与现实有些差距。因为很多服务方式并不完善，我们社工也在逐步地摸索过程中，如果一来就在绩效评估阶段做得很严格，我想很多社工点都得打不及格。这一方面影响社工的工作积极性，更重要的是，如果连续 2 年不及格，会影响 A 机构与市矫正办的合作关系，刚开始我们还是以鼓励为主，要扶持，所以评估的作用还没有完全发挥出来。（访谈记录：CW20130822）

2. 不健全的评估机制

市矫正办与 A 机构签订合同，主要目的在于提高对非监禁刑人员进行矫正的质量，降低重新违法犯罪率，进而为社会提供更良好的治安环境，而社区矫正服务的考核却主要强调社工每月组织矫正对象开展的个案数、小组活动的人次数等数量化指标。这些指标完成情况更多依据的是社工填写及上交报表的情况，这就鼓励社工尽可能多地把时间用在填写报表上面，并且尽可能把表格规定的项目通过程式化的方式完成掉。而且这些考核指标多半通过书面文件呈现，因此无法直观地显示服务效果，也就无法帮助市矫正办及基层司法部门正确评估社区矫正服务在服务案主、化解社会矛盾方面的实际效果。特别是在基层司法部门看来，社区矫正工作并没有什么实际功能：

说实在话，社区矫正服务对于我们来说，为个发展中的事物，效果很难一下看出来，社工的工作还是以帮教为主，强调说服教育，包括督促服务对象上交思想汇报、定期报到，协助我们做数据统计工作。当然，社工可能也付出了很多心血去做，但是实际效果，在我们看来，并不是很明显。市矫正办和司法局每年还花这么多钱，好像也没看到很大改观。（访谈记录：CW20130822）

由于社区矫正服务的实际效果很难被基层司法部门予以正确的评价与认识，这导致基层司法部门在认识上产生偏差，并且鼓励他们在绩效评估的实际操作过程中，以是否服从基层司法科（所）的工作安排替代社区矫正服务的产出指标，即更加注重社工机构能否给予自身工作带来的帮助。在基层司法部门看来，社区矫正服务绩效评估的功能没有发挥出来。这种情况引发A机构与少数基层司法部门的"共谋"问题。即出于应付上级部门考核的共同目的，少数基层司法部门放松对A机构的监管，A机构配合基层司法部门完成其提出的工作要求。这导致地方政府购买的核心指向——社区矫正服务反而隐身变成一项可有可无、不受重视的工作。

3.A机构的机会主义行为

为了应付服务的产出指标，A机构下属的社工站（点）会采取机会主义行为，包括降低服务质量，或者虚报数据以满足指标产出的需要。由于社工站（点）人员配备的水平不一，工作态度有好有坏，社会工作技能有高有低，这导致各社工站（点）所提供的服务水平参差不齐。但是针对A机构各级分支机构的评估标准却是一样的，为了应付考核，社工会一味地专注于完成合同规定的个案、小组方面的数量化要求，并花费大量时间完成各种文书工作，而忽视服务质量水平。即便有时间与服务对象直接接触，社工也可能考虑到考核指标的倾向性而采取"磨洋工"策略。换言之，在现行的考评指标机制下，社工没有积极性去深入了解案主的心理和思想情况，帮助他们重新回归社会。因为社工们知道，基层政府对他们工作的衡量以书面材料为主，基层政府也不可能派出那么多人去监督社工是否用心工作。这也是一些社工把更多时间和精力放在给居委会打电话，了解服务对象的情况，然后填报表上报，而不是全身心地投入到与对象的深入接触中的非常重要的原因所在：

社区矫正服务是一项需要沉到社区里头，跟服务对象提供个性化的服务，而且你所提供的服务要有效果，必须对服务对象进行长期跟踪。这一点与合同相关规定是有矛盾的。特别是考核一个社工的工作做得好不好，主要是看一些产出指标，包括个案开了多少个，小组做了多少个，还要求必须写下详细的书面记录。这就导致社工很难沉下心来去做好单个案主的服务。多数都是为了完成考核任务的要求，不断地开个案，而且花大量时间做文书工作。（访谈记录：LYR20130810）

当考核指标难以完成时，某些社工点会采取一些变通措施，对涉及考核指标的相关数据进行造假：

为了通过考核，少数社工点会想一些办法，将指标抬高。比如 G 区的一个社工点，他们为了考核成绩高一点，让社工去造指标，编个案记录。而真正需要社工去做的社区矫正服务工作，反而被跳过去了。（访谈记录：LYR20130810）

第二节　资源约束与交易费用：对交易执行的解释

一、资源约束与公共服务内卷化

在资源依赖理论看来，一个组织的生存在某种程度上取决于它的资源获取能力。对资源的需求构成了组织对外部环境的依赖，资源的重要性和稀缺性决定组织依赖性的本质和范围。而在 20 世纪 60 年代以后，伴随着开放系统理论影响力的不断扩展，组织与外部环境之间互动关系越来越受到研究者们的重视，特别是环境对于组织生存和发展的正面影响力，即环境能为组织汲取物质、能量、信息、规范等资源，这一点已经被普遍关注和证实。然而，与该论点相对应的另一条研究思路则认为环境对于组织发展并不一定都是正面效果。很多时候，环境对组织的成长也会起到阻碍作用，扮演敌对或异己的反面角色。的确，在现实世界，任何一种外部环境都不可能是同质性的，这意味着有些环境因素能够有效推进组织的生存与发展，是一种正向力量；有些环境因素则会约束和限制组织的运作，是一种负面因素①。

具体到本书的案例中，社会组织要维系自身正常运作，也需要资源支持，其首先要获取的资源即为经济性资源，在这一点上，社会组织主要依赖的是地方政府购买经费等财政拨款。在经济性资源之外，社会组织还需要地方政府在人员、服务对象、制度环境等多个方面提供支持。地方政府作为社会组织的强力后盾，为促进社会组织的快速成长提供了不可或缺的重要支撑，但在客观上也引发了一些不良后果，包括社团先天发育不良、缺乏自主意识和自治能力，这也使得社会组织被吸纳进入行政架构之中，成为科层系统的编外人员。在公共服务之外，社工还需要完成团建、党建、定期检查等行政性事务。避免以服务对象的需求为本的专业使命受到影响，实现社会善治的专业承诺受到怀疑②。

自成立以来，A 机构在预防和减少社区矫正人员的违法犯罪、促进社区矫正人员的心理与社会康复、帮助服务对象回归社会等方面取得了一些进展和突破，但也出现了公共服务内卷化问题，主要表现为社区矫正服务的形式主义、专业社会工作行政化、专业性不够突出等方面。其原因有二：一是外部环境的资源缺失，主要有非物质资源及物资资源两大部分，非物资资源具体包括来自地方政府的权力约束、制度供给及社会合法性的缺失；物资资源包括财务、社工人才和社区资源缺少整合。二是与社会组织自身的弱小、缺少能力建设息息相关。

（一）外部资源缺失困境

1. 非物质资源的缺失与约束

（1）权力约束

①市级政府部门利益需求的约束

A 机构的快速组建及顺利运转，是 QH 市政府自上而下推广与践行社区矫

---

① Pfeffer J, Salancik R. (2003). *The External Control of Organizations: A Resource Dependence Perspective*. Stanford, C A: Stanford University Press.

② 朱健刚、陈安娜:《嵌入中的专业社会工作与街区权力关系——对一个政府购买公共服务项目的个案分析》,《社会学研究》2012 年第 6 期。

正社会工作制度的结果，然而这种制度创新与供给从一开始就带有地方政府部门利益诉求。实际上，理论与实践早已经证明，社会工作服务最重要的目的是解决社会问题，最重要的服务对象理应是社会上遭遇生活困境的主流弱势人群，然而，QH市在发展社会工作时，除了将解决社会问题纳入考量范畴，还有维护社会稳定，减少犯罪率，加强地方政府对于社会的管理能力的考虑①。正是出于这一考量，QH市政府从预防和减少犯罪工作体系出发，针对那些对社会秩序和社会稳定产生影响的社区矫正人员开展救助和帮教工作。作为地方政府制度安排及地方政府部门利益驱动的结果，在具体实践中，社工与社区矫正人员之间并未形成真正意义上的服务与被服务的专业关系，而是依循传统的监管与被监管的行政关系，社工较为擅长的也是督促服务对象定期提交思想汇报、定期报到、清理统计、减少社区矫正人员的重新犯罪率等工作，这些工作与社会工作的职业取向有一定距离，从法律的角度来看，也缺乏必要的根据和授权，这也导致了社区矫正服务的形式主义和专业性不足。

②来自基层政府的权力约束

组织不是一个封闭的体系，它受到所处环境的影响。社会组织作为承接服务的供给主体，其本身蕴含着专业自主的社会工作精神。然而，社会组织提供的服务表现出内卷化趋势，其原因除社会组织自身存在缺陷，还可能是受到外在力量的管理而呈现出的反应②。这个外在的、强大的组织实施管理的目的在于，通过规范和引导使社会组织的一切活动按照它所规定和期望的方式进行，从而保持两个组织之间的目标一致性③。站在社会组织的立场，这股外部能量来源于行政机构。镇街作为单一属性的行政权力运作中心，从本质上而言，它具有科层化的典型特征，其核心职能是在维持社会稳定和公共秩序的基础之上

---

① 张昱：《社会工作的本土化发展》，《华东理工大学学报》（社会科学版）2004年第1期。

② 何艳玲、蔡禾：《中国城市基层自治组织的"内卷化"及其成因》，《中山大学学报（社会科学版）》2005年第5期。

③ 田凯：《非协调约束与组织运作——一个研究中国慈善组织与政府关系的理论框架》，《中国行政管理》2004年第5期。

推进基层治理。在管理与 A 机构的合作关系时，基层镇街政府更愿意在行政关系框架下执行购买项目。这固然能够对弱小的 A 机构起到扶持培育之功效，但也成为公共服务内卷化的核心动力所在。

究其原因，自上而下的压力型体制是一项重要的解释变量。激励机制和任务环境是解读基层政府行为逻辑的关键，科层制当中的压力型体制、向上负责制和晋升机制使得基层官员对来自上级的指令十分敏感①。基层政府位于行政体系的末端，它需要回应上级政府下达的多样化、高强度的任务要求，提供面向居民的公共服务只是其中之一。然而，基层政府能够动员的资源却是十分有限的，与需要完成的行政性任务之间存在持续性的紧张关系，因此基层政府需要将稀缺的资源投放到对其而言最为关键的领域。当购买的公共服务属于基层政府认可的重要领域，那么基层政府与社会组织就可以达成以公共服务为主导的共识。要在基层政府与社会组织的合作中做到这一点，取决于基层政府对公共服务重要性的认知。如果居民对公共服务的意见和态度对于基层政府而言是非常重要的外在约束机制，那么公共服务的重要性就主要取决于它对于居民的价值，即能否为有需要的弱势群体提供帮助。然而，在我国，基层政府主要是向上负责而非向下负责的，基层政府的任务、指标是上级部署下达的，检查、评审是上级组织的，激励、处罚是上级安排的。在上述情境之下，公共服务对于基层政府的重要性就取决于这些服务能在多大程度上帮助它们回应上级政府重点关注的指标和任务。如果公共服务难以与上级政府的关注点相契合，则纷繁复杂、期限紧迫的行政任务就会成为基层政府的优先选项。为此，基层政府会在任务繁重阶段将社会组织作为一种辅助性力量运用于执行行政性任务，从而导致公共服务走向内卷化。

（2）制度约束

制度作为一种由公共权威（主要是地方政府）通过正规形式确定、并依靠强制力向全社会推行的显性规则，它不仅构成了社会组织生存与发展的外部环

---

① 周雪光、艾云：《多重逻辑下的制度变迁：一个分析框架》，《中国社会科学》2010 年第 4 期。

境，还决定了组织存在的合法性、获取资源的路径及其日常运作方式①。具体到本书的研究中，在地方政府部门建构的制度约束下，A机构表现出各种发展困境：

①协调机制缺失的约束。

A机构是在"预防和减少犯罪工作体系"下组建起来的，这一工作体系在为A机构的具体运作提供制度依据的同时，其内在缺陷也随着A机构工作的逐步推进而日渐显现，并对社会组织的发展形成桎梏。其中，基层制度的缺失所带来的负面影响最为严重。原有"预防和减少犯罪工作体系"的设计仅覆盖市、区县两级政府：市级政府专门成立了矫正办，以便对A机构的工作进行指导和管理；区县政府则是成立了预防办，专门用于协调各个政府职能部门之间的关系，以进一步推进社区矫正工作的顺利展开。然而，基层的镇街却没有设立相应的管理协调机构，但是镇街却是社区矫正服务开展的具体活动场所和重心所在。更为重要的是，区县层面设置的预防办并未发挥其应有作用，作为一个常设性协调机构，预防办对相关政府职能机构的影响力有限，也缺少协调力，这导致一些区县预防办将多数时间和精力投放到对A机构工作站（点）的管理工作上，有时跨过组织边界，对工作站（点）的内部事务进行管理，这也引发了A机构与预防办之间的矛盾和冲突。由于在政府购买公共服务的拨款方式方面，QH市运用的是"市级出点子、基层出钱"的方法，即各区县、镇街财政负责承担购买公共服务的费用。虽然购买公共服务的主体经费都是从QH政府那里取得，但是实践表明，基层政府付费方式与程序并不规范，比较容易出现行政干预及行政隶属问题。

②配套制度缺失的制约。

相关配套制度并不完善也阻碍了社区矫正工作的顺利展开。虽然地方政府将社区矫正人员视为"危险弱势群体"，还委托A机构为其提供救助服务，然

---

① 唐斌：《禁毒非营利组织研究：以上海市Z社工服务机构为例》，上海社会科学院出版社2017年版，第102—115页。

而，地方政府并没有对社区矫正人员设置相契合的特殊扶持政策，社区矫正人员在重新返回社会的过程中，经常由于其身份和经历而遭受社会排斥和歧视。例如，社区矫正人员在找工作时，由于有过犯罪的案底和不良记录，工作单位很容易将其拒之门外，特别是在越来越严峻的就业形势面前，社区矫正人员想要获取一份工作十分困难，然而这一点却是他们彻底摆脱原有群体环境和生活方式的必要前提。实践也表明，缺少稳定的工作及收入来源，社区矫正人员在社会上游荡，很容易再次重陷犯罪深渊，社工在社区矫正人员身上投注的心血与时间也难以有所回报。

③制度冲突所形成的约束。

作为一个社工组织，A机构秉承着服务对象是弱者，应该给予关爱的工作理念，提倡应将社区矫正人员回归其所生活的环境中去，进而对其进行诊断和辅导。这种专业的社会工作方法，相比于我国传统的社区矫正工作方式而言，具有较强的创新性。但是，一方面，我国的相关法律规范对于社区矫正人员还是以严格惩处及监督管理为主要取向；另一方面，目前社会主流价值观在看待社区矫正人员时，仍然是持排斥及谴责的舆论氛围，因此，A机构所推行的社会工作专业方法必然会受到来自宏观制度和社会环境的挑战与约束。当专业社工对社区矫正人员的柔性服务与基层公安、司法机关对社区矫正人员的严格管理相碰撞，A机构对社区矫正人员在情感及生活等方面的帮助与社会公众对社区矫正人员的隐性歧视相遇时，很有可能导致社区矫正人员再次走进死胡同，而A机构所做的努力也会功亏一篑，后续的工作开展更是难上加难。

（3）社会合法性的约束

对于社会组织而言，其存在的合法性来源既包括政治、行政及法律赋予的合法性，也包含社会赋予的合法性。在某种意义上，社会合法性对于社会组织更为重要，这是因为在生存的终极目标上，社会组织应以社会为本，通过吸纳及运用各种物质及非物质资源，其开展活动的服务对象是社会，而与政府和企业的关系只是服务于这一活动目标的手段与策略。因此社会组织需要积极寻求社会的认可及支持①。就这一点而言，QH市政府也做出了各种努力，在A机构的组建及运作过程中，QH市政府组织和动员电视、报刊等新闻媒体对A机构进行宣传报道，以便提升A机构和社工的社会知名度与公信度；在社区矫正服务的提供过程中，A机构社工也积极筹划，以求获得更好的服务效果。例如，社工在接案过程中会积极主动下到社区寻找服务对象，而不会消极等人求助，社工还会根据案主的生活规律和实际情况提供上门服务。但由于A机构及社区矫正社工发展并不成熟，少数媒体在针对这一新事物进行宣传及报道时，也存在信息失真问题，这导致与社区矫正服务距离遥远的公众的不理解，有社区居民就表示并不清楚A机构与基层司法所的区别。作为一项专业的社会工作类型，社区矫正服务的性质和作用也不为人知。这使得社区矫正社工在实际工作中经常会遭遇各种误解及非议。这种误解或非议主要来自以下几个方面：

　　一是来自社会公众的误解或非议。在我国，社工职业化自2004年就正式推广开来，针对这一新生事物，相关地方政府部门也积极进行宣传及推广，很多市民对社工逐渐熟悉起来，但是仍然有一些民众对社工的工作内容和工作性质不甚了解。在很多人看来，社工和居委会工作人员的业务范围是一致的，社工人们往往会将社工和居委会等同起来，甚至以为社工的工作就是做好便民、利民的服务活动，维护居民的合法权益，协调处理各种邻里纠纷等。社工致力于"解决社会问题，促进社会公正"的专业理念并不为人所熟悉和理解。之所以出现上述问题，一方面是因为社会宣传的力度还不够，另一方面，社工工作还处在起步阶段，其专业性表现也不突出，这导致社工在开展服务过程中经常招致各种误解。很多社工在访谈时都提到社区居民对社工并不太了解。在与社区居民接触时，社工经常会被问道："社工？是不是可以免费上门的志愿者？"社工？就是搞护理的吗？能免费提供居家养老服务吗？"二是来自服务对象及其家庭的误解及非议。在服务对象看来，作为司法所及社区民警的代言人，社区矫正社工主要的工作内容是监管社区矫正人员，服务对象对此很抵制，因而

①　吴东民、董西明：《非营利组织管理》，中国人民大学出版社2003年版，第151—152页。

面对社工时，也表现出较强的戒备心理和抵触情绪。部分社工主动上门服务也会被拒绝，甚至遭受无故责骂或强行驱赶，这对社工而言无异于是一种严峻的考验与挑战，部分社会阅历浅、心理承受力弱的年轻社工更是备受打击。此外，部分服务对象的家人对曾经有过服刑经历的家人接纳度不高，也不支持社工的工作。三是来自用人单位及基层政府相关部门的误解与非议。在用人单位看来，有过案底的社区矫正人员属于社会边缘人群，雇佣他们有极高风险，因此用人单位宁愿选择学历低经验少的应聘者，也不会考虑社区矫正人员。此外，部分基层政府相关部门在协助办理低保、救助等事宜时持歧视态度，这也给社工及社区矫正人员带来了很多困难与阻力，社工也招致外界舆论的种种非议与批评。四是来自社工亲属的误解。大多数社工对本职工作抱有极高热情，特别是大学毕业不久的年轻社工，他们活力十足、责任心较强、接受新生事物快，也愿意投身社工这一职业。但是社工所在家庭及亲属并不理解，特别是社区矫正服务，由于社工经常与曾经的犯案人员相处，亲属们担心社工的安全问题，往往会反对甚至阻挠社工继续工作。不少社工在接受访谈时都提到来自于亲戚朋友的压力，这迫使他们离职转行，这也是社区矫正社工群体"青黄不接"的重要原因。

2. 物质资源的缺失与约束

（1）财务资源的约束

一直以来，财务资源都是社会组织能否生存及发展的重要因素。因此，资金筹集能力对于社会组织十分重要，一个成功运作的社会组织，想要实现独立自主的发展，必须采取有效和稳妥的募资策略汲取其需要的资金。有研究指出，在世界范围内，很多重要社会组织的运作资金最主要来自服务收费、政府资助和慈善捐赠，这三者在各国社会组织平均总收入中所占的比例依次分别为：49%、40%和11%[①]。然而，从 A 机构自身的情况看来，由于服务对象的经济状况并不稳定，自身服务范围有限，向外界拓展服务项目的能力比较差，

---

① Lester M.Salamon and Helmut K.Anheier，（1997）．*Defining the Nonprofit Sector: A Cross-national Analysis*. Manchester: Manchester University Press, pp.27-33.

这都导致 A 机构很难以募捐、收费的形式获得足够的运作经费。这样一来，A 机构只有依靠地方政府投入的经费维持自身的日常运转。虽然 QH 市政府已经将购买服务作为向 A 机构投放资金的主要方式，然而，这种资金投放方式与西方国家的政府购买并不完全一样。西方国家采取的是项目经费划拨的方式，也就是社会组织完成的项目越多，获取的收入也就越多，而 QH 市采用的是劳动力买断为主、项目为辅的方式。这样一来，经费额度就是固定的，一旦地方政府部门要求 A 机构完成额外的工作内容和服务项目，A 机构即刻就会陷入经费不足的困境。更为重要的是，经费来源的单一性，也直接导致 A 机构需要配合地方政府的工作要求，这也是社区矫正工作在一些街镇表现出形式主义和行政化的重要原因。经费紧张的现状致使 A 机构很难提升专业水平，也无法保证工作开展的有效性，许多重要工作由于经费不足而停顿。主要包括：为一线社工开展的专业培训工作、针对服务对象开展的活动等等。此外，缺少经费也导致 A 机构下辖镇街社工点的办公条件无法得到改善。在调研中，社工 L 告诉笔者：

> 我们这个街道有一个办公室，条件不错。不过街道是不给我们用的，一般是街道自己拿去用。我们只有遇上媒体采访的时候，街道才会同意我们用用，还要提前打申请才可以。（没有跟上级政府反映一下，提出改善一下环境的要求吗？）当然，每次上级政府的领导来指导工作或者看望我们的时候，也反映了这个情况。但是，效果不是很明显，也没有什么反馈的信息。我们也感到很无奈，很多事情不是你想怎么样就怎么样的。也有街道给社工的办公条件会好一些，我们旁边的那个街道，每个社工都给配一辆自行车，这样就方便了社工为案主提供上门服务，他们每个月还有伙食补贴，虽然不多，但是大家都很羡慕，这也反映他们街道的领导对这个工作很重视。但是，这样条件还可以的社工点不多。（访谈记录：ZYQ0130818）

（2）社工人才的约束

一直以来，社会工作都十分强调其专业技术含量，在社会工作发展水平较高的地区，如果想要成为一名社会工作者，必须要达到十分严格的社工从业资格要求。例如在我国香港地区，想要成为一名注册社工，需要具备两个条件：一是在正规大学接受过社工本科教育，二是需要具备实际工作经验。当然，高要求也必须与高工资相匹配，否则将会导致严重的人才流失问题。据相关统计，海外的社工职业地位不亚于医生和律师，工作颇受社会的尊重，薪酬福利达到中产阶级水平。在我国香港，社工专业的毕业生通常比其他专业的毕业生薪水约高出 20%、初级社工月薪约 1.2—1.8 万港元、高级社工年薪超过 40 万港元。据 2014 年 3 月 17 日 QH 市社会工作推进会的相关获悉：目前 QH 市具有职业资格社工已达 1.5 万人，专业社会工作机构已突破百家，但社工的流失非常严重，年流失率达两至三成。在取得职业资格的社工中，只有三分之一从事专业社工岗位。而具有社工职业资格的，未必从事专业社工，从事社工的也未必留得住。

目前，QH 市确实存在着社工"数量增加"与"流失并存"的怪象。不少基层社工坦陈：收入低、事务多、压力大、没前途。社区矫正人员原本就是一个特殊的群体，帮教难度很大，外加考核要求，一线社工需要定期为数十名社区矫正人员提供帮教服务，这导致现有从业社工难以负荷，离职现象频发，据不完全统计，A 机构社工每年流失近 15%。以 K 街社工点为例，成立之初，他们聘请的社工多是从司法系统抽调来的退休人员。近两年，社工点只有几个接受过专业教育的大学生担任社工，还不断有人在找到更好的工作机会后主动辞职，这些离职社工遗留下来的个案必须转交其他社工做。这样一来，余下社工需要承担更多的工作量，他们感到力不从心，无法承受。在实地调研中，有一些社工点的管理人员提到，虽然会有实习社工和志愿者做补充，但这对于不断流失的社工队伍是远远不够的，而且实习生实习时间短，最终选择留下来投身社工队伍的更是少之又少。较大的工作压力，较低的收入和社会地位造成社工人才的大量流失，这对社会工作的生存和发展造成了极大挑战，也不利于提升社工机构的专业化水平。

（3）社区资源整合的约束

专业社会工作的一个重要特征是通过各种方式挖掘、集结、协调和运用社区资源。诚然，社会工作也是一项重要的资源类型，它是社工投身社会服务的重要基础之一。但社工想要其所提供的服务得以顺利展开，更加重要的是去了解和熟悉社区资源，进而将这些资源组织、集结起来加以运用。而在社区资源的集结和整合过程之中，"关系"的建立十分重要，一方面，通过建构良好的关系，社工才能与案主进行良好的沟通，在案主敞开心扉的基础之上，顺利推行针对案主的帮扶策略；另一方面，在社工运用其他相关资源、调配人员的过程中，亦必须凭借社会工作者建立关系的能力来进行①。在本书的案例中，由于 A 机构开展各项活动的经费、社工的工资需要各级地方政府部门拨付；其下辖工作站（点）的办公设施设备也需要基层政府提供；服务对象的低保申请、上岗培训和就业推荐等也要通过街道或居委会来办理；服务对象的前科、犯罪历史等详细资料，以及服务名单的核对也有求于当地的派出所及司法所提供，在这种资源非对称依赖的情境下，A 机构和社工不与各级政府部门保持良好合作关系，上述社区资源就无法获得，业务工作难以开展。

诚然，A 机构与地方政府在具体工作的衔接和配合上，如果有相关制度规范予以约束及保障，A 机构依据正式规范也可进行社区资源的整合。但如前所述，制度约束也是政府购买公共服务呈现内卷化问题的重要原因所在，这也导致在 A 机构需要工作配合时，一些基层政府机构往往采取较为保守的态度，并不积极。为了争取获得有关基层政府部门、居委会的工作支持，A 机构只有"另辟蹊径"，安排机构内的选调社工，主要是一些老司法、老公安借助原有工作或者私人关系与政府更好地开展业务协调工作。但是，仅仅凭借旧有关系和情面而非专业工作技能来汲取社区资源，导致许多以社会招聘方式进入 A 机构工作的年轻社工感到无所适从，他们容易产生自我怀疑情绪，这对于社会工作的展开也形成了严重的制约。

（二）组织自身能力的约束

1.目标定位比较复杂

在理性系统分析家看来，组织目标的认知功能十分重要，它是提供制定与

---

① 李增禄：《社会工作概论》，台湾巨流图书公司 1989 年版，第 61 页。

选择行动方案的准则，是决策与行动的方向与约束。而在自然系统分析家看来，组织目标应该强调目标的聚情或激励属性，认为目标是参与者获得认同与激励的源泉。综合上述两方面的观点：从认知功能上看，组织目标的主要功能是指导组织制定各项政策方针，选择并采取相应行为，此外，组织目标具有吸纳的特殊属性，因此，对于组织的参与者而言，组织目标是认同和义务的重要来源，也是一个组织能够吸引外部拥护者的象征性资产[①]。在地方政府购买社区矫正服务相关要求的指引下，A机构在章程中将自身目标限定为：对社区服刑人员开展帮教和服务；社区矫正理论研究和实务探索；根据委托或授权承担的其他业务[②]。从章程上看，这种目标定位与A机构的发展理念比较契合，然而，在实际执行过程中，A机构的目标被逐渐泛化导致工作任务复杂化。这一点可以从A机构社工的工作职责书中得到反映：

A机构社工的工作职责书

一、每日工作事项

1. 登入市矫正工作平台，监听电话、查看管理措施落实进度，思考、落实解决办法。

2. 登入省矫正平台，处理待办事项，查看各项工作数据录入完整性和进度。

3. 登入内外网安帮平台，查看信息核实、回执发送工作和其他工作完成情况。

4. 上、下午各登入矫务通至少一次，定位核查社区服刑人员活动地点，对越界人员进行相应处理。

对于在上述四项工作中发现的问题，区分情况，及时逐级汇报，直到问题解决。

[①] [美] W. 理查德·斯格特：《组织理论——理性、自然和开放系统》，华夏出版社2002年版，第301页。

[②] A机构章程第一章"总则"的第五条。

二、每月工作时间相对固定的工作

1.5 日前，向区局社区矫正局报批上个月度违规人员处罚、报批人工补录人员报表。

2.8 日左右，区局矫正局对上个月度违规人员和重点人员进行集中教育。

3.10 日前，报批、上传全部受处罚人员资料。

4.20 日前，司法所完成两次集中活动。

5.25 日，定时报送社区矫正、安置帮教各类报表。

6.28 日，定时报定位人员增减表，29 日报三家运营商。

三、在规定期限内安排完成的工作事项

1.协助执法人员对月度两次集中、重点人员教育矫正活动策划、落实，负责点名、签到、现场记录等工作，提前做好纸质、平台工作准备。

2.使用矫务通记录走访情况。

3.使用矫务通记录矫正小组情况反馈。

4.协助执法人员调查评估、报送评估资料。

5.督促、收集社区服刑人员书面报告，交司法所执法人员签阅。

6.督促社区服刑人员电话汇报，及时查实不按时汇报的原因，及时向司法所领导和矫正局汇报。

7.对新增人员报到准备情况进行核实、督促，在指定时间到矫正局办理新增人员入矫手续，协助执法人员进行入矫宣告教育，告知其到司法所接受矫正的时间，协助执法人员首谈。

8.在社区服刑人员解矫前，及时到矫正局办理解矫手续，领取解除矫正证明书。

9.协助执法人员组织解矫宣告，现场做好记录。

10.工作档案整理、填写、装订、移交。

11.对严管、重点、户籍非本地、请假外出、"四涉"等人员的情况进行电话抽查，并做好记录。

12.发现社区服刑人员违规，第一时间向所领导汇报，协助执法人员落实解决措施。

13. 收集奖惩证据，为报批奖惩作准备。

14. 及时完成各类定期报表、临时报表报送。

15. 对请假申请，按照权限报批。

16. 对社区服刑人员进行季度风险评估和报批等级调整。

17. 对工作中发现的典型人物或事项，报矫正局审批后向上级或相关媒体投送新闻报道稿件。

18. 遇突发性事件，及时向司法所、矫正局、司法局分管领导汇报。

19. 做好领导的参谋助手，对执法活动的时间、措施安排和工作缺陷提出参考意见。

20. 完成其他上级机关、司法所临时交办的工作。

除了上述工作职责外，A机构社工还需要承担许多日常业务范畴之外的工作。社工Z就将其工作内容予以分解，并总结为以下15项：深入了解社区矫正人员的基本情况、家庭成员、日常表现和犯罪前科等相关信息；在此基础上为其建立档案，每一位社区矫正人员都应该有一套完整的档案；每位社工应为至少50名社区矫正人员提供服务，走访社区矫正人员及其家庭，与他们本人及家属访谈，并记录访谈过程，一名社工每个月需要走访25人次，并应将相关记录交由上级负责人检查；社工应与社区矫正人员本人签订社区矫正服务协议书，然后每个月约好时间做个案辅导；组织社区矫正宣传活动，到社区去讲社区矫正宣传课（一年两次）；社工应协助社区矫正人员协调家庭矛盾，改善生活困难，办理户口和最低生活保障，参加招聘会找工作，接受心理辅导等，每位社工每年应完成至少4个个案；社工每个季度都应该协助司法部门开展社区矫正人员的清理统计工作，并提交月报表；定期就社区矫正服务撰写文章，并向刊物投稿；开设特色工作项目，主要包括特色工作方式与机制、小组和团体活动、专业论文等；吸引志愿者加入并组建一条志愿者队伍；社工需要制作各类台账，并按照类别将上述工作内容记录在册，主要有个案情况记录、志愿者服务登记，工作人员变动登记等等，以备上级部门的抽查；基层政府相关职能部门交办的各种紧急工作，社工必须第一时间完成；定期参加各种基层职能部门召开的会议，每个月都会有几次，而且必须签到；参与迎接和招待上级领导，对于镇街一级的社工来说，一般需要经常接待镇街相关职能部门的领导；相关职能部门的工作人员处理不完的事情会找社工帮忙。

根据以上目标，可以发现社工需要成为"全才"，否则如此繁重的工作，他们很难独立承担并且顺利完成。正因为如此，多数社工都感到工作压力很大，进而产生自我质疑情绪，认为自身能力不足，无法提供专业合格的社会工作服务。除此之外，一个更为重要的问题在于：类似于 A 机构这样依靠提供专业社工服务的社会组织而言，目标太过复杂也会使得组织力量难以集聚，组织运作效率低下。这是因为一个社会组织不可能在实践中包揽并做好一切事情，目标聚焦才是社会组织实现成功运营的重要保障，它需要社会组织将组织目标框定在一个清晰的边界内。

2. 组织管理的弱化

组织管理是通过建立组织结构，规定职务或职位，明确责权关系，以使组织中的成员互相协作配合、共同劳动，有效实现组织目标的过程。组织管理是管理活动的一部分，也称组织职能。A 机构在运作过程中存在机关化与行政化等倾向，并呈现出"有组织、有行政而无管理"的现象。在市级总社，尽管成立了董事会这一机构，并由该机构就组织的发展进行规划和设计，然而董事会成员只有极少数是全职人员，绝大多数为外聘兼职，而且兼职董事在本职单位都有管理职位，日常工作十分繁忙，对于 A 机构的运行与事务难免疏于指导，这就使得董事会的设置实质上处于一种无用状态。而以总干事为首的执行层虽实际承担了 A 机构的日常行政工作，但由于 A 机构的组织结构过于分散、各区县工作站之间发展很不平衡，因此总干事负责的执行层对各区县工作站也缺乏一套行之有效的管理措施。在区县层面，各工作站承担着社工的日常管理、培训、日常绩效评估考核，以及社工点人员的调配、党团组织建设、与部分 QH 市高校合作建立社工督导制度等行政职能，但这些职能既不够完善与系统，也存在被动式完成任务的困境。这表明各区县工作站在日常事务的处理上是"传声筒"式地执行上级的任务安排，而明显缺乏自觉的管理行为与管理意识。

3.组织自治能力较弱

自我管理、自我服务、自我监督是社会组织自主治理的一个重要原则，也是社会组织参与公共事务，与地方政府展开平等对话的基础，正如有研究指出的，社会组织的自治性意指社会组织能够控制自己的活动，具有不受外部控制的内部管理程序[①]。无论从理论还是实践上看，社会组织实现自主治理都有其必要性。做到这一点，不仅能对社会组织的生存起到基础性的保障作用，还能对社会组织的良性运转和健康成长提供支撑。但是，无论是对于由原事业单位分离出来的社会组织，或由党政机关直接授权、委托而建立的"自上而下型"的社会组织，还是由企业或个体发起创立的"自下而上型"的社会组织，往往都存在行政化特征，不能真正地做到自治。

受既定成长环境和发展路径的影响，A机构在实际运作过程中对地方政府存在着严重的依赖，从而使其目标取向、运作方式带有较多的官方色彩，以及呈现出自主运作机制弱化、组织自治能力低下等特点。从应然情境而言，在A机构运作的启动阶段，应该强调地方政府的"主导推动"；在A机构步入运转正轨之后，则应将工作重心转移到"自主运作"上来。然而，数年过去，地方政府的"主导推动"已经初步完成，A机构的"自主运作"仍未实质性启动，这导致A机构发展中的两难困境：A机构有自主治理的意愿却很难自治，地方政府想减少对社会组织的管理却无法退出，也不知什么时候退出或者以何种形式退出。诚然，地方政府把原属于自己管理范畴的一部分职能"让渡"给A机构，让这些A机构充当"准政府"，以便节约地方政府的行政成本，卸去地方政府一些繁杂的管理事务。表面上看，A机构也获取了一定的行政资源和影响力，但是这种权力错位不仅让A机构容易游离于公共目标，最终也会使A

---

① ［美］莱斯特·M.萨拉蒙：《非营利领域及其存在的原因》，见李亚平、于海主编：《第三域的兴起——西方志愿工作及志愿组织理论文集》，复旦大学出版社1998年版，第35页。

机构的社会声誉受损，从而丧失自主治理的社会基础。

4.社工素质不高，能力有限

一般来说，一名合格的专业社工应该既具备社会实践技能，也有很强的专业理论储备，然而，选调进入A机构的社工和招聘进入A机构的社工都各有优势和欠缺之处，这对于A机构的专业化、规范化和制度化发展造成了一定阻碍。

如前所述，A机构在选择和组建社工队伍时，主要有两大来源：一种是通过社会招聘方式选择具有专业背景的社工，另一种是直接通过地方政府机构选调的方式招揽社工。随着A机构的不断发展，专业化、职业化道路已经成为A机构的发展方向，其人员选聘方式也从地方政府机构选调转变为以社会招聘为主。社会招聘社工和选调社工存在很多不同之处，包括知识结构、教育背景、年龄、社会经验、专业技能和处事方式等方面。从社会招聘过来的社工，普遍年龄偏小，能比较好地接受新鲜事物，可塑性很强，他们怀着美好的职业理想进入社会组织，对于社会工作的职业理念、价值宗旨比较认同。这些社工一般具有良好的教育背景，具备较好的专业知识储备，社会工作技能较强。然而，这些社工处世经验比较匮乏，社会阅历不足、自我疏导能力比较差，当他（她）面对社会阅历丰富、口才极佳、年纪可做其父、爷辈的服务对象时，往往不知所措，这导致他们在实际工作中容易出现各种各样的问题，社工Y就谈道：

做个案的时候，我们首先要跟案主建立一个好的信任关系，但是很多案主觉得我们会窥探他们的隐私和生活。而且我们刚进来的社工，年纪轻、经验少，生活经历与案主也有很大反差，这也造成跟案主之间的沟通有时候不是很和谐。案主觉得我们没什么能力帮助他们解决实际困难，所以我们跟他们做个案，他们的反映并不积极。上次跟的一个个案，我跟案主第一次接触，他就问我能不能帮他申请低保或介绍工作。因为我没有这块资源，也不可能给他提供什么经济帮助。所以对于案主而言，他们更愿意去找能跟他们解决实际困难的居委会。我虽然学的是社会工作专业，但是出来工作之后，我才发现理论跟实际差距太大了，很多事情不是说你想做就能做的，需要去跟很多部门做工作，甚至是厚着脸皮求爷爷告奶奶，这事儿还不一定能办成。（访谈记录：YZW0130818）

而通过司法、公安等地方政府机构选调进入 A 机构的社工，普遍年龄偏大，多数在原有地方政府机关是接近退休年龄的工作人员，还有一些是退休后返聘回来的公务员。当然，这些公职人员在原来岗位从业多年，具备较多的工作经验，而且工作技能比较强，这导致他们在社区矫正服务工作的过程中有一定优势，能尽快上手。但这些选调进入 A 机构的社工也存在很多不足，主要包括很难实现从管理者向服务者的角色转换，对于专业社会工作理论并不熟悉，少数选调社工将在地方政府部门工作中染上的官僚作风、形式主义、缺少进取精神等不良风气带进了 A 机构，并对年轻社工产生了一定负面影响。

可以说，社工素质不高、能力有限已经成为社会组织健康成长的严重阻滞。究其原因，一是社工对其职业的认同感较低，缺乏核心价值观。当前，我国正积极探索"本土化"社会工作的核心价值观，这也成为当前社会工作的重要研究课题。传统观念认为，社工工作是与"慈善"相关的，但随着社会的多元化改革和发展，社会工作面临着创新管理和改革发展的挑战。作为我国预防和减少犯罪工作体系中一支生力军，社区矫正社工理应担负起自身的神圣职责。许多社工在实际帮教中，自我认识不足、核心价值理念浅薄，综合能力较弱、法律功底薄弱、服务意识淡薄，导致专业化服务缺乏实质的效果。由此可见，探索完善我国社会工作机构、提高社工认知能力、转变职业价值观，已俨然成为"本土化"社会工作科学发展的基础保障。

第二，社工专业准入门槛过低，人员素质参差不齐，限制行业发展。迄今为止，我国尚未出台一套相对健全的社工制度体系，导致社工队伍结构亟待进一步优化。实践表明，社工的学历背景、男女比例、年龄范围、工作经验等应当作为社工人员结构分配的重要参考指标。现实操作中往往有而不参，导致社工入行标准不一、人员素质参差不齐，整个社工行业专业水平、从业人员素质偏低。据调查，2004 年起，凡具备高中或中专以上学历即可参加 QH 市社工职业资格考试。而我国香港的社工最低学历是本科，但在国际上，硕士学历是最低的入行门槛。A机构社工的服务对象主要是社区矫正人员，是政府最难管、必须管的一个群体。但由于社工的素质参差不齐，部分社工进入行业的动机不纯，仅仅将社工岗位当成暂时解决就业的过渡基地，缺乏愿意花精力和时间去好好耕耘的决心和坚持。这些社工工作以"混"为主，社会上各类考试每逢必到，一有机会就"撒手而去"。由于学历、年龄、性格、性别、专业能力等客观因素，部分社工缺乏处理突发事件的社会阅历和工作经验，这限制了社工行业健康、有序、专业化的发展。

第三，社工自身专业实务能力亟待提升。目前，社工入行门槛低，社工专业理论和实务基础薄弱。据统计，A机构有近60%社工持有社工师、助理社工师、心理咨询师、助理心理咨询师的职业资格证书。但具有专业社会工作背景的低于10%，社工普遍缺乏科学系统化的专业培训。事实上，大部分社工即使具备专业资质，但在实务中也缺乏有效开展专业化服务的实际能力。尤其是开展服务对象的面谈、家访、倾听、观察或个案等业务技巧上存在明显不足，社工实务的灵活运用能力亟待进一步提高。

当然，在组织与环境之间的关系方面，资源依赖理论的一个重要贡献是：它不再片面强调外部环境对组织运作的约束，而着重指出组织也主动地对环境进行管理和控制，并通过各种各样的战略调整自身结构与行为模式，以减少其对外部资源的依赖以及来自外部环境的制约。作为一个社会行动者，A机构不仅消极地承受外部资源环境对自身发展所带来的制约，它在具体运作过程中也针对自身所存在的问题加以反思，并不断进行自我调适，以实现自身利益的最大化，包括修正组织发展理念、提升组织的专业精神、营造并呵护组织文化等。尽管较之于外部环境因素，这种自我调适对A机构的生存与发展所起到的建构作用还不够突出，但它至少预示着A机构在成长道路上的一种努力及方向。

二、交易费用与绩效评估困境

如前所述，在合作中之所以存在交易费用，其根本原因在于个体的有限理性以及机会主义行为倾向。与彼此分立、瞬时完成的市场交易关系不同，作为一种持续性关系，社会服务合作供给能否带来预期的收益，很大程度上取决于相关各方能否遵守对未来行为的承诺，因此有限理性与机会主义行为就成为合作过程中需要尤为重视和着重处理的问题。

首先，社区矫正服务作为一个新兴行业，其市场发育并不充分。有学者就指出，地方政府购买公共服务中存在很严重的供给方和需求方缺陷①。就 A 机构而言，作为一个新兴行业的社会组织，A 机构是在地方政府短期内注入大量资源的情况下迅速成长起来的，其本身缺乏一个自然的建立与成长过程，行业发育并不充分，而且各种保障及运转机制也不健全，因此 A 机构在专业水平和规范程度上存在很多缺陷。然而，QH 市政法委设计的绩效评估办法是针对 QH 市的禁毒、社区矫正以及社区青少年社团服务统一制定的，并没有从本土社区矫正服务与 A 机构的现状出发，而是依据西方发达国家的地方政府购买公共服务绩效评估运行机制进行设计。如果严格按照现行的考核办法进行绩效评估，A 机构很难达到相关要求：

现行的绩效考核办法，程序很烦琐，要求也很多，既有期中考核，还有期末考核，我们还需要定期做社团自评工作，还要准备很多文件、安排个案对象接受督导专家的访谈、做好被抽查的准备等。而且市矫正办在具体落实这些办法的时候，还设置了参考分数的，有些及格就可以了，有些没有 80 不给过，这些要求如果严格执行起来，我想作为一个发展还并不成熟的社团，是很难完全符合这些要求的。（访谈记录：LY20130803）

市矫正办也不希望自己从体制内扶持起来的社会组织就此被排挤出局，合

---

① ［美］唐纳德·凯特尔：《权力共享：公共治理与私人市场》，北京大学出版社 2009 年版，第 133—134 页。

作关系一旦被建立起来，它一般会倾向于在一定时期内维持这段关系。这一方面是考虑到服务质量的问题，由于社区矫正服务要求社工熟悉服务对象的相关情况，还需要在服务对象与社工之间建立良好的信任关系，一旦机构评估不合格，出现频繁更迭的情况，将会对服务效果造成负面影响。另一方面，市矫正办与 A 机构的合作关系已经比较成熟，在沟通方面往往也会更加容易，更换对象意味着市矫正办要承担额外的关系协调成本。这些考量导致绩效评估的严格性及约束力度被弱化，最终出现绩效评估的形式化：

　　我们辛苦扶持这个社团也很不容易，如果严格按照相关标准来操作，合格都是很勉强的，这个问题其实在禁毒和青少年社区服务那边都存在。一方面，社团评估没过，我们就要换"人"，这服务的链条就要断了，案主又要重新适应新的社工，这服务的延续性保证不了。更加重要的是，如果我们社团评估连续两年不过，那第三年就要再找其他社团做这一块工作，关系又要重新协调，也很麻烦。（访谈记录：LWP20130722）

　　就地方政府而言，社区矫正服务属于发展中的新兴事务，无论是主管社区矫正服务的市矫正办，还是具体实施的基层司法部门，都缺乏成熟的管理模式与运行机制，在社区矫正服务的绩效评估方面，更是处于初步摸索阶段。如前所述，由于社区矫正服务的日常运作集中于各个社区，因此基层司法所对 A 机构的考核评估就显得尤为重要，他们对 A 机构服务的认可与否对于绩效评估结果起到关键作用。但是部分基层司法所的合同管理能力有限，在绩效考核方面更是知之甚少。在绩效考核指标的设置上，他们或者直接按照市里的参考指标来设置绩效考评体系，或将指标订立权限交由承接服务的社工点，让服务承接方确定服务指标。A 机构 Z 区 W 街司法所的副所长就谈道：

　　说实话，购买服务也开展了好些年了，市矫正办也组织我们去过美国，中国香港、深圳、北京这些地方参观学习过，但是涉及绩效考核这一块，怎么设计指标？怎么操作？等等这些问题，虽然先进地区有好的经验，但是具体到不同城市，要具体问题具体分析，我们这个街道情况是有一定特殊性的，要摸清楚这个情况也很不容易，毕竟社区矫正不是个标准化的东西，不像是环卫、培训这些，有数量化的指标，我们这个，很不好掌握，即使有办法搞清楚，也要花很多时间精力，我们也没办法投入那么多。（访谈记录：YTM20130802）

地方政府购买公共服务成长初期的合作是比较粗糙且缺乏理性的，这也为后面的合同监督、绩效评估管理埋下隐患[1]，地方政府也逐渐感受到要当好一个精明的买主并不是一件容易的事情：

刚开始做购买服务的时候，当然是我们掌握主动权，但是现在我也感到存在很多问题，好比绩效评估，有时候我们要检查个案做得怎么样？活动怎么开展的？感觉反映的情况都很表面化，社工点反馈我们的东西很多形式化的，真正的效果怎么样？我们也不是很清楚，有些时候，社工还说这些涉及专业工作的伦理保密要求，我们也不好强硬干预。（访谈记录：YTM20130802）

当然，基层政府也希望尽可能掌握更多 A 机构社工点执行合同的相关信息，为此，一些基层司法所要求社工通过开会、写报告和服务简报来报告工作进度，并对社工的工作开展突击检查。而当社工点无法以专业性来证明其提供的服务能够改善原有的社区矫正服务，那么为了继续获得合法性，他们就需要用形式上的专业（开会、写报告）[2]来补充实质上的专业（解决实际问题）。值得注意的是，一旦专业社工在形式化方面下足功夫，其在深入的专业服务方面势必会受到牵扯，这也影响到基层司法所及相关部门对 A 机构专业价值的评价，还会让社工对自身发展定位产生怀疑：

为了应对基层司法所日常及专业评估的要求，我们需要去参加会议，讨论及报告。我们每天花很多时间做文书工作，有些时候我们就觉得自己像是"写手"，我们的专业操守怎么维持？到底"做"更重要？还是"写"更重要？这是很多社工都会心存疑虑的一个问题。（访谈记录：LY20130803）

---

[1] 岳经纶、郭英慧：《社会服务购买中政府与 NGO 关系研究——福利多元主义视角》，《东岳论丛》2013 年第 7 期。

[2] 由于基层司法所也需要定期向上级部门汇报本区域社区矫正服务的基本情况，因此，部分基层司法所干脆就要求 A 机构社工点按照上级部门提出的相关格式要求做好报告和简报的书写工作，这样一来，既可以减少基层司法所的工作量，又可以便于他们了解社工点的服务开展情况。

其次，社区矫正服务最重要的特征就是服务难以被清晰地界定、测量与监控。即作为一项"软服务"，社区矫正服务具有较强的不确定性。一旦这种服务类型被外包出去，涉及交易的相应条款和实际状况难以进行清晰的界定和准确测量，那么合作过程中的不确定性就会相应显著提高。社区矫正服务的具体内容事前难以通过合同清晰、详尽地加以约定，事后的评估机制也更多地只能对服务产出，也就是量化的指标而非实际效果进行测量。换言之，不管是购买者还是生产者，都很难用量化的指标来评估所购买的服务，这导致后续的服务监控也存在很多问题。

此外，作为一项软服务，社区矫正服务的效果好坏很多时候取决于过程性指标和服务对象的主观感受，而购买方一般会通过合同来约定服务的产出指标以及人员投入等方面的内容，这些结果性评估指标的使用可以对社区矫正服务的数量化产出进行考核，但是具体的服务过程及服务的真实效果却难以体现出来。

应该说很多社工对案主也是付出了很多精力和时间，希望把案主引回到正轨，但是这个东西，主观性太强了，不好陈述出来，而且评估指标也很难把这些测出来，所以真正重要的成果，依靠比较客观的绩效评价体系是测不出来的。当然，也有服务对象的评价，但是，服务对象打分在整个比重里头的占比还是太低了，所以社工有时候就去抓就业率、个案这些客观指标，说起来，这是整个 QH 市政府购买社区矫正服务评估体系设置的问题。（访谈记录：LY20130803）

市场发育的不充分以及社区矫正服务本身的不确定性都为部分 QH 市基层政府与社会组织双方利用漏洞采取机会主义行动留下了发生余地。这反映在对社区矫正服务进行绩效考核时，一方面，地方政府很难考核社区矫正服务的真实水平，服务承接方可能会依仗绩效监管漏洞采取一系列机会主义行为，包括降低服务质量、选择实施成本及难度比较低的服务类型等。另一方面，即便服务承接方认真尽责地提供社区矫正服务，帮助服务对象成功的回归社会，为地方政府部门实现了化解社会矛盾的目标。但由于绩效评估指标不健全，地方政府部门也就很难对服务承接方的工作进行全方位的、充分的评价，做到择优去劣。更为重要的是，由于市级政府与基层政府之间对于社会组织的管理态度并不一致，越到基层，一些街镇对于社会组织的管理力度反而会更大，其考虑的关键问题是社会组织给予自身工作的帮助而非社会服务的实际绩效。这导致当上级政府向下强制性推行地方政府购买公共服务时，部分街镇出于自身利益考虑，往往为想方设法应付上级政府，甚至采取与承接方进行"共谋"的策略来应付上级政府的考核与检查。作为服务承接方的社会组织，一方面为了顺利通过评估；另一方面为了从基层政府汲取资源，也会采取积极配合基层政府的行动策略。

评估是上面统一做的规定，当然要完成，但是社工工作还是应该结合街道的实际需求。（二者之间存在冲突怎么办？）有些评估是走形式的，事情太多了，街道的要求我们在数量上都会保证完成，但是人就这么多，有时候真的没办法，它要什么指标，我们会尽量实现，但是这个服务到底怎么样，是不是到位的，就很难有保证了。（访谈记录：XDM20130802）

第五章　研究启示

第一节　基本结论与进一步讨论

一、基本结论

在全球治道变革的背景下，政府与社会组织开展跨部门协同的价值在理论和实务上都获得了佐证，真正意义的协同是建立在两个组织自由缔结契约的基础上，它十分注重政府与社会组织间的平等主体关系①。对平等地位以及契约精神的重视，使得主流理论在研究政府购买公共服务时，以竞争性、契约化的市场机制为分析的核心，重点关注购买过程中是否存在市场竞争，以及由此派生的如何在不完善的市场条件下提高合同管理能力。现有研究忽视了我国特殊的制度环境和社会结构，特别是在地方政府行政权力居于中心地位、公民社会发育尚不成熟的社会条件下，地方政府购买公共服务的实践形式发生的偏离与变形，现有理论的解释并不充分。因此，不同于以往研究，本书运用综合性的

---

① 宋程成、蔡宁、王诗宗：《跨部门协同中社会组织自主性的形成机制——来自政治关联的解释》，《公共管理学报》2013 年第 4 期。

理论分析框架来探讨地方政府与社会组织在购买公共服务过程中的行为逻辑，进而实现各种理论视角之间的对话，更为重要的是，地方政府购买公共服务给我国地方政府和社会组织关系形态带来哪些新的变化和影响，本书尝试做出回答，这为建立更为广泛的学术对话奠定了基础。概而言之，本书进一步推进了如下三个方面的学术认知。

首先，以市场化和合同管理的基本论点解释中国情境下的地方政府购买公共服务，重点在于分析在大力推进政社合作的初级阶段，地方政府与社会组织的合作将会遭遇的困境，如市场的竞争性不足、地方政府并非是一个精明的买主等，进而讨论地方政府应该如何提升自身的合同管理能力。这属于用应然逻辑取代实然逻辑，已经受到理论和实证上的双重质疑。本书将地方政府购买公共服务中的种种变异界定为政府购买公共服务的偏离，并对此现象进行深入的描述。在此基础上，本书对此现象进行解释，以吸纳与管理作为理解该现象背后逻辑的核心概念：吸纳强调的是在地方政府购买公共服务呈现偏离现象的背景下，地方政府将社会组织这一原本属于社会的力量吸收进入可供监管的行政轨道，在不对称的资源依赖结构下，社会组织为了汲取资源，则是主动被吸附到行政体系之上，并表现出行政化的特征。管理强调的是在吸纳社团为己所用的基础之上，地方政府对购买公共服务的交易过程施加影响力，通过采取各种策略性行为，甚至与社会组织展开共谋，进而在既定的运行程序下体现自身的意志。为进一步说明地方政府购买公共服务背后的逻辑，本书从交易主体、交易方式、交易执行着手，勾勒出地方政府与社会组织在偏离现象中的活动轨迹，在对所提出命题进行验证的基础之上，解释蕴含市场化和竞争性的地方政府购买公共服务在我国发生偏离和变形的原因，阐明其中的内在逻辑和运作机制。从这个角度来说，本书借助我国的本土经验对西方的公共服务市场化理论解释进行了检验、拓展和进一步的修正。

其次，市民社会、法团主义、国家与社会相融合等理论视角从宏观层面解读了地方政府与社会组织的互动关系，这导致研究本身呈现出视角单一的缺陷。本书整合嵌入性、资源依赖、交易费用和关系型合同理论，通过建立多理论视角的综合研究框架，加强不同理论视角的对话和整合。一方面，在宏观以及中观层面关注制度环境和资源对于地方政府与社会组织互动关系的约束与形塑作用。另一方面，深入到微观层面考察在具体的制度环境下，地方政府与社会组织在公共服务合作中采取的策略性能动行为，并对合作双方行动的内在逻辑进行解释，以便更好地探究地方政府和社会组织的运作过程和运作机制。

再次，本书在整体和动态意义上帮助我们进一步深化对地方政府和社会组织关系的认知：

一方面，市民社会、法团主义、国家与社会相融合等理论视角有助于我们解释宏观和整体上的政府与社会关系，但这些研究将政府看做铁板一块，忽略了政府内部的差异性。碎片化权威及碎片化治理等概念也提醒我们，政府的权力往往受到其自身体制内不同层次部门的制度逻辑的制约①。在"社会管理创新"理念的推动下，中央到省、市政府开始有意无意或自愿或强制地从一些社会职能领域中撤离出来，这导致在行政架构的上层部分，政府和社会组织的关系慢慢开始呈现分化迹象，二者之间已然呈现出比较模糊的界限。然而，政府并非一个没有差别的实体，在我国的压力型体制下，基层政府必须回应上级政府下达的多样化、高强度的任务要求，大量纷繁复杂、期限急迫的工作需要基层政府具备很强的资源调动与社会管理能力。这体现在部分基层政府对社会组织的态度上，则是将其作为完成上级任务、化解社会矛盾、获取典型政绩的编外主体。因此，在行政架构的基础部分，部分基层政府与社会组织的关系形态及基本特性并未实现实质性的改变，行政隶属与行政干预现象时有滋生。基层政府依旧在很多领域管理社会组织，社会组织被基层政府大面积地覆盖，二者之间的关系形态基本还是一体化的。换言之，在本书中，不同层级地方政府对社会组织定位的认识差异呈现出"管理的层级差异性"的基本特征，随着高度同构的政府与社会组织关系状态逐渐分崩离析，上层行政机构开始将社团分离

---

① Lieberthal, Kenneth G. (1992). "Introduction: The 'Fragmented Authoritarianism' Model and Its Limitations". In Kenneth G. Lberthal & David M. Lampton (eds.), *Bureaucracy, Politics, and Decision Making in Post-Mao China*. Berkeley, Los Angeles, Oxford: University of California Press.

出来，基层行政机构却仍然与社团糅合交缠于一体。

另一方面，随着国家治理转型的不断推进，为了克服权威体制与有效治理的深层矛盾①，回应上级政府的政策偏好，基层政府沿袭的是实用主义的治理思路，在政策执行过程中运用各种灵活变通手段缓解了这一矛盾。基层政府针对社会组织的治理方式和技术也发生了变化，最重要的改变是在传统的显性管理的基础之上发展出隐性管理手段，并逐渐发展形成一套多元化的治理技术组合。在这里，地方政府购买公共服务已经演变成为一种十分精妙的隐性管理技术，在地方政府的主导下，为了获取生存性资源，社会组织采取了一系列策略性的模仿或配合行动。虽然这一套多元化的治理技术组合暂时缓和了权威体制与有效治理之间的矛盾，但与协同善治和社会建设的目标是不兼容甚至冲突的，这很可能会影响社会建设的顺利发展，因此潜伏着一定危机。

二、进一步讨论：针对地方政府购买公共服务的反思

（一）项目化运作：从入口管理到过程管理的转变

近年来，随着地方政府购买公共服务的不断推进，很多地方政府将公共服务职能转移出去，并运用项目化的操作机制，即将公共服务打包成为若干个项目，以市场化的招投标为手段，选择合适的项目承接方承担，作为项目发包方的地方政府则对项目实施的全过程进行监管。在新发展理念的倡导下，社会组织也作为社会协同创新的重要主体加入到承接地方政府公共服务项目的庞大阵营中来。随着这种项目化运作机制的不断推进，地方政府管理社会组织的基本方式也正在发生改变。已有研究在论述社会组织的管理瓶颈时，曾指出现行地方政府的社会组织管理制度基本上是"入口管理"，即只在社会组织登记、年检时候进行资质鉴定，但对于社会组织的实际运行过程则缺乏管理的切入口②。但这

---

① 周雪光：《权威体制与有效治理：当代中国国家治理的制度逻辑》，《开放时代》2011 年第 10 期。

② 张东苏：《重视社会组织发展的微观制度环境》，《探索与争鸣》2012 年第 7 期。

种传统的入口管理正在发生变化，这主要是由于项目化运作的基本特点决定的。项目化运作的要领之一是对公共服务项目的基本目标、操作方式与过程、经费预算及绩效考核形式做出约定，而作为项目发包方的地方政府，就可以依托项目化运作的基本程式，对承接公共服务项目的社会组织施加基于项目运作的过程管理。不管社会组织是否愿意，一旦进入项目执行过程，其经费使用情况、活动安排甚至组织人员调配，都会被纳入地方政府的监管视野内，成为地方政府的"可视"对象。

（二）地方政府购买公共服务的应然状态：一种技术化的治理路径

进入 21 世纪以来，我国面临的转型压力日渐累积，地方政府除了要促进经济建设，更要承担公共事务的管理职责，在这一过程中，地方政府职能的发挥既需要依赖其已获授权的权威，也需要依赖其不断更新的程序和技术[①]。这种技术化的治理路径，体现在地方政府制定的法律规范、行为模式、管理标准等的技术化和理想化，还体现在地方政府机构中强调的效率、程序合法，更体现在地方政府自上而下、不同层级间量化考核的专项化和项目化等数量化指标管理倾向[②]。地方政府购买公共服务，也是地方行政机构因应治理转型要求，改变自身与社会组织关系的一项重要改革政策。从其应然状态看来，地方政府购买公共服务强调运用市场化机制，借助专家的论证与评估技术，将服务外包给予合适的承接方，该行为最重要的目标之一是实现服务供给的效率、理性和专业化。特别是在地方政府购买公共服务的运作过程中，对招投标过程制定的程序性要求、项目的规范化评审机制、绩效评估中的指标化衡量方式等，都将地方政府治理的技术性特征表现得淋漓尽致。然而，这种技术化的治理路径，在地方政府购买公共服务的实然运作过程中并未得到实现。以市场机制为基础开展的招投标工作，从形式上对地方政府与社会组织合作提供公共服务予以规

---

① 渠敬东、周飞舟、应星：《从总体支配到技术治理》，《中国社会科学》2009 年第 6 期。
② 同上。

范和强化，但通过对案例的分析和阐释，可以看到地方政府购买公共服务表现出了诸多形同质异的偏离现象。即便有关政策制度已经设置了一些程序性的要求与条件，包括绩效评估指标、量化的数据和专家的技术性论证等，这也表明地方政府购买的科学化和规范化取向。然而，少数地方政府在选择服务承接方时表现出来的偏好，以及在合作过程中使用的各种策略性行为，无不彰显出关系性和利益性取向的存在。更为重要的是，地方政府购买公共服务正处于实践探索阶段，从全国范围看来，还缺少一部整体性的法律法规从顶层设计上对其予以规范，随着地方政府购买公共服务实践的不断推进，不同层级地方政府之间也存在着无可避免的利益冲突，这也给合作关系带来了一些变化。

需要进一步指出的是，即便地方政府购买公共服务走向实质上的技术化治理路径，也存在一些潜在风险需要注意。有研究指出，在现代性社会，风险是一个无法回避的重要概念[①]。人类社会的风险体现在现代社会，特别是当工业文明发展到一定程度后，风险不再表现为具体化的问题，而是转变成为社会的本质[②]。地方政府治理的技术化取向，特别是对效率、量化指标、专家等因素的运用和重视，很容易诱发地方行政机构与专家之间达成合谋。贝克指出，目前西方国家政府凭借自身的技术性优势，试图掩饰官僚机构的政治性意图，这有可能加大社会面临的技术性风险，因此公众应该有意识地增强自身对于技术的控制能力[③]。通过上述分析可以发现，地方政府治理的技术化路径有可能加速政治与科学的结合，这种结合覆盖着科学、理性和效率的外衣，可能引发对专业知识和理性的垄断，进而可能对普通民众参与民主治理造成一些负面影响。因此，在推动地方政府购买公共服务经由实然状态走向应然图景的过程中，需要注意技术化路径可能带来的风险。正如《国家的视角：那些试图改善

---

① [德] 乌尔里希·贝克：《自反性现代化：现代社会秩序中的政治、传统与美学》，商务印书馆 2001 年版，第 10 页。

② 王佳、杨彦璟：《自觉、自信、自强：转型时期文化风险之应对》，见上海市社会科学界联合会编：《马克思主义与文化新自觉》，上海人民出版社 2012 年版，第 65 页。

③ 同上。

人类状况的项目是如何失败的》一书中指出的：一些人类社会工程之所以失败，其关键原因在于这些工程是基于国家而非社会视角产生的，这也影射了国家太过强大，而社会太过弱小的现状 ①。

（三）地方政府购买公共服务：对社会组织的冲击

一方面，社会组织承接公共服务的积极性在不断增强，但是，公共性的发育则是困难重重。如前所述，任何组织都需要从外部环境中汲取资源以获得生存和发展的空间，社会组织也是如此。地方政府购买公共服务的兴起，社会组织通过承接公共服务事项，进而汲取所需资源，已经成为社会组织存续和发展的重要方式。因此，社会组织参与承接公共服务的积极性在不断增强。然而，一个需要进一步深入考量的事务问题是，这些社会组织的公共性水平也随之提升了吗？在当前地方政府部门预算制的重要背景之下，通过不同职能部门将不同类别的公共服务外包出去的做法给社会组织的行为选择带来的意料之外的影响。具体而言，社会组织承接的各类公共服务项目，基本上是由公安、司法、民政等地方政府职能部门设计出来的，它并非基于公共服务的消费者——社区居民的需要而产生的，也不是由代表社区居民整体意愿的共治机构，如社区代表大会等组织是在征求社区居民意见的基础上形成的。由地方政府职能部门设计的公共服务项目，比较强调技术化操作规范，作为承接项目的社会组织，也更为重视与作为项目发包方的地方政府职能部门搭建关系，而忽略社区居民以及社区公共事务讨论平台的功能。这可能会引发一个较为严重的问题：虽然部分地方政府的资金投入不断加大，但是，社区公共服务的供给被分裂成为一系列缺少关联的技术化项目，即便社会组织完成了地方政府职能部门的项目要求，但其公共性却没有得以提升，甚至其联结基层社区的能力也被削弱了。

另一方面，社会组织间的竞争性日趋激烈，但社会组织的独立性程度并未

---

① ［美］詹姆斯·斯科特：《国家的视角：那些试图改善人类状况的项目是如何失败的》，社会
科学文献出版社 2011 年版，第 210 页。

得到提升。如前所述，地方政府购买公共服务，采取分类配置资源的制度安排，并依据项目化运作机制外包给社会组织，这在本质上是鼓励并营造竞争性的市场氛围，在社会组织开展竞争的基础之上选择合作对象。可以说，地方政府购买公共服务的持续推进，加大了社会组织之间的竞争程度。社会组织在接收到地方政府的竞争信息后，会通过各种方式向服务发包方发送出"我最适合承接购买项目"的信号。而招投标的使用，使得社会组织间竞争成为一种不可避免的状态。围绕着公共服务竞标，社会组织似乎越来越进入了一种类似于锦标赛的游戏格局①。更为令人担心的是，虽然在市场领域开展竞争可以推动市场主体增强独立性，社会组织间开展竞争则有可能引发迥然不同的后果。很多社会组织在开展竞争的同时，强化了对地方政府的依赖。其中的关键原因在于多数社会组织的资源来源途径比较单一，与地方政府建立密切的联系有利于在竞争中的胜出。在这一过程中，部分社会组织的思维方式、行为方式、机构运作也趋于行政化，其独立性特征并未显现。

第二节　政策启示及建议

在当下中国，地方政府购买公共服务实践已被各级地方政府认同并大力推广，然而，在地方行政权力仍然居于核心位置、公民社会并未发育成熟的社会条件下，地方政府购买公共服务的改革政策在执行过程中也表现出种种变异情境。为寻求应对解决之道，我们不仅应立足本土国情，从纵向角度去探寻有效推进政社合作的方法，而且需要具备国际视野从横向角度去学习和借鉴先进国家的经验。但在有关国际比较和借鉴的研究之中，国内学者更加偏好于欧美发达国家的研究，而针对同属东亚儒家文化圈且在社会治理的构造转型等方面与

---

① 张东苏：《重视社会组织发展的微观制度环境》，《探索与争鸣》2012 年第 7 期。

中国具有较多相似之处的日本，相关研究就比较匮乏①。其实，无论是社会组织管理策略还是政社合作提供公共服务，日本均有许多宝贵经验值得我们学习借鉴，本书将对日本社会组织管理策略及日本政社合作经验进行总结，借此为我国地方政府购买公共服务下的社会组织发展提供若干政策建议。

一、社会组织管理策略及社会服务递送经验研究：以日本为例

在关于社会组织管理策略的国际比较研究中，已有文献将研究重点投向欧美发达国家②，至于近邻日本，虽与我国同属东亚儒家文化圈，但现有研究较为忽视。其实，与我国社会组织管理策略的变迁轨迹相似，日本社会组织的管理策略也经历了从严格管制走向放松监管的过程。日本在传统上是一个国家主导型的社会，社会组织对日本来说也是一种"舶来品"。日本的主要媒体是在20世纪90年代才开始关注"社会组织"一词的，当时的主要视角也是着眼于评介欧美的社会组织③。随着泡沫经济的崩溃，日本经济一蹶不振，社会老龄少子化现象也日益严重，教育领域问题频发，日本政府没能妥善解决这些新的问题，令国民普遍感到失望④。为缓解上述难题，日本政府开始缩减政府规模，旧有强调中央权威的"官民型社会"逐步瓦解，日本全国掀起一股谈论政社合

---

① 俞祖成、邹东升：《日本 NPO 与政府的合作伙伴关系：一个初步研究》，《中国第三部门研究》2013 年第 4 卷。

② 李培林、徐崇温、李林：《当代西方社会的非营利组织——美国、加拿大非营利组织考察报告》，《河北学刊》2006 年第 2 期；王名、李勇、黄浩明：《英国非营利组织》，中国社会科学文献出版社 2009 年版，第 46—49 页；郑琦：《社会组织监管：美国的经验与启示》，《社会主义研究》2013 年第 2 期；丁晶晶、李勇、王名：《美国非营利组织及其法律规制的发展》，《国外理论动态》2013 年第 6 期；张远凤、莱斯特·萨拉蒙、梅根·韩多克：《政府工具对美国非营利组织的影响——以 MFN、BCC 和 DCCK 为例》，《中国非营利评论》2015 年第 1 期。

③ 可参见《日本经济新闻》1990 年 8 月 14 日发表的题为《欧美艺术保护的源流 完善的 NPO 网络》一文；《朝日新闻》1992 年 11 月 4 日发表的题为《学习美国的民间非营利组织（NPO），探索新的社会运动方法》一文等。

④ 胡澎：《非营利组织在日本社会发展中的作用》，《南开日本研究》2013 年第 1 期。

作的风潮。随着社会组织发展"机遇之窗"的敞开，日本出现了社团迅猛生长的繁荣景象，值得一提的是，在 1995 年阪神大地震中，社会组织与志愿者为救灾工作作出了重大贡献，这不仅考验了日本公民的公益精神，还增强了日本社会对民间组织的认可度和参与度，社会组织得以进一步发展壮大①。特别是后来出台的推进社会组织发展的专项法律，使得日本社会开始直面社会组织，出现了以市民公益活动为主流的社会组织发展高潮。直至今日，社会组织已成为日本社会建设的核心力量②。

与中国社会组织发展的背景相似，日本的社会组织管理策略也历经了从严格管制走向放松监管的变迁轨迹。目前中国社会组织的力量仍然弱小，未能成长为社会建设的主力，但是日本社会组织得到良性发展的空间，其间的差距在哪？日本社会组织的生长经验能给予当下中国怎样的启示？围绕上述研究问题，本书接下来将深入分析日本政府对社会组织的管理策略的变迁过程，探寻其后的发生逻辑，并在此基础上指出日本社会组织的发展经验对中国的启示。

（一）从管制到发展：日本社会组织管理策略变迁及其逻辑

1. 从管制到发展：日本政府对社会组织的管理策略演变

在明治维新后，日本从此走上了资本主义发展道路，揭开了近代史的帷幕③。日本作为后发产业国家，其工业化发展道路与国家强力支持密切相关，"只负责掌舵而非划桨"的守夜人式政府在日本并不存在。具体到国家对待社会组织的态度上，则是体现在 1896 年版的《民法》中，该部法律提出应对 NPO④

---

① Iokibe Makoto. (1999). "Japan's Civil Society: An Historical Overview, Deciding the Public Good Governance and Civil Society in Japan", ed . *Tadashi Yamamoto Tokyo: Japan*. Center for International Exchange, pp.51-96.

② 俞祖成：《日本"新公共性"指向的 NPO 政策体系分析》，《中国非营利评论》2011 年第 2 期。

③ 王名、李勇、廖鸿、黄浩明：《日本非营利组织》，北京大学出版社 2007 年版，第 5 页。

④ 在日本，NPO 主要指在日本国内开展活动的民间公益组织。这一含义与本书的研究对象社会组织是一致的。

予以严厉管制，以阻止社会组织大规模崛起①。在该法规的影响下，日本社会组织的发展举步维艰，在社会治理中难以发挥其应有的积极作用。20 世纪 90 年代以后，日本经济发展陷入困境，各种社会问题丛生，国家主导的"55 年体制"崩溃，新自由主义改革运动兴起，日本市民要求开展公益活动的呼声越来越高，而社会组织在阪神大地震中的优异表现，促使日本政府在 1998 年出台了《特定非营利活动促进法》，该项法律打破了日本公益事业的"规制冰河期"。与此同时，时任日本首相小泉纯一郎以"由官到民"为政治口号，开始积极推进"小政府、大社会"的行政机构改革，并实施"公益法人改革法"，积极引入社会组织参与社会治理，由此推动了社会组织的不断发展和壮大。直至今日，日本社会组织已经在社会治理中探索出一条与政企协作发展的独特道路，社会治理也取得显著成效②。

（1）管制：日本政府对社会组织的管理策略（19 世纪末—20 世纪 70 年代）

以明治维新为起点，日本进入近代化发展阶段。为免遭来自欧美列强的殖民威胁，日本政府提出只有国力富强才可能免遭此难，为此选择了强调中央集权的行政体制以求快速推进国家现代化。在威权统治的政治体系下，政府垄断所有社会公共事务的治理，一切社会力量都被"臣民化"，并需要配合政府主导的国家事业，公民与社会组织最终沦为可以被国家任意摆布的"玩偶"。针对上述现象，有研究曾进行尖锐批判："与西方国家自生的现代化力量不同，日本的产业化和近代化是形式之物，其实质上属于王政复古，在国家主导的'殖产兴业'政策下，日本企业既得到国家大力扶持，也被严密管控，最终沦为实现国家目标的工具"③。与此同时，社会力量也处于官僚体制的严格管制下，其发展举步维艰。19 世纪末，日本政府颁布并实施了第一部《民法》，该法第 34 条开启了对社会团体的严格规制期，该条款规定，所有的非营利社团

---

①　俞祖成：《日本第三部门的"资源格差"困境及其对策创新——以"京都地域创造基金"为例》，《中国非营利评论》2012 年第 2 期。

②　胡澎：《日本非营利组织参与社会治理的路径与实践》，《日本学刊》2015 年第 3 期。

③　富永健一：《社会变动中的福祉国家》，中公新书 2001 年版，第 217—218 页。

需经政府主管机构批准后才可以注册为社团法人，这是日本近代史上第一个涉及社会组织的公益法人制度。该项制度的实施，意味着日本政府旨在运用严格的法律特许权限制社会力量的发展，由此，日本进入了长达百余年的"公益规制冰河期"，社会组织和公益事业式微。

全能主义的治国思想一直持续到二战结束之后，随着产业优先、以政治手段保证经济发展思路的推进，日本实现了经济的高速恢复及发展。然而，日本在国家行政策略上选择的是政府主导的基本方针，政府对于社会事务拥有绝对的权力，行政体系牢牢控制着社会组织，使其难以得到发展，对社会治理的影响极微弱。

（2）在管制与发展间徘徊：日本政府对社会组织的管理策略（20 世纪 70 年代—1998 年）

经济迅速发展使日本进入发达国家的队列之中，然而，过度开发也导致日本自然环境被破坏，生态污染日渐严重，许多市民染上"四大公害病"①，由此引发了大规模的保育运动，这对于日本地方政府治理产生了极大影响，引入社会力量、推进地区自治的呼声越来越高。20 世纪 70 年代，全球范围内掀起了一场"结社革命"，有组织的公益活动数量越来越多，规模也日益庞大。越来越多非营利的社会组织也成立起来。它们一方面持续推进公益志愿事业的发展，另一方面积极谋求在社会公共事务治理中发挥作用。席卷全球的结社革命对日本也产生了深远的影响。而阪神大地震发生的 1995 年，被认为是日本社会组织迅猛发展的新纪年。在大地震期间，据不完全统计，先后约有 130—170 万人的志愿者从全国各地自费奔赴灾区，投身到轰轰烈烈的救灾救济活动中，包括海外 NGO 在内，有数以百计的社会组织奔赴救援现场。大震灾成为考验市民奉献精神、志愿精神、公益精神以及结社、协调、团队等各种社会能力的实验场，也为各种社会团体提供了发挥作用、施展能力的机会，从而唤起

---

① 四大公害病主要是指与水质污染、大气污染相关的疾病，包括水俣病、第二水俣病、四日市哮喘、痛痛病。

了整个社会对于志愿者、民间组织的高度好评。阪神大地震对于日本社会组织的发展所起到的另一个重大作用，是直接推动和催生了一部新的法律——《特定非营利活动促进法》（简称"NPO 法"）。该法案于 1998 年正式实施，随着 NPO 立法进程的加快和新法的颁布，日本社会出现了一个社会组织发展的高潮。由于 NPO 法精简了社会组织的注册登记环节，使得民间团体获准登记成为 NPO 法人越来越便捷化。更重要的是，在贫富悬殊扩大、老龄少子化等社会问题丛发的大背景下，民众参与公共事务管理以及自由结社的呼声越来越高，普通公民在社会交往、环境保护、志愿参与、公益奉献、政策倡导方面的实践经验也越来越丰富，社会组织迅猛发展的景象得以显现。

遗憾的是，尽管各种社会问题频发，公民结社热情高涨，但在时任首相田中角荣支配的政治体制下，日本的全能主义政治模式仍然发挥着巨大余威，政府财政支出的规模不断扩张，这进一步强化了日本政府的主导型行政模式，并使其延续至 20 世纪末。这体现到日本政府对待社会组织的态度上，则是将社会组织作为辅助性力量，希望借此削减行政成本，减少财政赤字，以维持政权运转。日本政府并未将社会组织纳入政治过程，更不用说将其培育成社会治理的主体了，这极大限制了社会组织的功能发挥。因此，该阶段的社会组织发展在整体上仍显不成熟，政府针对社会组织的治理方式徘徊于管制与发展之间，这一阶段日本政府对社会组织的管理策略具有浓厚的过渡性色彩。

（3）发展：日本政府对社会组织的管理策略（1998 年至今）

以 1998 年 NPO 法的实施为标志，日本社会组织进入了迅速发展时期。20世纪末，日本政府发表行政改革会议最终报告，提出推进变革的前提条件是树立"公共治理绝不是中央政府垄断物"的基本原则，公共事务治理应该向全社会开放，引入包括市场、社会组织和公民在内的民间力量。2005 年，日本总务省发表《分权型社会中的自治体治理之刷新战略》的研究报告，提出改变政府与公民的关系结构，将有能力并且有意愿承担公共事务的民间力量纳入社会治理中来，充分发挥民间力量的开拓与创造精神。2008 年，国土交通省制订"国土形成计划"并指出，由于老龄化问题日益严峻，农村人口正在大幅缩减，生产活动逐渐停滞，自治会、PTA（Parent Teacher Association，家长老师联谊会）等地缘型社区组织正在日趋没落。为解决上述问题，应调整国家政策，将"扩大参与主体，构建新型公共治理模式，进而实现地域振兴"作为未来政策的基本方向。为此，2011 年 6 月 15 日，日本政府成功修订 NPO 法，放松对社会组织的管控，主要条款涉及活动范围的扩大、主管机构的变更、注册程序的简化、会计基准制度的引入、认定部门的转移、假定认定的引入等。随后，日本政府还出台了新捐赠税制，包括社会组织所得税的税额扣除制度的导入、社会组织认定要件的放宽、通过个人所得税加大对地域 NPO 法人的支援等。随着政府鼓励社会组织发展的正面政策不断出台，日本社会组织也踏上良性发展的道路，主要体现为以下几个方面：

首先，社会组织的活动领域和范围不断扩张，涉及社会治理的方方面面。根据日本经济产业省下属的经济产业研究所于 2001 年所做的一项关于日本社会组织的全国性问卷调查，阪神大地震发生以后日本各种形式的社会组织如雨后春笋般发展起来，新成立的社会组织占当时日本社会组织总数的 70% 以上，其中 NPO 法实施以后新成立的占到 50% 左右。从调查结果来看，NPO 的活动领域十分广泛，以社会福利、社区发展、社会教育、医疗保健、少年儿童、环境保护、文化艺术、国际交流等领域最为集中。其中有 51.9% 的被访组织从事面向老年人、残疾人等社会弱势群体开展各类社会福利服务，有 40.8% 的组织从事以地域为中心的各种街区建设、社区发展、地方振兴等公共服务，有 33.9% 的组织从事包括婴幼儿教育、学前教育、辅导班教育、考前教育、技能培训、职业教育、终身教育等在内的各种社会教育服务，有 32.4% 的组织开展各种医疗护理、健康指导、疾病预防、康复中心等公共卫生服务，有 31.9% 的组织开展面向少年儿童的各种综合服务，有 25.5% 的组织开展各种环境生态保护方面的公益服务。

其次，民众对社会组织的认可度与参与度都在不断提高，具体体现如下：越来越多市民愿意承担志愿者工作，并积极为社团捐款，有些市民加入社会组织成为其会员。如今，社会组织作为新的社会治理主体已经渗透到日本社会各个角落，在养老、青少年教育、环境保护、社会福利等市民关心的公共领域提供更加专业化和技术性的服务，例如为行动不便的老年人提供送餐、日常生活陪伴、康复训练等服务；设立社区"托老所"，为老人提供巡访护理和短托服务等；帮助双职工家庭照顾病患儿童；设立社区育儿沙龙，提供图书借阅和育儿咨询；美化社区环境，开展物品再生循环利用；开展针对犯罪的警示宣传和防范活动；将社区闲置的场所进行改造利用；帮扶困难住户。上述活动能有效解决市民日常生活的难题，较好地弥补了政府在社会服务供给方面的不足，得到社会普遍认可。

最后，传统政治局限被突破，以政府、社会组织、企业为主体的社会治理多元主体逐渐形成。日本政府尝试将多元社会主体吸纳进入公共政策制定过程，并致力于构建公民参与型社会[①]。日本政府明确指出社会组织与政企之间应是紧密协作的合作关系，而非彼此替代、互相冲突的对立关系。为践行上述理念，日本各级政府在对待社会组织的行动策略上发生了很大变动，越来越强调社会组织在各领域中的应有作用，各地均涌现出社会组织发展的典型案例。例如，福冈县将"新的共助社会"作为当地政府的奋斗目标，提倡社会组织、志愿者、企业、政府通过互动协作方式解决地域课题。此外，福冈县还专门创设了共助社会基金，向赞同基金主旨的社会组织、县民和企业进行募捐，进而为地方社会发展做贡献。

2.社会组织的管理策略变迁的内在逻辑

（1）实践背景：过于注重经济发展引发各种社会问题、阪神大地震引爆志愿活动风潮

在国家权力主导下，日本大力推进国民经济复兴政策，20世纪60年代伊始，全国各地掀起了一股市民运动的浪潮，民众走上街头，抗议政府以经济开发为名却引发环境污染的基础设施改活动，其中，最具有代表性的案例如名古屋市的新干线诉讼案与大阪市的空港诉讼案在社会上产生了广泛的影响。日本

---

① 俞祖成：《战后日本公共性的结构转型研究》，《太平洋学报》2011年第12期。

政府认为公共事业具有社会有用性，因此推动社会事业当属合理性行为，但市民运动则指出，居民的生活环境与文化权利不应该被破坏，最终政府退步并同意将市民引入公共政策的制定过程中来。可以说，在市民运动的推动下，日本社会治理开始从严格规制中脱离出来，民间结社越来越盛行，特别是以监督或批判政府和企业为己任的社会组织大幅增多。20世纪80年代开始，日本经济水平进入世界发达国家前列，国民生活水平提高，普通民众参与国内外事务的积极性也不断增强，大量的"事业型"社会组织不断涌现。这些组织与政府结成合作关系，承担各种类型的公共事务管理工作，并积累了十分丰富的经验。阪神大地震发生后，社会各界认识到社会组织在救灾、赈灾与重建中的重要性，但却也发现，在既有的以民法为基础的公益法人制度下，小规模的社会团体很难取得法人资格，因此各界开始积极探讨有关构建社会组织发展环境的法规制度，其中最显著的成果是1998年通过并实施的NPO法，该法使社会组织的法律框架得到了不断充实和完善，明确了社会组织的角色以及与政府的关系，使社会组织所关注的社会领域不断拓宽，其社会贡献越来越重要①。

（2）理论储备：日本国内学术界针对"公共性"理论的反思

在日本，传统的公共性是指基于国家立场而由其决定的社会治理体系，公共性一词被视为是政府独占性产物，相关研究在谈到公共性概念时多将其视为与政府部门同义②，亦即公（public）＝政府（government）＝官③。即使政府会将部分公共事务委托给社会组织，但因支配权掌握在政府手中，社会组织充其量仅能视为是承包单位，缺乏自主权，故可称为是由政府支配公共性的

---

① 田香兰：《日本民间非营利组织的发展现状、法律环境及社会贡献》，《日本问题研究》2013年第2期。

② 新川達郎：《公共性概念の再構築とローカルガバナンス》，见白石克孝、新川達郎编：《参加と協働の地域公共政策開発システム》，日本評論社2008年版，第3—54页。

③ 富野暉一郎：《公益の構造化による公共サービスの変容と公共人材》，见日本行政学会编：《変貌する行政公共サービス・公務員・行政文書》，ぎょうせい2008年版，第18—42页。

时代①。由此可知，在日本代表社会价值理念的"公共性"是由政府单独决定与支配，公共服务的供给也是由政府单方负责。在长期官民二元论的影响下，自然形塑出惯于依赖政府的公民社会。20世纪90年代初期，在一批日本学者的倡导下，公共哲学运动兴起，该运动的关注焦点之一是积极构建"新公共性"理论，推崇个体志愿行为作为公共性实践的重要基石，主张应该推翻以往的灭公奉私理念，树立活私开公的新精神②。学者们指出，西方国家传统的国家—社会二元模式应被摈弃，在东亚思想文化资源的基础上，可以积极推行相关性三元论，即政府的制度世界、民众的公共世界与私人的生活世界是紧密相连的，应积极开展互动，并提倡"活私开公"理念③，进而构建全新的公共性理论。换言之，若要达成"新公共"的理想，则公共价值的判断与公共服务的供给不能再交由政府决定，而应以公民为中心，基于对等立场，透过多元主体的讨论与对话以打破既有的价值观来创造新的价值。在此认知下，日本政府开始摸索并寻找多样的协作对象，而社会组织因其使命是为了增进公益，本质上即有公共特质，而成为政府在考量与选取实践"新公共"概念主体的首选。基于"公共性"理论的反思，日本社会组织的发展繁荣有了理论上的支撑与保障。

（3）政府反思：公共财政状况恶化、"新公共"理念被政府认可并应用于国家治理

20世纪90年代初期，日本经济增长奇迹的神话被打破，国家财政困境日益加重，但民众需求日渐增加，且多元化、专门化趋势十分明显。日本政府传统单一的公共服务供给方式难以满足民众需求，且面对泡沫经济破灭，国际竞争力下降、不良债券增多、企业倒闭等社会问题，政府应对不利，中央集权制

---

① 福嶋浩彦：《自治体にできること、できないこと－"市民の公共"時代の自治体》，见自治体学会編著：《年報自治体学23号 自治体にできること、できないこと》，東京第一法規2010年版，第2—27页。

② 田鹏毅：《东亚"新公共性"的构建及其限制——以中日两国为中心》，《吉林大学社会科学报》2005年第6期。

③ 山脇直司：《何为公共哲学》，筑摩书房2004年版，第36页。

度的有效受到质疑，此外，田中角荣等政治领袖相继卷入政治贪腐案中，这进一步增强了日本民众对既有政府运作体制的不满和失望。民众期望政府突破传统政治局限作出变革，改变以往大包大揽、效率低下的全能政府形象，将民众、社会组织纳入公共服务供给的主体中来，实现"小政府、大社会"的国家运作模式。在此社会背景以及学术界的推动下，日本政府也将"新公共性"作为执政纲领，并积极践行于社会治理的理念与实践之中。2009 年，时任日本首相鸠山由纪夫在国会发表演讲，对"新公共"理论进行阐述。2010 年，日本政府发表咨文《"新公共"宣言》，该文指出，应加强人际、地区间合作，在社会公共事务管理中吸纳民众参与进来，积极构建协作的活力社会。为此，日本各级政府推行了一系列"新公共"的措施，致力于参与型社会的形成①。一方面，日本政府修改央地分权的政策，将中央权限及财源转移至地方自治体，希望藉由使地方政府迅速回应民众需求，以弥补中央政府因庞大官僚体制所引起的不健全机能②。另一方面，政府解除管制，通过推行契约外包与民间委托，加强与社会组织的协作。

（4）社会力量的成长助推政府社会组织管理制度改革

在阪神大地震发生前，日本政府已经关注到社会组织的发展，但并未投入太多支持举措。阪神地震救灾活动中，日本社会组织与志愿者积极且表现卓越的援助行动使日本政府意识到民间力量的强大潜力，他们不仅反应灵活，且行动快速，能够协助政府治理公共事务。社会组织的力量和重要价值让政府意识到应该加大对他们的支持力度，为此，日本政府推出了一系列制度和措施，力求实现社会组织的大力发展，包括在行政机构内部设立专门促进社会组织发展的官方机构，在日本各地成立非营利组织支持中心，并采取多种形式资助社会组织活动。经过多年的努力，社会组织得到长足发展。一方面，数量巨大的社会组织分散于全国各区域，活跃于社会多个领域，且以每年

---

① 今田高俊、朱伟珏：《拓展新的公共性空间》，《社会科学》2007 年第 12 期。
② 王光荣：《日本非营利组织管理制度改革及其启示》，《东北亚学刊》2014 年第 3 期。

5000 个的速度持续性增长，发展势头良好①。另一方面，门类齐全、层次不同、覆盖广泛的民间组织体系已经初步形成，在政治、经济、文化、科技等领域发挥着越来越大的作用，成为日本社会建设与管理的重要力量，特别是在社会养老服务和环境保护事业中作出了突出的贡献②。可以说，日本社会组织作为与政府、市场并驾齐驱的第三部门，在社会治理中发挥着越来越重要的作用。

可以说，社会组织在经济、政治、社会生活中的地位和作用，进一步为政治家、政府官员、有识人士和广大民众所认同。日本政府意识到，社会和个人的需求多种多样且涉及众多领域，政府与市场难以提供的社会服务，通过社会组织则可能得到多样化的服务，故对社会组织在社会经济体系中进行积极定位显得尤为重要。为此，日本内阁会议决定，应重新认识政府角色，废除由主管政府部门审批的非营利组织成立许可制度，建立与新世纪社会经济相契合的高度透明的新结构为目标，推进公益法人制度的革新。随着新的公益法人制度的落实，日本民众参与志愿活动、成立社团的自由度得以大幅提升，社会组织能够比较容易取得法人资格，市民社会的活力被进一步释放出来，民间公益活动的数量增加，社会组织的自主性得以增强，这对于构建平等协作的政府与社会组织合作关系大有裨益。日本政府对社会组织的重视、尊重程度进一步提高，针对社会组织的支持政策和扶持措施也将相应的不断扩大、深化，日本社会组织将会面对一个更为宽松、更加积极的发展环境和活动空间。

3. 对中国的启示

长久以来，涵盖日本在内的很多东亚国家都有权威主义式的"强政府、弱社会"传统，公众将政府作为可依赖和信任的对象，在这种历史文化背景下，

---

① 民政部"日本 NPO 法律制度研修"代表团：《日本民间非营利组织：法律框架、制度改革和发展趋势》，《学会》2006 年第 10 期。

② 田香兰：《日本民间非营利组织的发展现状、法律环境及社会贡献》，《日本问题研究》2013 年第 2 期。

社会组织普遍存在资金不足、人才匮乏、规模有限、能力偏弱等问题，如果离开政府的支持就难以发展。随着现代化进程的不断推进，日本政府针对社会组织的管理模式实现了从管制到发展的变化。梳理日本各级政府支持社会组织发展的举措和具体实践，其主要特征是"制度硬约束"，这主要体现在支持社会组织健康成长的政策理念及落到实处的政策执行上，包括：以强有力的政府支持体系为基础，打造政府与社会组织之间平等的协作关系；逐步放开可以由民间力量承接的公共服务领域，积极鼓励社会组织参与和承担公共服务，为当地居民提供多样化的服务产品；构建政府与社会组织多元化的合作机制，主要有项目委托、政府购买、合作开发等方式；对于符合社会发展需要的社会组织，以从政府专项基金、预算中拨款等方式，给予他们一定的税费减免、资金支持、信息服务等具体支持；更重要的是，在一些影响国计民生的行政决策事务中引入社会组织，使其发挥参谋助手功能。由此可见，日本政府对社会组织的支持是全方位且制度化的，在调整法律和税收制度的基础上，日本政府对于社会组织的发展既有行政措施的大力支持，也有资金、硬件方面的直接帮助，还有机制建设上的具体配套与跟进。围绕社会组织的发展和活动展开，既在改善宏观环境方面做出诸多努力，也在具体运营能力上给予许多实际帮助。上述举措对于社会组织的快速发展起到积极促进作用，还加强了政社合作的广度及深度。

与近邻日本相较而言，中国地方政府不断加大培育和发展社会组织的力度，不仅使社会组织数量迅速增长，而且也扩展了社会组织的作用空间。但与此同时，部分地方政府缺乏让社会组织自主运作的动机。这种中国特色的"社会转型之谜"产生的原因在于一些地方政府在实践中坚持"治理社会"逻辑，从而遮蔽了蓝图规划中的"社会治理"逻辑 ①。在此背景之下，社会组织虽然有相对独立的生存与发展空间，但是，一些地方政府强大的管理能力仍然时常介入到社会组织的发展之中 ②。换言之，随着"治理社会"逻辑的延续，少数

---

① 张紧跟：《治理社会还是社会治理？——珠江三角洲地方政府发展社会组织的内在逻辑》，《天津行政学院学报》2015 年第 2 期。

② 王春光：《城市化中的"撤并村庄"与行政社会的实践逻辑》，《社会学研究》2015 年第 2 期。

地方政府虽然制定了推进发展社会组织的各种法规政策，但它依然可以通过支配稀缺公共资源对社会组织形成激励与约束，地方政府在培育和发展社会组织中仍然发挥着不可替代的主导作用①。较之我国"制度软约束化"的社会组织管理特征，日本在社会组织管理上强调的"制度硬约束"确实值得我们加以重视、学习和借鉴。

（二）行政扶持、组织联盟与日本社会服务递送

在日本政社合作提供社会服务方面，日本政府的大力扶持、与社会组织构建形成联盟成为两者有效协动的重要保障，而新公共理念的兴起与发展既是日本推动社会组织走向发展的基石，也成为日本政社合作的重要背景。自 20 世纪 90 年代后期以来，日本中央政府不断呼吁"新公共"②观念的重要性，2009年 9 月，成功问鼎国家政权的日本民主党制定并实施了包括新公共推进会议以及新公共支援事业等在内的"新公共"政策，致力于进一步推进社会治理的转型与发展③。"新公共"被界定为致力于构建互助和有活力的日本社会市民们所拥有的"协动"场所，这是日本首次在国家层面上明确提出建设政社合作关系，由政府与社会组织协同供给社会服务④。迄今为止，"协动"已成为日本多数地方政府部门所秉持的重要政策理念之一。

针对日本的政社合作现象，国内已经有学者开始触及这一领域，有研究就指出在公共性范式变迁的影响之下，日本社会组织与政府的关系模式实现了从对立、融合到协动的历史性转换。日本政府通过实施政社协动法制化、创

---

① 刘京希：《从政治发展看社会建设》，《天津社会科学》2012 年第 2 期。

② "新公共"理念与我国的社会管理创新理念相类似，强调国家应积极推动政府与社会组织之间构建形成合作伙伴关系。一般情况下，日本学术界将政府与社会组织的合作界定为"协动"，其内涵外延与我国的政社合作基本一致，在本书中，政社协动与政社合作的基本意蕴一致。

③ 田鹏毅：《东亚"新公共性"的构建及其限制——以中日两国为中心》，《吉林大学社会科学学报》2005 年第 6 期。

④ 俞祖成：《日本社会治理：兴起过程与发展态势》，《中国发展简报》2013 年第 3 期。

建政社协动的良好环境以及构设激励制度吸引社会组织加入社会服务的供给过程①。但在具体的实施过程中，也呈现出政策目标与执行相脱节、社会组织的自主性与独立性被侵蚀、协动政策失灵等问题。上述文献针对日本的政社合作问题进行了初探性的分析，然而，在合作推动社会服务供给的背景之下，日本政府和社会组织分别采取了哪些行动策略？这些行动策略又对社会服务递送带来了哪些影响？日本的经验对于中国地方政府的政社协作又有哪些启示？现有研究并未进行深入的总结与阐释。

基于现有研究的缺陷，并期待为中国地方政府的政社合作给予一定的经验借鉴，本书探讨、总结并反思了日本政府推进政社合作的基本做法，并指出：日本政府采取了"行政扶持"的行动策略启动了政社合作的进程，社会组织则运用"组织联盟"的方式积极获取并扩展生存空间，由此推动了新公共理念的落实。但在政社协动的过程中，日本政府多以社会组织的主管和监督机构自居，双方在合作时难以维系平等的关系形态，这也为双方的合作关系带来了一定负面影响。即便如此，日本政社协动具有在央地政府之间进行合理化分工、政社协作制度化等优势，这对于中国情境下的地方政府政社合作关系具有一定的启示与参考价值。

1. 日本政社协作的背景

如前所述，长期以来，为实现跻身先进国家之列的重要目标，日本中央政府被赋予了极强的资源动员能力，其在公共事务的处理过程中，一直扮演着主导性的重要角色。这种中央集权、政府主导的行政运作模式在推动日本经济高速运行和国民生活水平的提升方面的确成效显著②。然而，中央政府的高度集权导致科层体系与社会力量关系结构的不平等，社会组织受制于资源分配主体——中央政府的约束与限制，使其无法保持独立性和自主性，逐渐沦为科

---

① 林淑馨：《日本地方政府促进非营利组织协力之理想与现实》，《政治科学论丛》2012年第1期。

② 岩崎美纪子：《新しい自治体のイメージ》，见森田朗编：《分権と自治のデザイン》，有斐閣2003年版，第235—236页。

层体系的代言人①。此外，随着民众对社会服务需求日益多元化，草根市民活动不断兴起，社会各界开始呼吁变革国家治理方式，吸引社会力量参与社会服务供给过程，以提升社会服务供给的效率与品质，增加社会服务输送的正当性②。伴随着公共财政改革的推进、行政体系的分权改革、新公共性理念的兴起，日本逐渐构建形成政社协作供给社会服务的图景。

（1）财政改革对政府传统角色的挑战

在高速经济成长期终结于泡沫经济之后，日本在 20 世纪 90 年代初遭遇了严重的财政危机，从中央到地方政府均背负庞大债务，亟须重组财政结构，以避免政府破产的窘境。另外，随着时代和环境的变化，日本的少子老龄化现象不断恶化，而福利型的国家政策仍在不断扩张，这对于财政紧张的行政体系造成了巨大的压力。囿于上述困境，日本各级政府都期望改革传统由中央或地方直接提供社会服务、并由政府承担全部风险的境况。为此，行政体系引入社会组织，借助社会力量的经营能力和服务技巧，提高社会服务的供给效率和质量，减少财政支出，并由政府与民间双方共同分担风险。据此，引入外部力量是日本政府推行财政改革时所采取的重要方式，政府可以借此契机精简机构和人员，在提升行政绩效的同时改善公共财政的窘况③。

（2）行政体系的分权改革

一直以来，日本中央与地方政府之间的关系是建立在上下或主从的中央集权管制体制之下的④。诚然，这对第二次世界大战后日本经济的高速运行起到了重要的保障作用，但是也衍生出地方政府与民间社会对中央政府高度依赖的

---

① 森裕亮：《パートナーシップの現実－地方政府・地縁組織間関係と行政協力制度の課題》，见日本行政学会编：《分権改革の新展開》，ぎょうせい 2008 年版，第 170—188 页。

② 林淑馨：《日本地方政府与非营利组织协力关系之分析——以横滨市和箕面市为例》，《行政暨政策学报》2007 年第 1 期。

③ 李翠玲、甘峰：《日本公共部门民营化与 NPO 困境——新公共管理的"公共性"质疑》，《北京行政学院学报》2010 年第 6 期。

④ 林淑馨：《日本公私协力推动经验之研究：北海道与志木市的个案分析》，《公共行政学报》2009 年第 1 期。

问题。在中央集权的制度框架之下，地方政府缺少独立解决社会问题的自主能力，仅能忠实地遵守与配合国家的政策方针，且中央集权所规划和执行的公共政策也难以满足社会公众多元化的要求。为扭转地方政府在公共事务管理中的被动地位，改变中央政府主导资源分配的强势格局，因地制宜地制定与实施公共政策。日本政府开始大力推进行政体系的分权改革，2000年伊始，日本政府颁布《地方分权概括法》，实施了一系列地方分权改革措施，主要包括废止象征中央行政集权体制的机构委任事务制度，设计中央地方纷争处理委员会，从制度上限制中央对于地方政府的全面干预，通过上述举措的实施，日本政府希望实现"由公民自身决定其所在地域的公共事务，从而自行负责"的理想社会[1]。同时，日本政府也希望借此为地方政府增权，改变央地关系的不平等态势[2]。分权改革促进中央政府管理权限及财源的下放，地方政府所受的约束与干涉范围也随之缩小。然而，面对治理责任范围的扩充，地方政府如何克服对中央政府的依赖惯性，提升自身的社会治理能力，满足区域内公众的社会服务需求，仍然是各地方政府需要不断探索的重要课题。

（3）新公共性理念的兴起

日本传统的"公共性"是指基于国家立场决定公共事务的管理，即公共事务被认为是中央政府的独占物。然而，随着地方政府改革、解除管制等行政体系改革的推进，以"自我决定、自我负责"为特征的区域公共事务处理规则建立起来，而全球化与信息化也改变了社会经济的传统发展轨迹，以公民社会为主体的个性化区域发展模式日益盛行[3]。2004年，日本中央政府出台《国民生活白皮书》，指出应该寻找通往新公共性的道路，即不应由中央政府全权负责公共事务的管理，应发挥对社会服务具有高度热情的普通民众、社会组织的能量，打造"新公共性"理念。一言蔽之，"新公共性"理念主张实现由传统以

---

[1] 藤井禎介：《ローカル・ガバナンス－予備的考察》，《政策科学》2009年第16期。

[2] 辻山幸宣：《新しい自治の理論としくみ》，见辻山幸宣编：《新しい自治のしくみづくり》，ぎょうせい2006年版，第1—36页。

[3] 石井晴夫、金井昭典、石田直美：《公民連携の経済学》，中央経済社2008年版，第9—10页。

官为主体的公共性转变为立足于公众基础之上的公共性，力图实现公共性从垄断到扩散的转型。为此，日本力推各种公共政策以助推社会组织的发展，进而实现政府与社会组织携手合作提供社会服务。这一实践做法在日本被称之为协动，目前已成为践行新公共性理念的基本举措①。

2. 日本政府与社会组织推进政社协作的行动策略

如前所述，虽然日本政府致力于推动政社合作，但是长期以来，行政体系在社会服务供给领域占据垄断地位，社会力量发育并不健全。政社合作的重要主体——社会组织一直深受资金不足、人力资源匮乏等问题的困扰，其发展也受到极大阻碍。为了确保政社协作能获得独立发展的社会环境与资源基础，日本政府采取了行政扶持的行动策略，积极推进政社协作。

（1）行政扶持：日本政府的行动策略

①政府提供资金援助，夯实政府与社会组织的合作基础。

经费支持是社会组织参与服务供给的重要保障条件②，而根据内阁府所进行的调查显示，约有七成以上的社会组织认为需要政府对其进行经费支持，可以说，日本多数社会组织将筹措经费作为其首要面临难题③。为此，日本政府通过各种方式向社会组织提供资金援助，主要有如下三种：

一是政府向社会组织提供经费，主要有补助金、契约与抵用券三种类型④。契约是目前社会组织取得经费的重要来源管道，同时也是政府与社会组织协作提供社会服务的主要模式。调查显示，2004 年，有高达 95.7% 的都

① 俞祖成：《日本"新公共性"指向的 NPO 政策体系分析》，《中国非营利评论》2011 年第 2 期。
② 吴月：《隐性控制，组织模仿与社团行政化——来自 S 机构的经验研究》，《公共管理学报》2014 年第 3 期。
③ 上田优：《NPO と行政の協働－多様な社会サービス供給の可能性》，《香川大学経済政策研究》2008 年第 4 期。
④ 补助金是指政府对社会组织进行经费援助和赠与，以便支援其参与某种特定服务或活动，被补助对象不需为政府提供特定服务，因此能确保社会组织的自主性。契约方式则是社会组织需要与政府签订合同，提供合同文本指定的服务内容，社会组织受限较多。抵用券则是发放给个人，使其在一定范围的服务中进行选择，这是间接增加社会组织经费来源的方式。

道府县以及 45.8% 的市町村透过此种方式与社会组织协力。每个地方政府平均委托给社会组织的服务契约约为 5 件，平均委托金额为 2313 万日元①。二是协助社会组织进行融资。这种方式主要由日本地方政府主力推行，借以解决区域性社会组织经费筹措问题，并对区域性社会组织进行长期培育，所以融资资格多限制为设立于当地的社会组织，而资金用途则限定在营运资金和设备资金，进而协助社会组织的稳定发展。该融资方式门槛低，不需要社会组织提供担保，融资额度从 50—500 万日元不等，融资期一般为 3—7 年。2006 年，富山县帮助当地社会组织融资金额达 1 亿 3900 万日元之多②。三是创立基金，支援社会组织发展。地方政府从财政收入中拨一笔经费作为创始基金，之后通过基金的孳息与民众捐款来运作。目前，全日本共有 38 个地方政府创设有支持社会组织发展的基金。其中，2001 年神奈川县所设置的"志愿者活动推进基金"最为典型，该基金总额为 106 亿日元，依靠基金的运营收入，以自主进行公益目的的社会组织或个人为对象，开展合作事业负担、志愿者活动补助、志愿者活动鼓励三大面向，到 2007 年，该基金已支付近 5 亿日元③。

然而，值得注意的是，日本社会组织在获取资金援助，进而得以拓展自身的生存与发展空间的同时，也滋生了不利于社会组织发展的负面因素。资源依赖理论认为，对资源的需求构成了组织对外部环境的依赖，资源的重要性和稀缺性决定组织依赖的本质和范围，进而使权力成为可能或显像。诚然，日本政府的大力支持和强势推进，是构建政社协作制度的应有之义，但该制度在促进社会组织发展的同时，客观上也导致了社会组织对政府的过度依赖。而日本政府一直以来都运行垂直型管理模式，其制度惯性十分强大，且由于日本学界一直以来对协动一词的理解存在争议，这使得政社协作的执行人员往往视协动为政府与社会组织共同完成某项工作，却忽视了其中蕴含的平等、自主、伙伴关

---

① 后房雄：《NPO は公共サービスを担えるか 2009》，法律文化社 2009 年版，第 160—161 页。
② 若杉敏也、冈本宪一：《特集 NPO 法 10 年主要 97 自治体アンケート調査急増する NPO 行政の協働——相互不信解消が成否の鍵》，日経グローカル 2008 年版，第 8—25 页。
③ 王名：《日本非营利组织》，北京大学出版社 2007 年版，第 146 页。

系等应有之义。有研究就指出，地方自治体经常习惯性地将垂直型分权中的中央与地方关系置换到 NPO 与地方自治体的协动关系中，从而造成以"非平等性"、"上下级关系"以及"从属关系"为基本特征的垂直型协动大行其道。在协动过程中，社会组织往往处于弱势地位，极有可能沦为社会服务外包业务的廉价承办方。

②确立常态化的政社协作运作机制。

一方面，从制度上明确政社协作的合法性地位。1998 年，《特定非营利活动促进法（简称 NPO 法）》出台，以协助增进不特定多数人利益为目的的活动为基本准则，给予众多以公益活动及联谊活动为中心的民间团体法律地位。受到该法影响，此后促进社会组织发展、政社协作的各项基础性、政策性支持也随之铺开，各级地方政府纷纷着手制订相关的法令与制度，尤其是促进政社协作的政策条例，期望通过制度将协力双方的权利义务予以明文规定，廓清社会组织对政社协作的内容的诸多疑虑。迄今为止，日本全国所有地方政府都制订了对非营利组织的支持指南或规则，其中有三分之一的地方政府制订了《支持非营利组织条例》。1999 年，箕面市议会就通过了《非营利组织公益市民活动促进条例》，在承认非营利公益市民活动团体的基础之上，促进社会组织开展服务活动，市政作为公共服务实施主体向社会组织提供一定参与机会，并设立市长咨询机关推动其参与。神奈川县更是从制度上明确了政府与社会组织的平等协作关系。在神奈川县出台的《NPO 等与神奈川县合作推进指南》中就明文规定，神奈川县政府与社会组织等站在平等的立场，相互发挥各自特性，共享对协作关系的认识、目的与过程，通过相互协作，共同致力于形成、提供公共服务等以公益为目的的事业领域的合作，并积极致力于推进这种合作关系。

另一方面，设立专门负责政社合作的行政机构，这表明地方政府正视该项事业的特殊性与专业性，且重视与社会组织的协作关系，希望将其作为一项常规性的工作予以推进。日本各级政府都把促进社会组织发展、推动政社协作视作行政部门的重要职能之一。日本国民生活局专门设立"市民活动促进课"，专门负责对社会组织进行扶持和支援，并将增进社会组织与政府间伙伴关系、增强社会组织在公共服务方面的作用，作为促进社会组织发展的重要内容加以研究和推进。目前，日本地方政府也安排了专门的人力物力推进本地的政社协作事业。调查显示，日本全国47个都道府县中，所有地方政府均设置有负责政社协作事务的行政部门。以神奈川县为例，该县在县民总务课下设NPO合作推进室，专门分管推进政社合作的相关事宜。为提升公共部门行政人员对于政社协作的重视水平，新进加入的公务员需要担任合作推进员，之后分配至各个业务课室，将政社协作的理念传递到具体业务工作中，每年神奈川县还要组织公务员进行关于公益事业与社会组织等合作内容的专项培训，此外，神奈川县还设置了综合性服务窗口，用以推进、管理政社协作事务，并搜集、提供相关协作信息。

③打造政社合作的硬件支持。

日本社会组织要实现独立生存，年收入需要达到1000万日元以上，但目前达到此项条件的社会组织数量不足三分之一。为降低社会组织的运营成本，减少社会组织在日常办公和运转方面的经济负担，并对政社协作工作予以积极宣传，日本政府还积极致力于打造政社合作的硬件支持。一方面，成立社会组织支援机构。着眼于通过不同途径减轻社会组织的行政开支负担，日本政府通过建立支援机构为社会组织在办公场所和活动设施上提供帮助。据统计，有70%的都道府县建立了支援服务设施，各地已经成立了超过200家社会组织支援中心。这些支援机构多是围绕社会组织开展各种日常支援服务活动，包括提供场地、信息以及文印服务等。在此基础上，部分支援机构还拓展、深化相关服务功能，为社会组织提供咨询、信息支持、培训调研、活动中介以及政策建议等方面的帮助。社会组织支援机构的设立，对于无法人资格的市民团体发挥了孵化器效应，能培育其尽快发展成为独立的法人团体。这同时也改善了社会组织活动的发展环境，以及提供必要信息和建立合作网络有很大裨益[1]。另一

---

[1] 吉田忠彦:《NPO中間支援組織の類型と課題》，见《龍谷大学経営学論集（2004）》，第104—113页。

方面，设立社会组织协动平台。协动平台设立的初衷主要是为了降低社会组织对协作关系的疑虑，减少合作双方的信息不对称。部分地方政府设立的协动平台还定期举办讲座，召集社会组织的工作人员参与，期望藉由协动观念的建立和信息的传播，提高社会组织参与政府公共事务或服务的意愿①。

④设立政社合作的激励和协调制度。

政社合作的良性运转离不开社会组织的发展，在行政体系为社会组织的发展投入各种资源的前提之下，为了保障和尊重社会组织的独立自主性，日本政府还设立了推动合作关系的激励制度。一是事业提案制度，它指的是由社会组织对所需提供的公共服务事项进行自主性提案的做法。该制度的设计初衷是期望借助社会组织的专业设计服务供给内容与过程，让其拥有一定自主性，进而减少社会组织对于协作可能会带来的独立性缺失问题的担忧，吸引更多具有独立精神和专业技能的社会组织参与政社协作。调查显示，全日本有60%的地方政府已经实施了事业提案制度，神户市社会组织的提案数量和采纳率最高，达到70%。二是加强协调，增进共识，设立进修派遣制度。进修派遣制度是指地方政府定期派遣负责该项业务的行政人员到社会组织学习，通过参与社会组织的工作来深入了解社会组织的实际运作与需要，借以加强行政人员对社会组织的认知，并改变其官僚意识，减少协作过程中的冲突与摩擦。日本包括有神奈川县、爱知县、滋贺县和名古屋市在内的21个地方政府均设置有进修派遣制度，会定期派员到社会组织开展研修工作。调查显示，行政人员通过接触社会组织事务，亲身参与志愿事业，能够增进对政社协作事务的了解，提升其推动协作事务的意愿。

（2）组织联盟：社会组织的行动策略

有研究指出，日本社会组织的分布呈现出"二重构造"的典型特征，即大规模的社会组织要想在政社协作中拓展其生存和发展空间，保持自身的独立

---

① 林淑馨：《日本地方政府的非营利组织政策：以三重县与神奈川县为例》，《公共行政学报》2005年第1期。

性，避免被政府部门同质化和官僚化，就需要扩张资源汲取的范围，加深与其他社会组织的交流与合作，获取地区居民的认可①。自20世纪90年代开始，日本社会组织就以互联网作为媒介建立横向联系或成立组织联盟。直至今日，日本几乎所有的社会组织都通过互联网发布活动讯息，寻求合作伙伴，构建联盟关系，同时宣传自己团体的发展宗旨与理念，进行资金募捐②。

随着政社协作的兴起，为了更好地提供社会服务，日本社会组织也开始依托互联网、社会组织协会等支持载体，采取构建组织联盟的行动方式，整合多元力量，提升社会服务的品质。这是因为在许多社会服务领域，特别是针对老人、妇女以及儿童等脆弱性群体的服务，这些服务对象面临的问题往往比较复杂，需求也较为多元化，单个组织难以为其提供整合性服务，需要多元化的组织协同合作。因此在政社合作提供社会服务中，组织联盟策略被进一步强化③。通过互联网这一重要的信息发布平台，诸多志同道合的社会组织紧密结合在一起形成合作共同体此外，日本还有很多活跃于各个领域的全国性社会组织联盟，也有地区性的社会组织联盟。关西NGO协会就是其中之一，它是以加强关西地区社会组织之间的联系、培养社会组织人才、促进地区与全日本社会组织之间联系为目的而发起的组织联盟。通过简单的认证手续，社会组织就可以申请加入协会，关西NGO协会经常通过互联网发布交流协作信息，开展联合行动，共同培养社会服务人才。除了内部合作，日本社会组织还积极寻求外援，与专业化的私人企业搭建合作桥梁，学习对方的管理经验及技术④。组织联盟策略在社会服务递送中的使用，能够将社会组织、企业等异质性资源

---

① 俞祖成：《日本第三部门的"资源格差"困境及其对策创新——以"京都地域创造基金"为例》，《中国非营利评论》2012年第2期。

② 胡澎：《非营利组织在日本社会发展中的作用》，载《南开日本研究》，世界知识出版社2012年版，第42—80页。

③ 邓锁：《社会服务递送的网络逻辑与组织实践——基于美国社会组织的个案研究》，《社会科学》2014年第6期。

④ 张豪、张向前：《日本政府购买服务、社会资本合作与社会组织发展》，《现代日本经济》2017年第1期。

整合起来，进而构建形成服务网络，更好地满足服务对象的需求。

从日本社会组织的发展经验来看，以组织联盟的方式推进政社协作，整合原本弱小的社会组织形成合作关系有两大优势：一方面，组织联盟能以整体形式牵头与政府开展协商，在政社协作的过程中帮助成员调整合作条款，增加社会服务的自由裁量权限，减轻政府合约的压力，保障社会组织的独立性和自主性。另一方面，组织联盟作为一个社会组织学习、交流及沟通的平台，联盟成员能共同分享协作信息，形成对合作规范的共识。特别是在某一特定领域形成的组织联盟下，组织成员能通过互动相互模仿学习，习得有效的社会服务工作技巧，组织联盟体可以发起统一培训，对社会组织进行针对性的指导，加深其对社会服务合作过程和规范的认知，进而打破组织边界，加强学习效率，这有助于社会组织在服务提供过程中，更好地满足政府与民众的需求，实现多赢局面。

3. 社会服务递送的效果呈现

社会服务递送作为社会政策实施的重要组成部分，它是一个从决策决定到服务需求满足的连续过程，这一过程常常是由专业的社工来执行的[①]。有研究指出，社会服务递送是一个合作生产的过程，需要社工、服务对象、政府多元主体的参与[②]。日本政府实施的协动政策对于满足社会服务的多元化需求具有积极作用，在减少政府财政支出的同时也提高了社会服务的供给效率，同时也促使社会组织、服务对象及政府发生了积极的变化，创造了政府与社会组织的治理新局面。

从社会组织的角度看来，通过与政府开展合作，借助政府的资助，社会组织有能力践行机构发展宗旨，保障组织活动的稳定性和持续化，提高组织的社会认可度与美誉度。另外，通过制定包括项目计划、合同契约等在内的各种报表，社会组织提升了自身的经营管理能力，加深了对于科层体系运作模式的认识与了解。更为重要的是，协作促使社会组织累积更多的社会资本，拓展了社

---

① 王思斌：《社会政策实施与社会工作的发展》，《江苏社会科学》1998 年第 6 期。

② Taco Brandsen.Victor Pestoff. (2006). "Co-production, the Third Sector and the Delivery of Public Services". *An Introduction, Public Management Review.* (4)：pp.493-501.

会网络。从服务对象的角度来看，民众获得了更加专业细致的服务，其缴纳的税收得到有效使用。民众普遍形成了对新公共性——"官民合作共治"理念的深入认知，并积极参与到社会建设的过程之中，强化了民众之间的互助意识①。从政府的角度而论，借助社会组织的力量有效地解决了社会服务供给问题，实现灵活迅速地回应民众的社会服务需求，提升了民众对政府的满意度和信任感。此外，还有助于促进公职人员在创新、效率和使命感方面的意识变革，为修改滞后的法律制度提供契机等。

需要进一步指出的是，自明治维新之后，日本在迈向现代社会的过程中，政府始终是公共性理念的实践者，虽然日本在二战后掀起推进地方分权改革的风潮，但是囿于官僚主导等根深蒂固的传统政治文化的约束，这种以中央集权为制度前提的地方分权改革是不彻底的。而央地关系的不平等性特征对于日本的政社协作产生了消极的政策影响，日本地方政府在执行政社协作的政策时，习惯性地将垂直型分权中的央地关系置换到政社关系中，从而造成政府与社会组织呈现出非平等性的上下级关系形态。在这种畸形的关系模式下，社会组织缺少自主性，凡事以政府的意见为先，极有可能沦为社会服务的廉价承包方，并导致政社协作陷入形同质异的困境。另一方面，虽然日本政府在推进政社协作的过程中将政府与社会组织的对等伙伴关系作为重要的要素加以强调，但在实际操作过程中，行政体系希望社会组织发挥的是弥补政府功能不足的消极性补充功能，而非发挥积极的创新功能。这一点从日本政府推行与社会组织合作时的关系模式可以窥见。如前所述，契约是日本政社合作的主要方式，这种合作方式使社会组织能获得稳定的财源，但社会组织需要依照契约所拟定的服务内容与要求来递送服务，缺少实质的裁量权，这不仅限制了社会组织的自主特性，而且使得社会组织沦为政府的承包商和附庸机构。

毋庸置疑，随着全球化浪潮的兴起，我们已经跨入一个社会创新被不断提起、不断践行且不断突破的时代。日本政府顺应新公共性理念的兴起，打破传

---

① 渡边光子：《NPO と自治体の協働論》，日本評論社 2012 年版，第 56—83 页。

统政府是社会管理单一中心权力结构的固化思维，探索寻求社会组织的合作，共同解决社会公共问题。诚然，日本在推动政社协作的过程中，也表现出了种种困境：社会组织过度依赖政府资助，压抑其公共性的生长[①]；政府与社会组织从总体仍然是垂直的从属关系而非平等的伙伴关系；政府干预社会组织的传统意义仍然存在，越权管理屡屡发生；政府向社会组织支付的委托费较低，导致受托方成为廉价承包方，协动政策流于表面并威胁到社会组织的独立性和自律性。但是，从总体上看，日本政府推动的政社协作，不仅促使相关利益主体发生着积极的变化，而且还对相关社会制度建设产生了积极的影响。可以说，日本的经验对于正在致力于推进社会治理体系创新、加强地方政府购买社会服务的中国而言，也具有一定启发意义。

一方面，政社协作是将合作伙伴关系透过政策与法律予以制度化的过程。制度化有助于建立政府与社会组织良好的互动平台，同时也是协作双方产生信任的主要来源，而明确的完整的法规扮演着结构性与客观性的信任来源，因此制度化是社会组织跨入合作伙伴关系的考量门槛，也会直接影响协作过程的秩序安排[②]，由此可知政社协作制度化的重要性。我国处于政社协作的推广进程之中，从中央到地方政府也出台了一些制度规范去约束和规范政府与社会组织的合作关系，然而，正如有研究所指出的，我国的地方政府与社会组织合作关系高度依赖于策略而非制度。这主要是由于我国正处于社会转型的过程中，支撑政社合作的正式制度不多，合作双方难以照章办事和循规蹈矩，只能因事制宜和因时制宜，因此策略就有了发挥作用的广泛空间[③]。较之我国非制度化的"策略"，日本在推行政社协作时，从中央到地方政府都颁布了规范合作关系的各种法律、条例、指南及规则。从这一点来说，日本政府制度化的协动政策值得我们加以重视和借鉴。

---

① 黄凯频：《促进还是制约：论 NPO 法对日本公民社会发展作用的两面性》，《中国非营利评论》2008 年第 2 期。

② 郑锡锴：《法制化与公私协力的管理——以 BOT 为例》，《竞争力评论》2008 年第 11 期。

③ 康晓光：《NGO 与政府合作策略》，社会科学文献出版社 2010 年版，第 140—143 页。

另一方面，在推进政社协作的过程中，日本中央与地方政府进行了较好地分工协作：日本中央政府致力于提倡新公共的协作理念，构建政社协作宏观性的制度原则，制定包括 NPO 法在内的基本法律，推行地方分权改革，上述行动在给予地方政府政策指引的同时，也为政社协作营造良好的社会氛围与基础性的制度环境。地方政府则是在中央政府的指引之下，根据区域实际需求，致力于制定和执行具体适宜的策略，以吸引社会组织参与到政社协作的进程中来。可以说，日本央地政府之间恰当的分工，为政社协作的顺利推进提供了坚实的基础，特别是在中央政府提供宏观性的政策指引后，地方政府通过积极的政策实验，寻找与社会组织实现良性合作的最好策略。这也是中国一直以来能顺利践行改革的关键：通过分权给予地方政府改革创新的空间，激发和鼓励行政体系的改革热情，将好的试点、政策予以推广，促进治理变革的不断深入。然而，分税制的推行在某种程度上会降低部分地方政府投身于政策实验，开拓制度创新领域的积极性。为此，有必要借鉴日本的经验和做法，在政社协作的领域，由中央政府出台具有宏观性指导意义的制度，并鼓励地方政府在现行制度框架下，积极设计适宜于本地区的具体政策。

二、如何推动社会组织走上独立发展的道路？

经由上述经验分析，就中国情境下的社会组织发展而言，本书认为：我国地方政府应在规范社会组织建设的基础上，切实推行并落实社会组织发展的各项法规制度，积极拓展社会组织参与公共事务治理的渠道，进而提升社会组织的自主治理能力，使其成为社会治理不可或缺的重要力量。因此，从公民社会成长角度而言，不仅需要地方政府尤其是基层政府信任社会组织、还权于社会并在制度上承认各种社会利益群体合法组织的权利，而且还应该赋权于民众以保障公民的合法利益诉求 ①。借此，"社会治理"的实践逻辑才能落实到国家发

---

① 马骏：《经济、社会变迁与国家重建：改革以来的中国》，《公共行政评论》2010 年第 1 期。

展转型的宏大叙事中，社会组织的生长活力才能被释放。

在传统体制的背景下，地方政府权威及其符号仍然在中国社会的各个领域发挥着较大作用。社会组织构成的社会空间在一定程度上依赖于地方政府，它们处于成长初期，较为弱小也难以进行自我协调。因此，地方政府针对这一被释放出来的社会空间施以规制性的管理①。诚然，在社会转型及社会管理创新的初期阶段，地方政府组建社会组织承接购买服务是实现职能平稳交接的必经之路。但是，如果少数地方政府过多地干预社会组织的运作，社会组织的行政化倾向日益严重，则会导致社会组织缺乏活力，更谈不上对地方政府的决策行为施加影响了。换言之，少数地方政府对社会组织的资源投入的结果是为自身增添若干个"编外"行政机构，它们在不断精简机构的同时被隐性地扩张了组织边界。如果地方政府主办社会组织只停留于将社会组织为己所用的层面，则这些体制内社会组织的发展水平也将始终停留在一些地方政府延伸部门的层次上，无法独立承载支撑推进社会建设、创新社会管理的重任，甚至会在一定程度上加大腐败和寻租的风险，地方政府以"善治"为目标的治理转型的制度改革方案也会出现偏离景象，甚至会强化少数地方行政机构的社会管理能力，为它们谋求地方部门利益大开方便之门。因此，值得我们特别警惕的是：少数地方政府对社会组织的过度介入可能会放大地方政府的官僚主义缺陷，并影响原本就弱小的社会组织，导致社会组织进入一个越来越脆弱的生存环境。而要推动社会组织走上独立发展的道路，提升其自主意识，则需要地方政府和社会组织共同作出努力。

从地方政府的角度而言，虽然在本书案例中，基层政府仍然管理着社会组织的日常运作过程，但高层政府对社团逐步"放手"也预示着政府与社会组织关系正在发生着逐渐分离式的变化。因此，要实现社会组织的独立运作和发展，一方面需要高层政府更大力度的"顶层设计"以及强有力的落实，另一方

---

① D.Davis, R.Kraus, B.Naughton. (1995). *Urban Spaces in Contemporary China*. Cambridge.Cambridge University Press, p.112.

面，地方政府要做的不仅是组建社会组织，更为重要的是理解社会组织处于初级发展阶段的事实，在向社会组织输入必要生存发展资源的同时，地方政府应转变观念，给予能够切实推进社会发展、实现良性政社合作关系的社会组织足够的信任和独立的发展空间，让其真正地参与到社会建设和公共服务供给的进程中去。

从社会组织的角度而言，一是在尽可能整合与利用地方政府和市场的资源优势的基础上，增加资源汲取的路径，与更多样化的社会实体形成合作关系，进而减少对地方政府的依赖度，弱化其行政化色彩。二是集聚专业精神，发展出适应本土情境的专业社会工作方法。对于提供社会服务的社会组织而言，其生存和发展所凭借的最大优势就是灵活专业的服务，坚持这一点对于社会组织的发展至关重要。更为重要的是，专业优势的提升可以增加政府对社会组织的专业化需求依赖，即便短期之内难以改变二者之间的非对称资源依赖现状，也有助于平衡社会组织对地方政府的资源依赖，推进二者合作双方构建形成良性互动关系。三是借助市场化运作手段，合理发挥社会组织的市场化潜能。在社会组织内部治理中引入商业企业成功的管理技术、方法和手段，提高资源利用效益。同时，在打造和发展服务品牌的基础上，社会组织可以尝试性引入收费制。适当运用市场化手段，既能解决社会组织经费短缺的困境，又能提升社会组织能力。

第三节　研究的不足与展望

首先，由于本案例来自 QH 市，作为最早开展地方政府购买公共服务的城市，无论是购买服务的范围还是力度方面，QH 市无疑都走在了前列，这与 QH 市强劲的经济实力以及较强的政府改革意识不无关联。然而，强政府一个重要的面向则是体现在对社会组织的强化管理，有研究认为这是 QH 市社会组织的根本或核心特征，通过对 NY 省、XS 省、QH 市三地进行比较分析，该研究发现在经济实力有限的 NY 省及 XS 省，地方政府无法拿出更多财力来——包办层出不穷的社会公共事务，因此它不得不让渡出一定的空间交由众多社会组织去运作和提供公共服务①。而在拥有雄厚经济实力的 QH 市，政府(特别是区县、街道一级基层政府) 自信具有相当强的能力来处理各类社会公共事务，相信可以实现民众生活事项的有效管理而不必让渡过多社会空间给予其他社会力量。在这样强有力的地方政府及其上述思路和行为选择的支配之下，部分 QH 市基层政府在实际运作公共服务购买的过程中的偏离现象可能会更为明显。因此，本书的研究结论在其他地区是否适用，仍然有待进一步论证。

其次，由于本书的分析对象是那些带有强烈体制性色彩和官方背景的社会组织，而我国的社会组织生长形态又异常复杂，类型多样，特别是草根社会组织的不断涌现及迅速成长，其公共性的不断生长，已然为社会组织走向民间的自治化路径提供了一种可以预见的未来。因此，本书的研究结论在应用于草根非营利及其他类型的社会组织时应格外谨慎。

再次，本书关注的服务类型比较特殊，社区矫正作为从地方司法部门转移出去的重要职能，由于其服务的对象为社会边缘人群，对他们开展服务的效果好坏直接关系到社会稳定的基本状态。因此，不同于居家养老、社区建设、青少年教育、残障康复等社会服务，社区矫正对于地方政府而言更为敏感和重要，需要施加更加严密的管理机制。这体现在本书中，则是表现出地方政府对于 A 机构的嵌入式管理。而这种嵌入式管理思路，对于其他类型的服务提供者是否适用，仍需进一步考察和讨论。

最后，作为一项探索性研究，本书对地方政府购买公共服务中的偏离现象进行了分析与阐释，特别是对地方政府运作过程与运作机制进行了解读。但仅仅停留于探索性的分析还是不够的，在后续的研究工作中，还应该对以下一些

---

① 张钟汝、范明林：《政府与非政府组织合作机制建设——对两个非政府组织的个案研究》，上海大学出版社 2010 年版，第 117—122 页。

问题进行探讨：地方政府购买公共服务是如何帮助行政机构突破制度约束，如编制和领导职数的约束，实现其固有利益的？公共服务购买与地方政府财政宽裕程度是什么关系？地方政府购买公共服务与地方政府作出政绩的意愿是何关系？

　　吸纳与管理逻辑是理解地方政府决策行为的一个起点。然而，从单一模式出发去考察地方政府与社会组织关系，其解释力和穿透力有待进一步提升。因此，在后续的研究中，需要进一步考虑和关注我国情境下不同地域、不同时间节点、不同组织类型的差异性。唯有如此，才能更好地解释现实，不断发掘地方政府与社会组织关系在动态发展过程中的新变化和新特点。

参考文献

一、中文文献

[1]　[美] 艾尔·巴比：《社会研究方法基础》，华夏出版社 2002 年版。

[2]　[美] 埃里希·弗洛姆：《健全的社会》，国际文化出版公司 2003 年版。

[3]　[美] 安塞尔姆·斯特劳斯、[美] 朱丽叶·科尔宾：《质性研究概论》，台湾巨流图书公司 2000 年版。

[4]　[美] 保罗·斯特里腾：《非政府组织和发展》，见何增科主编：《公民社会与第三部门》，社会科学文献出版社 2000 年版。

[5]　白杰：《街道办事处权力运作逻辑：对宣南的实证研究》，中国商业出版社 2010 年版。

[6]　陈向明：《质的研究方法与社会科学研究》，教育科学出版社 2000 年版。

[7]　[荷] 皮特·何：《嵌入式行动主义在中国：社会运动的机遇与约束》，社会科学文献出版社 2012 年版。

[8]　丁学良：《辩论"中国模式"》，社会科学文献出版社 2010 年版。

[9]　[美] 登哈特：《新公共服务》，中国人民大学出版社 2004 年版。

[10]　邓正来：《国家与社会：中国市民社会研究》，四川人民出版社 1997 年版。

[11]　[印] 杜赞奇：《文化、权力与国家：1900—1949 年的华北》，江苏人民出版社 1994 年版。

[12]　[美] 戴维·奥斯本、[美] 德·盖布勒：《改革政府——企业精神如何改革着公营部门》，上海译文出版社 1996 年版。

[13]　[美] E.S.萨瓦斯：《民营化与公私部门的伙伴关系》，中国人民大学出版社 2002 年版。

[14]　风笑天：《社会学研究方法》，中国人民大学出版社 2005 年版。

[15]　樊红敏：《县域政治：权力实践与日常秩序》，中国社会科学出版社 2008 年版。

[16] [德] 哈贝马斯：《公共领域的结构转型》，美国麻省理工大学出版社 1989 年版。

[17] 何艳玲：《都市街区中的国家与社会：乐街调查》，社会科学文献出版社 2007 年版。

[18] [美] 黄宗智：《长江三角洲小农家庭与乡村发展》，中华书局 1992 年版。

[19] 康晓光：《权力的转移——转型时期中国权力的变迁》，浙江人民出版社 2000 年版。

[20] 康晓光：《NGO 与政府合作策略》，社会科学文献出版社 2010 年版。

[21] [美] 库珀：《合同制治理：公共管理者面临的挑战与机遇》，复旦大学出版社 2007 年版。

[22] [美] 简·莱恩：《新公共管理》，中国青年出版社 2004 年版。

[23] 敬乂嘉：《合作治理：再造公共服务的逻辑》，天津人民出版社 2009 年版。

[24] [美] 杰弗里·菲佛、杰勒尔德·R.萨兰基克：《组织的外部控制：对组织资源依赖的分析》，东方出版社 2006 年版。

[25] 贾西津：《中国公民参与》，社会科学文献出版社 2008 年版。

[26] 邢慕寰、金耀基：《香港之发展经验》，香港中文大学出版社 1985 年版。

[27] [美] 卡尔·波兰尼：《大转型：我们时代的政治与经济起源》，浙江人民出版社 2007 年版。

[28] [美] 莱斯特·M.萨拉蒙：《全球公民社会——非营利部门视野》，社会科学文献出版社 2002 年版。

[29] [美] 罗伯特·D.普特南：《使民主运转起来：现代意大利的公民传统》，江西人民出版社 2001 年版。

[30] [美] 罗伯特·K.殷：《案例研究：设计与方法》，重庆大学出版社 2004 年版。

[31] [美] 罗伯特·K.默顿：《社会研究与社会政策》，三联书店 2001 年版。

[32] 李猛、周飞舟、李康：《单位：制度化组织的内部机制》，见《中国社会学》第二卷，上海人民出版社 2003 年版。

[33] 李增禄：《社会工作概论》，巨流图书公司 1989 年版。

[34] [日] 菱田雅晴：《现代中国的构造变动〈5〉社会—国家との共栖关系》，东京大学出版会 2000 年版。

[35] [美] 欧文·E.休斯：《公共管理导论》，中国人民大学出版社 2007 年版。

[36] 仇立平：《社会研究方法》，重庆大学出版社 2008 年版。

[37] [美] 约翰·W.克雷斯威尔：《研究设计与写作指导：定性定量与混合研究的路径》，重庆大学出版社 2007 年版。

[38] [澳] 约翰·哈里甘：《澳大利亚与新西兰·西方国家行政改革述评》，载国家行政学院国际合作交流部编：《西方国家行政改革述评》，国家行政学院出版社 1998 年版。

[39] 徐永祥：《社区发展论》，华东理工大学出版社 2001 年版。

[40] 孙立平：《动员与参与——第三部门募捐机制个案研究》，浙江人民出版社 1999

年版。

[41] ［美］汤普森：《行动中的组织——行政理念的社会科学基础》，上海人民出版社2007年版。

[42] ［美］唐纳德·凯特尔：《权力共享：公共治理与私人市场》，北京大学出版社2009年版。

[43] 唐皇凤：《社会转型与组织化调控：中国社会治安综合治理组织网格研究》，武汉大学出版社2008年版。

[44] ［美］斯蒂夫·H.汉克：《私有化与发展》，中国社会科学出版社1989年版。

[45] 沈原、孙五三：《"制度的形同质异"与社会团体的发育——以中国青基会及其对外交往活动为例》，见中国青少年基金会：《处于十字路口的中国社团》，天津人民出版社2001年版。

[46] 宋世明：《美国行政改革研究》，国家行政学院出版社2010年版。

[47] ［德］韦伯：《经济与社会》，商务印书馆1998年版。

[48] 谢立中：《结构—制度分析，还是过程—事件分析?》，社会科学文献出版社2010年版。

[49] ［德］齐美尔：《时尚的哲学》，文化艺术出版社2001年版。

[50] ［美］W.理查德斯格特：《组织理论——理性、自然和开放系统》，华夏出版社2002年版。

[51] ［德］乌尔里希·贝克：《自反性现代化》，商务印书馆2001年版。

[52] 王名：《中国民间组织30年：走向公民社会》，社会科学文献出版社2008年版。

[53] 王名、刘国翰、何建宇：《中国社团改革——从政府选择到社会选择》，社会科学文献出版社2008年版。

[54] 王浦劬：《政府向社会组织购买公共服务研究：中国与全球经验分析》，北京大学出版社2010年版。

[55] 王颖、折晓叶、孙炳耀：《社会中间层——改革与中国的社团组织》，中国发展出版社1993年版。

[56] 吴建南：《公共管理研究方法导论》，科学出版社2006年版。

[57] 吴东民、董西明：《非营利组织管理》，中国人民大学出版社2003年版。

[58] ［美］詹姆斯·科尔曼：《社会理论的基础》，社会科学文献出版社1990年版。

[59] 周雪光：《中国国家治理的制度逻辑》，三联书店2005年版。

[60] 张静：《法团主义》，中国社会科学出版社2005年版。

[61] 张昱、费梅苹：《社区矫正实务过程分析》，华东理工大学出版社2005年版。

[62] 张钟汝、范明林：《政府与非政府组织合作机制建设——对两个非政府组织的个案研究》，上海大学出版社2010年版。

[63] 詹姆斯·斯科特：《国家的视角：那些试图改善人类状况的项目是如何失败的》，

社会科学文献出版社 2011 年版。

[64] 陈家喜：《市民社会抑或统合主义——西方学者关于中国商会研究的论争》，《国外社会科学》2008 年第 2 期。

[65] 陈天祥、徐于琳：《游走于国家与社会之间：草根志愿组织的行动策略——以广州启智队为例》，《中山大学学报（哲学社会科学版）》2011 年第 1 期。

[66] 曹爱军：《公共服务中 NGO 的融入：对价值理性的诉求》，《经济体制改革》2009 年第 2 期。

[67] 成丽英：《"富平模式"——就业与扶贫的创新探索》，《调研世界》2003 年第 10 期。

[68] 陈剩勇、马斌：《温州民间商会：自主治理的制度分析——温州服装商会的典型研究》，《管理世界》2004 年第 12 期。

[69] 邓金霞：《地方政府购买公共服务"纵向一体化"倾向的逻辑——权力关系的视角》，《行政论坛》2012 年第 5 期。

[70] 邓莉雅：《制度创新：非政府组织生存与发展之路——以广东番禺打工族文书处理服务部为例》，《社会》2003 年第 10 期。

[71] 邓丽雅、王金红：《中国 NGO 生存与发展的制约因素——以广东番禺打工族文书处理服务部为例》，《社会学研究》2004 年第 2 期。

[72] 范明林：《非政府组织与政府的互动关系——基于法团主义和市民社会视角的比较个案研究》，《社会学研究》2010 年第 3 期。

[73] [美] 埃瑞克·G.菲吕博顿、[美] 鲁道夫·瑞切特：《新制度经济学：一个评价》，见 [美] 埃瑞克·G.菲吕博顿、[美] 鲁道夫·瑞切特编：《新制度经济学》，上海财经大学出版社 1998 年版。

[74] 管兵：《城市政府结构与社会组织发育》，《社会学研究》2013 年第 4 期。

[75] 高丙中：《社会团体的合法性问题》，《中国社会科学》2000 年第 2 期。

[76] 高丙中：《社会团体的兴起及其合法性问题》，《领导文萃》2002 年第 10 期。

[77] 顾昕、王旭：《从国家主义到法团主义——中国市场转型过程中国家与专业团体关系的演变》，《社会学研究》2005 年第 2 期。

[78] 顾昕、王旭、严洁：《公民社会与国家的协同发展——民间组织的自主性、民主性和代表性对其公共服务效能的影响》，《开放时代》2006 年第 5 期。

[79] 郭伟和：《街道公共体制改革和国家意志的柔性控制——对黄宗智"国家和社会的第三领域"理论的扩展》，《开放时代》2010 年第 2 期。

[80] 韩俊魁：《当前我国非政府组织参与政府购买服务的模式比较》，《经济社会体制比较》2009 年第 6 期。

[81] 何艳玲：《从"科层式供给"到"合作化供给"——街区公共服务供给机制的个案分析》，《武汉大学学报（哲学社会科学版）》2006 年第 5 期。

[82] 何卫卫：《准行政化——我国慈善组织运作的策略选择》，《学习与实践》2010 年

第 4 期。

[83] 乐园:《公共服务购买:政府与民间组织的契约合作模式——以上海打浦桥社区文化服务中心为例》,《中国社会组织评论》2008 年第 1 期。

[84] 李友梅、肖瑛、黄晓春:《当代中国社会建设的公共性困境及其超越》,《中国社会科学》2012 年第 4 期。

[85] 李妍焱:《关于促进 NPO 与政府建立合作关系的有效条件之探讨——以案例分析为中心》,《中国非营利评论》2010 年第 1 期。

[86] 李伯聪:《符号世界与符号异化》,《哲学研究》1998 年第 7 期。

[87] 林毅夫:《关于制度变迁的经济学理论:诱致性变迁与强制性变迁》,见 [美] R. 科思、[美] A. 阿尔钦、[美] D. 诺思等:《财产权利与制度变迁——产权学派与新制度学派译文集》,上海三联书店 1994 年版。

[88] 刘祖云:《政府与非政府组织关系:博弈、冲突及其治理》,《江海学刊》2007 年第 1 期。

[89] 纪莺莺:《当代中国的社会组织:理论视角与经验研究》,《社会学研究》2013 年第 5 期。

[90] 敬乂嘉:《治理的中国品格与版图》,见《复旦公共行政评论》第七辑,上海人民出版社 2011 年版。

[91] 敬乂嘉:《中国公共服务外部购买水平的实证分析——一个治理转型的视角》,《管理世界》2007 年第 2 期。

[92] 敬乂嘉:《社会服务中的公共非营利合作关系研究——一个基于地方改革实践的分析》,《公共行政评论》2011 年第 5 期。

[93] 句华:《美国地方政府公共服务合同外包的发展趋势及其启示》,《中国行政管理》2008 年第 7 期。

[94] 计亚萍:《"内卷化"理论研究综述》,《长春工业大学学报(社会科学版)》2010 年第 3 期。

[95] 康晓光、韩恒:《行政吸纳社会——当前中国大陆国家与社会关系再研究》,《Social Sciences in China》2007 年第 2 期。

[96] 康晓光、韩恒:《分类控制:当前中国大陆国家与社会关系研究》,《社会学研究》2005 年第 6 期。

[97] 康晓光:《经济增长、社会公正、民主法治与合法性基础——1978 年以来的变化与今后的选择》,《战略与管理》1999 年第 4 期。

[98] 李慷:《关于上海市政府购买服务的调查与思考》,《中国民政》2001 年第 6 期。

[99] 李铠铤:《市民社会与第三部门现代化》,《社会主义研究》2003 年第 6 期。

[100] 李春霞、巩在暖、吴长青:《体制嵌入、组织回应与公共服务的内卷化——对北京市政府购买社会组织服务的经验研究》,《贵州社会科学》2012 年第 12 期。

[101] 龙宁丽：《从垄断走向非竞争性合同外包的公共安全供给——以上海浦东为例》，《中国人民公安大学学报（社会科学版）》2010年第5期。

[102] 刘鹏：《从分类控制走向嵌入型监管：地方政府社会组织管理政策创新》，《中国人民大学学报（哲学社会科学版）》2011年第1期。

[103] 刘红芹、包国宪：《政府购买居家养老服务的管理机制研究——以兰州市城关区"虚拟养老院"为例》，《理论与改革》2012年第1期。

[104] 刘安：《市民社会？法团主义？——海外中国学关于改革后中国国家与社会关系研究述评》，《文史哲》2009年第5期。

[105] 刘世定：《嵌入性与关系合同》，《社会学研究》1999年第4期。

[106] [美]莱斯特·M.萨拉蒙：《非营利领域及其存在的原因》，见李亚平、于海主编：《第三域的兴起——西方志愿工作及志愿组织理论文集》，复旦大学出版社1998年版。

[107] 马立：《从组织生态学视角看民间组织及其社会政策》，《天府新论》2007年第2期。

[108] 马迎贤：《社会组织理事会：一个资源依赖视角的解释》，《经济社会体制比较》2005年第4期。

[109] 马秋莎：《全球化、国际非政府组织与中国民间组织的发展》，《开放时代》2006年第3期。

[110] 马秋莎：《比较视角下中国合作主义的发展：以经济社团为例》，《清华大学学报（哲学社会科学版）》2007年第2期。

[111] 渠敬东、周飞舟、应星：《从总体支配到技术治理》，《中国社会科学》2009年第6期。

[112] 任慧颖：《对中国社会组织与政府关系的研究探讨——以中国青基会为个案》，《山东社会科学》2005年第10期。

[113] 宋程成、蔡宁、王诗宗：《跨部门协同中社会组织自主性的形成机制——来自政治关联的解释》，《公共管理学报》2013年第4期。

[114] 苏明、贾西津、孙洁、韩俊魁：《中国政府购买公共服务研究》，《财政研究》2010年第1期。

[115] 孙沛东：《市民社会还是法团主义？——经济社团兴起与国家和社会关系转型研究评述》，《广东社会科学》2011年第5期。

[116] [美]史蒂文·布林特、杰罗姆·卡拉贝尔：《制度的起源与转型：以美国社区学院为例》，见[美]沃尔特·W.鲍威尔、保罗·J.迪马吉奥编：《组织分析的新制度主义》，上海人民出版社2008年版。

[117] 田凯：《组织外形化：非协调约束下的组织运作——一个研究中国慈善组织与政府关系的理论框架》，《社会学研究》2004年第4期。

[118] 陶蕃瀛：《社会工作专业发展的分析与展望》，《社区发展季刊》1999年第88卷。

[119] 陶庆：《合法性的时空转换：以南方市福街草根民间商会为例》，《社会》2008 年第 4 期。

[120] 唐斌：《社会工作机构与政府组织的相互嵌入及其影响》，《社会工作（下半月）》2010 年第 7 期。

[121] 唐皇凤：《常态社会与运动式治理——中国社会治安治理中的"严打"政策研究》，《开放时代》2007 年第 3 期。

[122] 王佳、杨彦璟：《自觉、自信、自强：转型时期文化风险之应对》，见上海市社会科学界联合会编：《马克思主义与文化新自觉》，上海人民出版社 2012 年版。

[123] 王思斌：《中国社会工作的嵌入性发展》，《社会科学战线》2011 年第 2 期。

[124] 汪锦军：《浙江政府与民间组织的互动机制：资源依赖理论的分析》，《浙江社会科学》2008 年第 9 期。

[125] 汪锦军：《公共服务中的政府与社会组织合作：三种模式分析》，《中国行政管理》2009 年第 10 期。

[126] 武静、周俊：《政府购买公共服务：研究进路与展望》，《中共浙江省委党校学报》2012 年第 6 期。

[127] 吴建平：《理解法团主义——兼论其在中国国家与社会关系研究中的适用性》，《社会学研究》2012 年第 1 期。

[128] 吴永红：《制度结构、非均衡依赖与基层治理困境的再生产——以居委会减负悖论为例》，《甘肃行政学院学报》2017 年第 4 期。

[129] 王诗宗、宋程成：《独立抑或自主：中国社会组织特征问题重思》，《中国社会科学》2013 年第 5 期。

[130] 王思斌：《中国社会工作的嵌入性发展》，《社会科学战线》2011 年第 2 期。

[131] 王志华：《论政府向社会组织购买公共服务的体制嵌入》，《求索》2012 年第 2 期。

[132] 温俊萍：《政府购买公共就业服务机制研究》，《中国行政管理》2010 年第 10 期。

[133] 威廉姆森·O.E.：《治理的经济学分析》，见埃瑞克·G.菲吕博顿、鲁道夫·瑞切特编：《新制度经济学》，上海财经大学出版社 1998 年版。

[134] 徐永光：《社会组织改革正当其时》，《瞭望新闻周刊》2001 年第 6 期。

[135] 熊跃根：《论中国社会工作本土化发展过程中的实践逻辑与体制嵌入》，见王思斌主编：《社会工作专业化及本土化实践》，社会科学文献出版社 2006 年版。

[136] 许小玲：《政府购买公共服务：现状、问题与前景——基于内地社会组织的实证研究》，《思想战线》2012 年第 2 期。

[137] 尹海洁、游伟：《非政府组织的政府化及对组织绩效的影响》，《公共管理学报》2008 年第 3 期。

[138] 郁建兴、石德金：《超越发展型国家与中国的国家转型》，《学术月刊》2008 年第 4 期。

[139] 郁建兴、吴宇：《中国民间组织的兴起与国家——社会关系理论的转型》，《人文杂志》2003 年第 4 期。

[140] 严炜、刘悦斋：《平等合作与积极竞争：公共服务领域中的政府与非政府组织》，《当代世界与社会主义》2004 年第 5 期。

[141] 俞可平：《中国公民社会：概念、分类与制度环境》，《中国社会科学》2006 年第 1 期。

[142] 俞晓波：《地方政府公共服务购买的实践与发展趋向——以上海浦东购买公共教育公共服务为例》，《天府新论》2012 年第 3 期。

[143] 杨蓓蕾、孙荣：《城市社区网络治理：内涵、建构与实证》，《中国行政管理》2008 年第 9 期。

[144] 岳经纶、李甜妹：《合作式应急治理机制的构建：香港模式的启示》，《公共行政评论》2009 年第 6 期。

[145] 岳经纶、郭英慧：《社会服务购买中政府与 NGO 关系研究——福利多元主义视角》，《东岳论丛》2013 年第 7 期。

[146] 鄞益奋：《相互依赖：解译政府——NGO 合作关系》，《北京航空航天大学学报（社会科学版）》2009 年第 4 期。

[147] 杨宝：《政府购买公共服务模式的比较及解释——一项制度转型研究》，《中国行政管理》2011 年第 3 期。

[148] 应星：《增长现象的治理基础及其危机》，《领导者》2009 年第 6 期。

[149] 张钟汝、范明林、王拓涵：《国家法团主义视域下政府与非政府组织的互动关系研究》，《社会》2009 年第 4 期。

[150] 朱健刚：《草根 NGO 中国公民社会的成长》，《开放时代》2004 年第 6 期。

[151] 朱健刚、陈安娜：《嵌入中的专业社会工作与街区权力关系——对一个政府购买公共服务项目的个案分析》，《社会学研究》2013 年第 1 期。

[152] 周俊：《政府购买公共服务的风险及其防范》，《中国行政管理》2010 年第 6 期。

[153] 周俊、沈永东：《政府购买行业协会服务中的非竞争性及其管理》，《中国行政管理》2011 年第 12 期。

[154] 张紧跟、庄文嘉：《非正式政治：一个草根 NGO 的行动策略——以广州业主委员会联谊会筹备委员会为例》，《社会学研究》2008 年第 2 期。

[155] 张紧跟：《从结构论争到行动分析：海外中国 NGO 研究述评》，《社会》2012 年第 3 期。

[156] 张国平：《地方政府购买居家养老服务的模式研究：基于三个典型案例的比较》，《西北人口》2012 年第 6 期。

[157] 张昱：《社会工作的本土化发展——上海社会工作发展过程分析》，《华东理工大学学报（社会科学版）》2004 年第 1 期。

[158] 曾永和：《城市政府购买服务与新型政社关系的构建——以上海政府购买民间组织服务的实践与探索为例》，《上海城市管理职业技术学院学报》2008 年第 1 期。

[159] 郑旭辉：《政府公共服务委托外包的风险及其规制》，《中南大学学报（社会科学版）》2013 年第 3 期。

[160] ［美］珍妮弗·M.布林克霍夫：《政府—非政府组织之间的合作性关系——一种界定性的框架》，《东南学术》2009 年第 1 期。

[161] 周义程：《新公共服务理论的贫困》，《中国行政管理》2006 年第 12 期。

[162] 周志忍：《当代政府管理的新理念》，《北京大学学报（哲学社会科学版）》2005 年第 3 期。

[163] 周雪光、赵伟：《英文文献中的中国组织现象研究》，《社会学研究》2009 年第 6 期。

[164] 周雪光、练宏：《政府内部上下级部门间谈判的一个分析模型——以环境政策实施为例》，《中国社会科学》2011 年第 5 期。

[165] 周雪光：《基层政府间的"共谋现象"——一个政府行为的制度逻辑》，《社会学研究》2008 年第 6 期。

[166] 周雪光：《权威体制与有效治理：当代中国国家治理的制度逻辑》，《开放时代》2011 年第 10 期。

[167] 张红、李航：《新失业群体的社会地位及其社会流动：以内卷化为分析视角》，《青年探索》2006 年第 4 期。

[168] 张付强：《我国社区自治改革的内卷化分析》，《公共管理学报》2009 年第 3 期。

[169] 张瑞玲：《新制度主义视角下的老年健身社团合法化运作——以 SAMQ 为个案》，《广西大学学报（哲学社会科学版）》2014 年第 4 期。

[170] 吴月：《政府公共服务合同外包研究的进展与热点主题：评述与前瞻》，《中共天津市委党校学报》2012 年第 6 期。

[171] 吴月：《嵌入式控制：对社团行政化现象的一种阐释》，《公共行政评论》2013 年第 6 期。

[172] 乔纳森·安格：《中国的社会团体、公民社会和国家组合主义：有争议的领域》，《开放时代》2009 年第 11 期。

[173] 张东苏：《重视社会组织发展的微观制度环境》，《探索与争鸣》2012 年第 7 期。

二、外文文献

[1] Arrow, K. J., *The limits of Organization*. New York: W. W. Norton, 1974.

[2] Boris, E.T., E.D.Leon, K.L.Roeger, & Nikolova, M., *Human service nonprofits and government collaboration*.Washington, D.C.: Urban Institute, 2010.

[3] Bowman, G., Hakim, S., Seidenstat, P. *Privatizing correctional institutions*.New Brunswick, NJ: Transaction, 1993.

[4] Burce L. Berg,, Chapter 1 Introduction. *Qualitative research methods for the social sciences*. Allyn & Bacon, 2001.

[5] Cawson, Alan., *Corporatism and Political Theory*. Basil Blackwell, 1986.

[6] Christopher E. Nevitt, *Private Business Associations in China: Evidence of Civil Society or Local State Power*? The China Journal, 1996.

[7] D.Davis, R.Kraus, B.Naughton, *Urban Spaces in Contemporary China*.Cambridge. Cambridge University Press, 1995.

[8] David L. Wank, "Civil Society in Communist China? Private Business and Political Alliance, 1989", in John A. Hall (ed.), *Civil Society: Theory, History, Comparison*. Cambridge Polity Press, 1995.

[9] Darrin Grmisey, Mervyn K. Lewis. *Public Private Partnerships: The Worldwide Revolution in Infrastructure Provision and Project Finance*, Edward Elgar Publishing Limited: Michael Essig, 2004.

[10] DeHoog, R., *Contracting.ut for human services: Economic, political, and organizational perspectives*. Albany: State University of New York Press, 1984.

[11] Dickson, Bruce J.,*Wealth into Power: The communist Party's Embrace of China's Private Sector*. New York: Cambridge University, 2008.

[12] Donahue, J.D., *The privatization decision: Public ends, private means*. New York: Basic Books, 1989.

[13] Druker, Peter F., *Managing the Nonprofit Organization: Practices and Principles*, Oxford: Butterworth-Heinemann Ltd, 1990.

[14] Fernandez, Sergio, "Understanding Contracting Performance: An Empirical Analysis." *Administration and Society*, 2009.

[15] Gidron, B., P.M, Kramer, L.M.Salamon. *Government and the Third Sector: Emerging Relationship in Welfare States.San Francisco*.CA: Jossey-Bass Publishers, 1992.

[16] Graeme A. Hodge, *Privatization: An International Review of Performance*. Oxford: West view Press, 2000.

[17] Grabher, G., *The weakness of strong ties: the lock-in of regional development in the Ruhr area, The embedded firms: on social-economics of industrial networks*. London: Routledge, 1993.

[18] Hair J F, Anderson R E, Tatham R L, et al., *Multivariate Data Analysis* (*5th Ed.*). Prentice Hall International: UK, 1998.

[19] Ho, Peter. and Richard Louis Edmonds (ed.). *China's embedded activism: Opportunities and Constraints of Social Movement*. London and New York: Rouledge, 2007.

[20] Kamerman, S.B., Kahn, A.J. (eds.). *Privatization and the welfare state.Princeton*, NJ:

Princeton University Press, 1989.

［21］Kettl, *Sharing power: Public governance and private markets.Washington*, D.C.: The Brookings Institution, 1993.

［22］Linden, Russell M., *Leading across boundaries: creating collaborative agencies in a networked world*. San Francisco: Jossey-Bass, 2010.

［23］Lester M.Salamon, S, Wojciech Sokolowski & Regina List.,*Global Civil Society: An Overview*, The Johns Hopkins Comparative Nonprofit Sector Project, 2003.

［24］Lester M.Salamon and Helmut K, Anheier, *Defining the Nonprofit Sector: A Cross-national Analysis*. Manchester: Manchester University Press, 1997.

［25］Lofland, J. Lofland, L., *Analyzing Social Settings: a Guide to Qualitatative Observation and Analysis*. Belmont, Calif.: Wadsworth Pub.Co, 1984.

［26］Migdal, Joel S., Atul Kohli and Vivienne Shue （eds.）. *State Power and Social Forces: Domination and Transformation in the Third World*, New York: Cambridge University Press, 1994.

［27］M. Whyte, "Who hates Bureaucracy", in Stark, D and Nee, V （ed.）,*Remaking the Socialist Economic Institutions*, Stanford University Press, 1989.

［28］Oi, J. C., *State and Peasant in Contemporary China: The Political Economy of Village Government,* University of California Press, 1989.

［29］Osborne, D., Gaebler, *T.Reinventing government. Reading*, MA: Addison-Wesley, 1992.

［30］Pennings Johannes M., "Strategically Interdependence Organizations" in Nystrom, Paul C and Starbuck, William H. （eds.）. *Handbook of Organizational Design*, Oxford University Press, 1981.

［31］Peter B. Evans, *Embedded Autonomy: States & Industrial Transformation Princeton*, Princeton University Press. 1995.

［32］Pfeffer J, Salancik R, *The External Control of Organizations: A Resource Dependence Perspective*. NewYork: Harper & Row, 1987.

［33］Ruth Hoogland DeHoog, *Contracting Our for Human Services: Economic, Political, and Organizational Perspectives,* State University of New York Press, 1984.

［34］Salamon, Lester and Michael Lund, *The Tools Approach: Basic Analytics In Beyond Privatization: The Tools of Government Action*. Edited by Lester Salamon. Washington, DC: Urban Institute Press, 1989.

［35］Savas, E.S., *Alternatives for delivering public services: Toward improved performance*. Boulder, CO: Westview Press, 1977.

［36］Savas, E.S., *Privatization: The Key to Better Government*. Chatham, NJ: Chatham House, 2000.

［37］ Savas, E.S., *Privatization and Public-private parterships*. Seven Bridges Press, LLC, 2000.

［38］ Sclar, E., *You don't always get what you pay for: The economics of privatization* . Ithaca, NY: Cornell University Press, 2000.

［39］ Schwartz, Jonathan and Shawn Shieh（eds.）. *State and Society Responses to Social Welfare Needs in China: severing the people.* London: Routledge, 2009.

［40］ Smith, S.R., Lipsky, M., *Nonprofits for hire: The welfare state in the age of contracting.* Cambridge, MA: Harvard University Press, 1993.

［41］ S.Zukin, P. Dimaggo, *Structures of Capital: The Social Organization of Economy.* Cambridge: Cambridge University Press, 1990.

［42］ Van Slyke, David M."The Mythology of Privatization in Contracting for Social Services". *Public Administration Review,* 2003.

［43］ Unger, "Jonathan and Anita Chan Associations in a Bind: The Emergence of the political Corporation". In *Associations and the Chinese State: Contested Spaces.* Edited by Jonathan Unger.Armonk, NY: M.E.Sharpe., 2008.

［44］ U.S. General Accounting Office, *Privatization: Lessons learned by state and local governments.*Washington, DC: Author., 1997.

［45］ Williamson, O.E., *Markets and Hierarchies: Analysis and Antitrust Implications,* New York -London, 1975.

［46］ Williamson, O.E., *The Economic Institutions of Capitalism: Firms, Markets, Relational Contracting,* New York, 1985.

［47］ Anderson, E.&Weitz, B. "Determinants of Continuity in Conventional in Dustrial Channel Dyads". *Marketing Science,* 1989, 8: 4.

［48］ Anderson, James C.& Narus, James A., "A Model of Distributor Firm and Manufacturer Firm Working Partnerships". *Journal of Marketing,* 1990, 1: 54.

［49］ Ansell, Chris, Alison Gash. "Collaborative governance in theory and practice". *Journal of Public Administration Research and Theory,* 2008, 4.

［50］ Alexander Batran. "Public private partnership Development of long-term relationships in public procurement in Germany". *Journal of Purchasing & Supply Management,* 2005, 11: 221-231.

［51］ Avery, G., "Outsourcing public health laboratory services". *Public Administration Review,* 2000, 60: 330–337.

［52］ Benton, J., Menzel, D., "Contracting and franchising: County services in Florida". *Urban Affairs Quarterly,* 1992, 27.

［53］ Beverly A.Cigler, "County Contracting: Reconciling the Accountability and

Information Paradoxes," *Public Administration Quarterly*, 1990, 1: 14.

[54] Brown, T.L., Potoski, M., "Contract-Management Capacity in Municipal and County Governments". *Public Administration Review*, 2003, 2: 63.

[55] Brown, Trevor., Matthew Potoski, David M. Van Slyke. Contracting for Complex Product. *Journal of Public Administration Research and Theory*, 2010, Suppl 1: 41-58.

[56] Brudney, Jeffrey L., Sergio Fernandez, Jay Eungha Ryu, and Deil S.Wright., "Exploring and Explaining Contracting Out: Patterns among the American States". *Journal of Public Administration and theory*, 2005, 3: 15.

[57] Christopher E. Nevitt, "Private Business Associations in China: Evidence of Civil Society or Local State Power?" *The China Journal*, 1996, 36.

[58] Considine, M., & Lewis, J., "Bureaucracy, network, or enterprise? Comparing models of governance in Australia, Britain, the Netherlands, and New Zealand". *Public Administration Review*, 2003, 2: 63.

[59] Coston., "A Model and Typology of Government-nonprofit Organization Relationship". *Nonprofit and Voluntary Sector Quarterly*, 1998, 3: 27.

[60] Cronbach, L. J., "Coefficient Alpha and the Internal Structure of Tests". *Psychometrika*, 1951, 16.

[61] Chan, Anta. Revolution or Corporatism? Workers and Trade Union in Post-Mao China. *The Australian of Chinese Affairs*, 1993, 29.

[62] Chen., "Transnational Environmental Movement: Impacts on the Green Civil Society in China". *Journal of Contemporary China*, 2010, 19.

[63] Christopher E. Nevitt. "Private Business Associations in China: Evidence of Civil Society or Local State Power?" *The China Journal*, 1996, 36.

[64] Da-hua, David Y, "Civil Society as a Analytic Lens for Contemporary China". *China: An International Journal*, 2001, 1.

[65] David Parker, Keith Hartley. "Transaction costs, relational contracting and public private partnerships: a case study of UK defense". *Journal of Purchasing & Supply Management*, 2003: 1-12.

[66] David L. Wank, "Civil Society in Communist China? Private Business and Political Alliance", 1989, in John A. Hall (ed.), *Civil Society: Theory, History, Comparison*, Cambridge: Polity Press, 1995, 60.

[67] Daley, D. "The politics and administration of privatization". *Policy Studies Journal*, 1996, 24.

[68] David M. Van Slyke. "The Mythology of Privatization in Contracting for Social Services". *Public Administration Review*, 2003, 3: 63.

［69］DeHoog. "Competition, negotiation, or cooperation: Three models for service contracting". *Administration and Society,* 1990, 22.

［70］DiMaggio, Paul, J.&WalterW., "Powell.The Iron Cage Revisited: Institutional Isomorphism and Collective Rationality in Organization Fields", *American Sociological Review,* 1983, 48: 147-160.

［71］Durant, R., Legge, J. "Politics, public opinion, and privatization in France: Assessing the calcu-lus of consent for market reforms". *Public Administration Review,* 2000, 62.

［72］Emerson, Kirk, Tina Nabatchi, Stephen Balogh, "An integrative framework for collaborative governance". *Journal of Public Administration Research and Theory,* 2012, 1.

［73］Feiock, R., & Andrew, S., "Introduction: Understanding the Relationships between nonprofit organizations and local governments", *International Journal of Public Administration,* 2006, 11: 29.

［74］Fernandez, Sergio. "Understanding Contracting Performance: An Empirical Analysis." *Administration and Society,* 2009, 41: 67–100.

［75］Ferris, J. "The decision to contract out: An empirical analysis". *Urban Affairs Quarterly,* 1986, 22: 289–311.

［76］Foster, Kenneth W. "Associations in the Embrace of an Authoritarian State: State Domination of Society?" *Studies in Comparative International Development, Winter,* 2001, 4: 35.

［77］Francis J, et al.An institutional perspective on foreign direct investment. *Management International Review,* 2009, 5: 565-583.

［78］Gordon White, "Prospects for Civil Society in China: A Case Study from Xiao Shan City", *Australian Journal of Chinese Affairs,* 1993, 29.

［79］Granovetter, "Economic Action and Social Structure: The Problem of Embeddedness". *American Journal of Sociology,* 1985, 91.

［80］Ho, Peter. "Greening Without Conflict? Environmentalism, NGOs, and Civil Society in China". *Development and Change,* 2001, 5.

［81］Hirsch W. Z., "Contracting Out by Urban Governments: A Review". *Urban Affairs Review,* 1995, 3: 30.

［82］Hirlinger, M., England, R., "The decision to contract out city services: A further explanation." *Western Political Quarterly,* 1987.

［83］Jean Etienne de Bettignies, Thomas W. Ross, "The Economics of Public-private Partnerships". *Canadian Public Policy,* 2004, 30（2）: 135-154.

［84］Jing, Yijia. E.S.Savas, "Managing collaborative service delivery: Comparing China and the United States". *Public Administration Review,* 2009.

［85］Jing, Yijia. Bin Chen. "Is competitive contracting really competitive?A case study of restructuring government-nonprofit relations in Shanghai". 台湾地区公共行政与公共事务系所联合会年会暨国际学术研讨会论文，2011。

［86］Jocelyn M.Jonhston, Barbara S. Romzek. "Contracting and Accountability in State Medicaid Reform: Rhetoric, Theories, and Reality". *Public Administration Review*, 1999, 5: 59.

［87］Johnson, G., Heilman, J. "Metapolic transition and policy implementation". *Public Administration Review*, 1987, 47.

［88］Jones, C., W.S.Hesterly, S.P.Borgatti., "A general theory of network governance: exchange conditions and social mechanisms". *Academy of Management Review*, 1997, 4.

［89］Johnston, J.M., B.S.Romzek. "Social Welfare Contracts as Networks: The Impact of Network Stability on Management and Performance". *Administration & Society*, 2008, 2.

［90］Kamerman, S.B., Kahn, A.J. (eds.). *Privatization and the welfare state*.Princeton, NJ: Princeton University Press., 1989.

［91］Kettner, Peter, "Lawrence Martin. Purchase of Service at 20: Are We Suiting it well"? *Public Welfare*, 1994, 3.

［92］Korosec, R., Mead, T., "Lessons from privatization task forces". *Policy Studies Journal*, 1996, 24.

［93］Lieberthal, Kenneth G., "Introduction: The 'Fragmented Authoritarianism' Model and Its Limitations." In Kenneth G. Lberthal & David M. Lampton (eds.), *Bureaucracy, Politics, and Decision Making in Post-Mao China*. Berkeley, Los Angeles, Oxford: University of California Press, 1992.

［94］Lin, Nan. "Local market socialism: local corporatism in action in rural China". *Theory and Society*, 1995, 3.

［95］Lin, The-hang. "Environmental NGOs and the Anti-Dam Movements in China: A Social Movement with Chinese Characteristics". *Issues & Studies*, 2007, 4.

［96］Lipsky, M., S.R.Smith, "Nonprofit Organizations, Government, and the Welfare State". *Political Science Quarterly*, 1989, 4: 90.

［97］Macneil, I.R., "The Many Futures of Contracts", *Southern California Law Review*, 1974, 47.

［98］Margaret M. Pearson. "The Janus Face of Business Associations in China: Socialist Corporatism in Foreign Enterprises", *Australian Journal of Chinese Affairs*, 1994, 31.

［99］Mark Schlesinger, Robert A.Dortwart, and Richard T.Puliee, "Competitive Bidding and States' Purchase of Services: The Case of Mental Health in Massachusetts, " *Journal of Policy Analysis and Management*, 1986, 1: 5.

［100］Marwell, N.P. "Privatizing the welfare state: nonprofit community-based organizations as political actors". *American Sociological Review*, 2004, 2.

［101］ Meyer, John W. & Brian Rowan, "Institutionalized Organizations: Formal Structure as Myth and Ceremony". *American Journal of Sociology,* 1977, 2: 83.

［102］ Michael Essig, Alexander Batran, "Public private partnership Development of long term relationships in public procurement in Germany", *Journal of Purchasing & Supply Management,* 2005, 11: 221-231.

［103］ Morgan, D., Hirlinger, M., England, R, "The decision to contract out city services: A further explanation." *Western Political Quarterly,* 1987.

［104］ Oliver, C., "Strategic Responses to Institutional Proeesses". *Academy of Management Review,* 1991, 1: 16.

［105］ Oi, Jean C., "Fiscal reform and the economic foundations of local state corporatism in China". *World Politics,* 1992, 1.

［106］ Ostrom Vincent, Charles M.Tiebout, Robert Warren, "The Organization of Government in Metropolitan Areas: A Theoretical Inquiry". *American Political Science Review,* 1961, 4: 55.

［107］ Percy, S., Maier, P., "School choice in Milwaukee". *Policy Studies Journal,* 1996, 24.

［108］ Provan, K.g., Milward, H.B., "A preliminary theory of interorganizational network effectiveness: A comparative study of four community mental health systems". *Administrative Science Quarterly,* 1995, 40.

［109］ Ruth Hoogland Dehoog, "Competition, Negotiation or Cooperation: Three Models for Service Contracting". *Administration and Society,* 1990, 3: 22.

［110］ Unger, Jonathan and Anita Chan, "China, Corporatism, and the East Asian Model". The *Australian Journal of Chinese Affairs,* 1995, 33.

［111］ U.S. General Accounting Office. *Privatization: Lessons learned by state and local governments* .Washington, DC: Author, 1997.

［112］ Uzzi, B., "Social structure and competion in interfirm networks: the paradox of embeddedness". *Administrative Sciennce Quarterly,* 1997, 1: 42.

［113］ Wu, Fengshi. "Environmental CONGO Autonomy: Unintended Consequences of State Strategies in China". *The Good Society,* 2003, 11.

［114］ Saich, Tony. "Negotiating the State: The Development of Social Organizations in China". *The China Quarterly,* 2000, 161.

［115］ Saidel J. "Resource Interdependence: the Relationship between State Agencies and Nonprofit Organizations". *Public Administation Review,* 1991, 6: 51.

［116］ Schmitter, "Phillippe. still the Century of corporatism". *Review of politics,* 1974, 36.

［117］ Smith, S.R., "Transforming public services: Contracting for social and health services in the US". *Public Administration,* 1996, 74.

［118］ Smith, S.R., Smyth, J., "Contracting for services in a decentralized system". *Journal of Public Administration Research & Theory*, 1996, 6.

［119］ Spires, Anthoy J., "Contingent Symbiosis and Civil Society in an Authoritarian State: Understanding the Survival of China's Grassroots NGOs." *American Journal of sociology*, 2011, 1: 117.

［120］ Steven Globerman, Aidan R. Vining, "A framework for evaluating the government contracting out decision with an application to information technology". *Public administration, Novermber December,* 1996, 6: 56.

［121］ Thompson, L., Elling, R., "Mapping patterns of support for privatization in the mass public". *Public Administration Review*, 2000, 60.

［122］ Teets, J. C. "Post-Earthquake Relief and Reconstruction Efforts: The Emergence of Civil Society in China?" *The China Quarterly*, 2009, 198.

［123］ Tony Bovaird, "Public-private partnerships: from contested concepts to prevalent practice", *International Review of Administrational Science*, 2004, 70（2）: 199-215.

［124］ Van Slyke, David M., "The Mythology of Privatization in Contracting for Social Services". *Public Administration Review*, 2003, 3.

［125］ Van Slyke, D.M., "Agents or Stewards: Using Theory to Understand the government-Nonprofit Social Service Contracting Relationship". *Journal of Public Administration Research & Theory*, 2007, 17.

［126］ Williamson, O.E., "Transaction-Cost Economics: The Governance of Contractual Relations", *Journal of Law and Economics*, 1979, 22.

责任编辑：洪　琼

图书在版编目（CIP）数据

地方政府购买公共服务研究／吴月　著．—北京：人民出版社，2020.10

ISBN 978－7－01－021480－1

I.①地…　II.①吴…　III.①地方政府－公共服务－政府采购制度－研究－

中国　IV.① D630.1 ② F812.2

中国版本图书馆 CIP 数据核字（2019）第 237151 号

地方政府购买公共服务研究

DIFANG ZHENGFU GOUMAI GONGGONG FUWU YANJIU

吴　月　著

人民出版社 出版发行

（100706　北京市东城区隆福寺街 99 号）

环球东方（北京）印务有限公司印刷　新华书店经销

2020 年 10 月第 1 版　2020 年 10 月北京第 1 次印刷

开本：710 毫米 ×1000 毫米 1/16　印张：16.5

字数：260 千字

ISBN 978－7－01－021480－1　定价：64.00 元

邮购地址 100706　北京市东城区隆福寺街 99 号

人民东方图书销售中心　电话（010）65250042　65289539